DIE GESCHICHTE AFRIKAS

DIE GESCHICHTE AFRIKAS by Lutz van Dijk

Copyright ⓒ 2004 Campus Verlag GmbH
All Rights Reserved.
Korean translation copyright ⓒ 2005 Woongjinthinkbig Co., Ltd.

This Korean edition published by arrangement with Campus Verlag GmbH, Frankfurt/Main, Germany through MOMO Agency, Seoul, Korea.

처음 읽는
DIE GESCHICHTE AFRIKAS
아프리카의 역사

루츠 판 다이크 지음 안인희 옮김
데니스 도에 타마클로에 그림

웅진 지식하우스

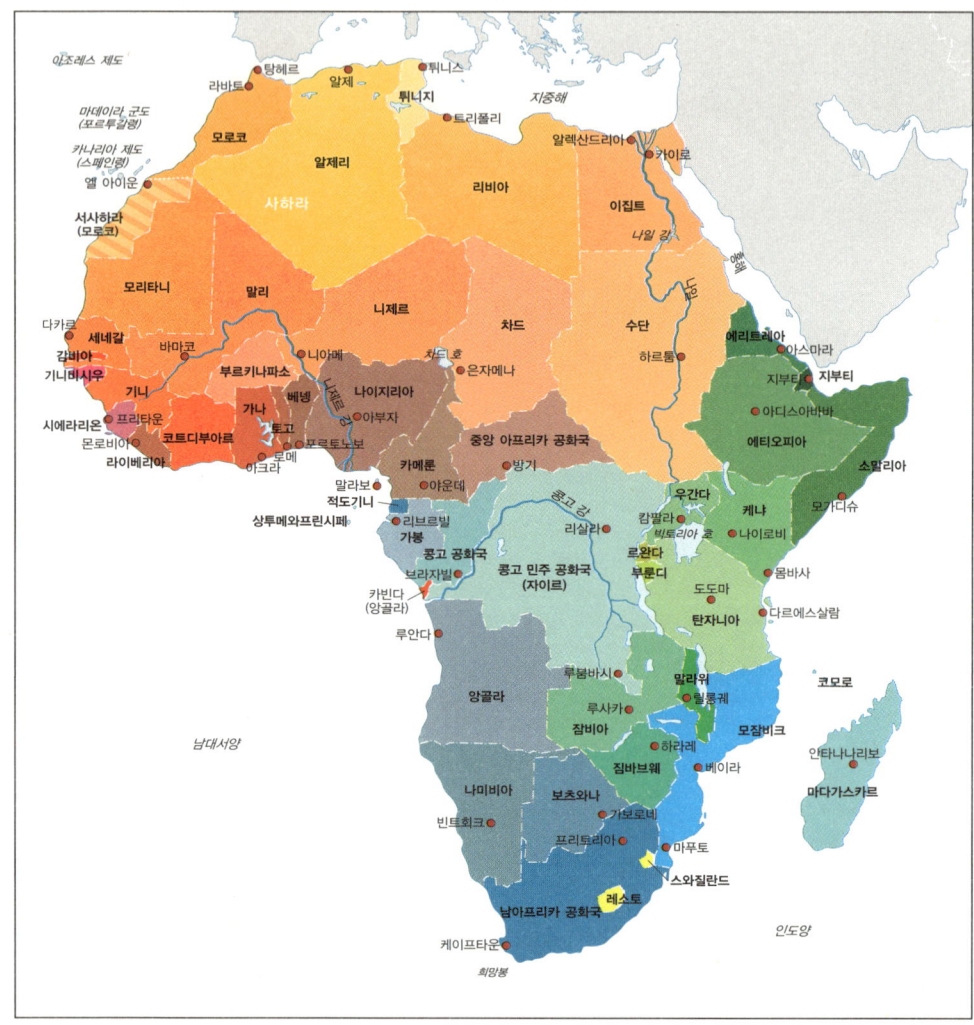

다채로운 대륙 아프리카.

"인간은 우리의 첫 번째 조건이다. 인간이 우리의 척도를 결정한다.
……
자기 역사와의 만남을 거부하거나 독자적인 것을 내놓을 수 있다는 사실을
믿지 않는 민족, 그런 나라는 이미 끝장난 것이고 박물관에나 들어가야 한다.
아프리카 여자와 남자는 제대로 시작도 못 해보고 벌써 끝장나지는 않는다.
그들이 말하게 해보라, 무엇보다도 그들이 행동하게 해보라.
효모가 작용하는 것처럼, 그들이 자신들의 메시지를 갖고서
우주의 문명을 만드는 것에 동참하게 해보라."

세네갈이 독립하기 1년 전인 1959년에 세네갈의 초대 대통령이 된 시인
레오폴드 세다르 셍고르
(Léopold Sédar Senghor, 1906~2001)

차례

여러 색깔을 가진 대륙 아프리카 ···8
'아프리카'란 무엇인가? ···16

Chapter 1
아프리카의 여러 시대 : 모든 것이 시작된 곳
기원전 5억 5000만~기원전 약 5000년 ···23

첫 대륙 ···26
'생명의 나무' ···33
아프리카의 원시 인류 ···37
아프리카 인류가 세계로 퍼지다 ···42
초기 언어들 ···49

Chapter 2
아프리카의 문명 : 인간이 함께 모여 살다
기원전 약 5000~서기 약 1500년 ···55

나일 강 연안 : 이집트와 누비아 사람들 ···59
중앙 아프리카의 원시림 : 피그미족 ···67
조상의 정령 : 아프리카의 신앙 ···72
콩고에서 출발하여 : 반투 민족의 이동 ···79
북아프리카에 수입된 종교 : 초기 기독교와 이슬람교 ···85
사하라 남쪽 : 가나, 말리, 짐바브웨 ···94

Chapter 3

짓밟힌 아프리카 : 유럽 나라들이 제멋대로 대륙을 나누어 갖다 …101
약 1500~1945년

적응 실패 : 바콩고와 포르투갈 사람들	…107
인간 사냥 : 파국을 불러온 노예 매매	…114
짧은 승리 : 줄루족과 영국	…123
재고 정리 바겐세일 : 베를린의 콩고 회의	…133
독일의 지배와 헤레로족의 저항	…141
두 번째 파도 : 선교사와 원조자	…150
아프리카와 두 번의 세계 대전	…160

Chapter 4

아프리카의 해방 : 자유에 이르는 길은 왜 그리도 먼가? …169
1946~현재

꿈과 나쁜 꿈 : 과도기의 첫 단계	…175
권력과 권력의 남용 : 해방 투사와 폭군	…195
전통과 현대 : 여성이 목소리를 높이다	…218
남부의 늦은 해방 : 흑백 분리 정책의 종말	…232
새로운 세대 : 어린이 병사만은 절대로 안 된다	…251
전망 : 에이즈와 아프리카의 르네상스	…269

에필로그 아프리카에서 바라보다	…290
"다른 꿈을 바라볼 자유…" — 벤 오크리	
"증조할머니의 소금" — 암마 다르코	
감사의 인사	…300
출전과 문헌	…302
연표	…306
옮긴이의 글	…317
색인	…322

여러 색깔을 가진 대륙
아프리카

아프리카 대륙의 역사는 북반구 지역에 사는 사람들이 상상하는 것보다 훨씬 더 풍부하다. 아프리카, 검은 대륙이라고? 아프리카와 그곳의 역사는 아주 다채롭고도 다양하고, 아주 오래되었으면서도 현대적이며, 또 많은 영광과 고난을 지녔다. 하지만 가장 중요한 것은 대부분 없어져버렸거나, 아니면 오늘날의 지배적인 세계관에 잘 들어맞지 않는다는 이유로 지금까지 무시되었다.

새로운 물음들을 내놓고 익숙한 것에 대해 의문을 품고 바라볼 각오가 되어야만 비로소 우리는 아프리카의 역사를 배우기 시작할 것이다. 그리고 아주 조용히 경청할 경우에만 말이다.

언젠가 자정 가까운 시간이었다. 나는 함부르크 대학교의 기숙사 침대에 누워 있었다. 이 작은 방을 나보다 두 살 아래인 열일곱 살짜리 소년과 함께 쓰고 있었다. 그는 나를 방해하지 않으려고 아주 낮은 소리로 콧노래를 흥얼거렸다. 우리는 둘 다 잠을 이루지 못했다. 내가 말문을 열었다. "토니, 무슨 노래를 하는 거니?" "할아버지의 노래." "지금 라고스에 살고 계셔?" "아니." 토니가 낮은 소리로 대답했다. "할아버지는 북부 나이지리아 출신인데 벌써 여러 해 전에 돌아가셨어."

우리는 한동안 말이 없었다. 바깥에서는 가을의 폭풍우 때문에 나뭇

가지가 흔들리면서 창문에 부딪치고 있었다. 그해 여름은 짧았고 9월 초인데도 벌써 날씨가 상당히 서늘했다. 나는 춥다고 투덜거렸지만, 토니는 아무 말도 하지 않았다. 그러다 그가 갑자기 물었다. "그 노래 어떻게 하는지 듣고 싶어?" 나는 부르르 떨며 그렇다고 대답했다. 토니는 먼저 자기 나라 말로 노래하고 이어서 나를 위해 영어로 노래했다.

    검정은 많은 색깔들을 갖는다,
    우리가 찾는 빛깔은 검정.
    검정은 아주 다채롭고
    검정은 장님한테만 어둡게 보인다…….

한 달 뒤에 중년의 수도사가 파리에서 와서 갑작스럽게 토니를 데려갔다. 나는 토니 이보크웨를 두 번 다시 보지 못했다. 그가 부른 노래의 멜로디만 아직까지 기억에 남아 있다.

아프리카 역사에 관한 책을 읽는 사람은 대부분 이 대륙이 약 500년 전 유럽의 무역선들이 상륙한 이후부터 비로소 존재하기 시작한 것 같다는 인상을 받는다. 선의를 지닌 역사가들이 '인류의 요람 아프리카'나 고대에 사라져버린 왕국들에 대해 몇 개의 장(章)을 덧붙일 경우에도 전통적인 관점이 지배적이었다. 그러니까 누가 어떤 지역을 얼마나 오래 지배했느냐는 관점 말이다. '위와 아래'—하지만 이런 범주가 정말로 그렇게 분명한 것일까?

초등학교 시절이 끝날 무렵 소비라이 선생님이 우리 학교에 왔다. 이 여자 선생님은 특이하게 두 과목이 묶인 과목을 가르쳤다. '지구학과 종교'였다. 선생님은 아주 뚱뚱하고 늙은 분이었다. 아이들 눈에는 둥근 얼굴에 깊이 파인 주름살과 흰머리가 잔뜩 난 선생님이 아주 늙은 사람으로 보였다. 나는 첫눈에 선생님이 좋아졌다. 선생님이 베를린의 초등학교에서 견디기가 쉽지 않으리라는 것은 첫날부터 아주 분명했는데도 그랬다. 우리는 모두 40명이 넘었고, 대부분이 이웃에 있는 노숙자 거주지에서 온 아이들이었다. 소비라이 선생님은 행동이 느릿느릿하고 무엇보다도 아주 선량했다.

젊은 시절 세상 구경을 많이 했던 선생님은 이따금 자기 삶에서 얻은 사진들을 가져왔다. 가톨릭 교회가 그녀를 아프리카의 여러 나라로 파견했기 때문에 우리는 수많은 검은 피부의 아이들 가운데 흰색 수녀복을 입은 소녀를 볼 수 있었다. 선생님은 이런 사진들로 짧은 시간 안에 우리 모두의 관심을 끄는 데 성공하곤 하였다.

한번은 내 옆 자리에 앉은 아킴이라는 친구가 어째서 아프리카는 지구 아래쪽에 매달려 있느냐고 물었다. 소비라이 선생님은 이렇게 대답하였다. "전혀 그렇지가 않아! 아프리카는 위에 있어!" 아킴이 실망해서 고개를 흔들었다. "아니요, 저녁마다 텔레비전 뉴스를 보면 아프리카는 아래쪽에 매달려 있어요."

소비라이 선생님은 아킴에게 앞으로 나와 무거운 지도걸이를 칠판 앞쪽으로 옮기는 것을 도와달라고 부탁하였다. 이어서 아주 일반적인 세계 지도가 펼쳐졌다. 하지만 거꾸로 걸려 있었다.

"거꾸로 해야지요!" 아킴이 외쳤다.

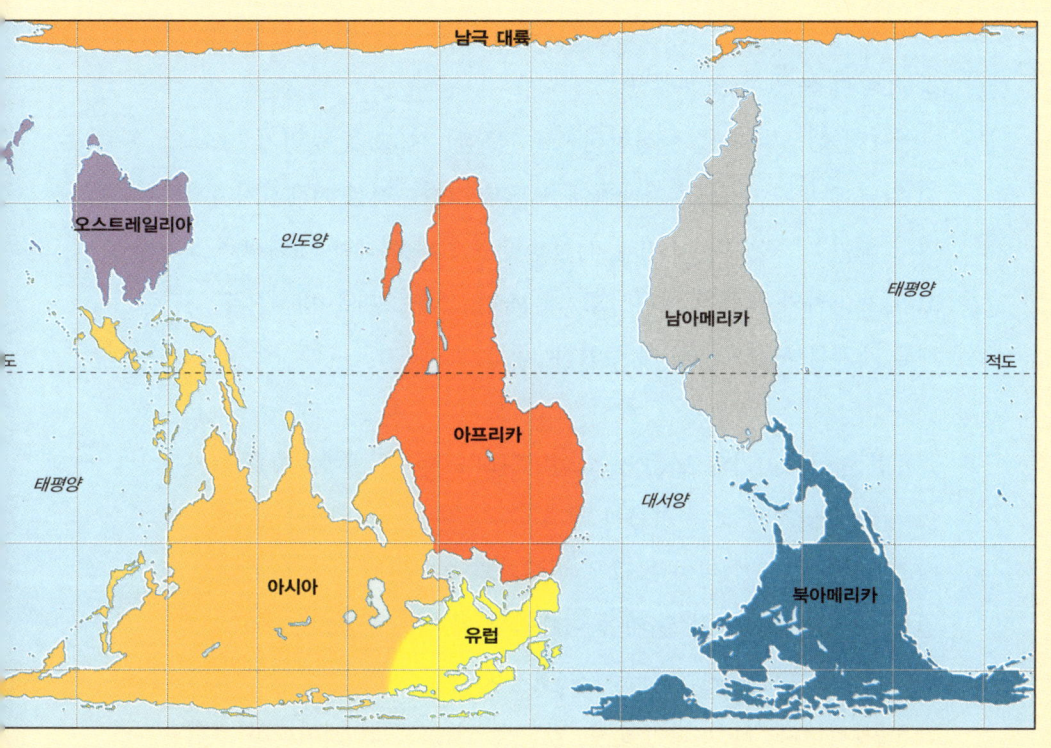

위와 아래—아프리카와 유럽에 대한 새로운 관점.

"어째서 그래야만 하지?" 선생님이 물었다. 그러자 한순간 교실은 정말로 쥐 죽은 듯 조용해졌다.

어째서 선생님이 굵은 사인펜으로 적도의 선(線)을 우리가 평소 알고 있던 것보다 훨씬 더 아래쪽에 오도록 그렸는지를 이해하기까지는 여러 해가 더 걸렸다. 소비라이 선생님은 위와 아래에 대해서—그리고 아프리카와 유럽에 대해서도—익숙한 것과는 다른 방식으로 생각해볼 계기를 처음으로 내게 주었다.

유럽은 아프리카의 모든 것을 설명하려고 한다. 무엇보다도 자기들이 대충도 알지 못하는 갈등과 전쟁, 특히 질병과 비참함에 대해 설명하려고 한다. 유럽은 아주 많은 이야기와 인상적인 그림들을 보여주면서 유럽이 그렇게 많은 것을 이해하고 있다고 주장한다. 언제나 똑같은 것을, 그래서 유럽에서 가장 멍청한 사람이라도 아, 이거 아프리카 이야기구나, 하고 알아챌 수 있도록 해준다. 뿐만 아니라 유럽은 언제나 도와줄 각오가 되어 있다. 저쪽에서 도움을 원하든 원치 않든 전혀 상관하지 않는다. 하지만 영혼을 구원하고 병든 사람과 가난한 사람을 보살펴주려는 그 많은 노력에도 불구하고, 아프리카 대륙 대부분의 지역에서 오늘날에 이르기까지 비참함은 전혀 줄어들지 않았다. 가장 훌륭한 계획이라고 해봐야 가장 고약한 결과들 일부를 조금 완화시켰을 뿐이다.

소수의 경제적 이익을 위해서 수백만 명의 가난한 사람들을 착취하고 무시하는 일에 대해 북반구의 정치가들은 대부분, 아프리카 사람들 자신의 책임이라고까지는 말하지 않더라도 어쨌든 유감스럽지만 어쩔 수 없는 일이라고 말한다. 아니면 단순히 무시해버린다. 아무리 똑똑해도 편견을 피할 수는 없는 일이어서 결국 두 진영이 남는다. 아프리카에 희망이 없다고 규정해버리는 다수의 사람들과, 문명에 넌더리가 난 채 아프리카의 신화와 제의를 보면서 자기 영혼의 고통을 달래고자 하는 소수의 사람들이다. 시간을 내서 귀담아듣는 사람들은 아직도 예외일 뿐이다.

아프리카가 유럽을 바라보는 관점도 일그러져 있다. 아프리카 사람들은 대부분 가난하고, 유럽 사람이나 그 밖의 다른 '서양 사람들'과 개인적으로 접촉을 해본 적이 없다. 대신 그들은 텔레비전에서 수많은 환상을 얻었다. 그렇게나 많고 그렇게 행복하고 그렇게 만족하고 언제나 먹을 것이 있는 사람들. 아무것도 갖지 못한 채 매일 굶주림에 시달리면서 자식들에게 먹일 것도 없는 사람들은 멀리 있는 저 부유함에서 아주 작은 한 조각만이라도 얻을 수 있다면 무슨 일이든지 할 각오가 되어 있다. 그래서 그들은 고향을 떠나고, 거의 대부분이 한 가지 가난에서 또 다른, 더욱 고약한 가난으로 빠져들곤 한다. 그들은 자기 가족을 끝도 없이 돕고, 대신 다른 사람은 누구든 속인다.

한 번 권력을 잡은 사람은 다시는 내놓지 않으려고 한다. 스스로 가난을 체험했어도 부정부패에서 벗어나지 못한다. 아프리카 사람들 중에서 좋은 학교 교육을 받을 기회를 가진 사람들은 북반구의 부유함을 비판적인 눈길로 바라본다. 그들은 젊고 자기 나라의 다른 사람들처럼 그렇게 가난하지도 않으며, 그래서 혼자 외국에서 공부할 기회도 있었다. 그들 가운데 일부는 외국에서 경력을 쌓고 고국에 돌아가지 않는다. 또 다른 사람들은 분노를 품고 무엇인가를 하고자 한다.

그러는 동안 극소수의 사람들은 절망해서 북반구에서 테러리스트라 불리는 사람이 된다.

남아프리카 사람으로 노벨 평화상을 받은 데스먼드 음필로 투투 주교가 런던에서 인터뷰 도중에 이런 질문을 받은 적이 있다. "주교님, 아프리카 대륙의 평화와 정의를 위해 그렇게 노력을 하셨는데도 이 대륙이 여전히 수많은 전투적인 갈등 상황에 짓눌린 것을 보면서 오랜 삶의 마지막에 실망감이 들지 않습니까?"

투투 주교는 한동안 망설이더니 이마에 주름을 지은 채 대답하였다. "그래요, 당신 말이 맞습니다! 유럽 대륙이 이곳에서 시작된 두 번의 세계 전쟁에서 거의 아무것도 배우지 못한 것 같아 이따금 몹시 슬퍼집니다. 유럽은 대체 어떻게 될까요? 아일랜드나 스페인의 바스크 지역 문제 등을 보십시오. 옛날 유고슬라비아 지역 국가들은 말하지 않더라도 말이죠. 유럽은 대체 언제쯤 역사에서 배우게 될까요?"

이 기자는 더 이상 아무런 질문도 하지 못했다.

아프리카의 진짜 역사는 앞으로 씌어지게 될 것이다. 어쩌면 현재의 세대에서, 아니면 다음이나 그 다음 세대에 비로소 씌어지게 될 것이다. 처음에는 힘들어 보일 수도 있지만, 어쩌면 마음을 사로잡는 모험으로 생각될 수도 있다. 그것은 온갖 의미를 가진 역사의 울림에 귀를 기울이는 일이고, 아프리카 사람들에 대하여 말하지 않고 아프리카 사람들 자신이 직접 말하게 하는 일이며, 상징과 표지들을 곧바로 번역하지 않고 그 자체의 조화 속에 그대로 두는 일이고, 또 내가 무엇인가를 곧바로 이해하지 못하면 이해하지 못한다고 고백하는 일이기 때문이다.

누가 그것을 쓰게 될까, 아니면 누가 이야기하거나 노래하거나 그림으로 그리게 될까? 여러 가지 색깔을 가진 아프리카, 이 대륙에 있는 서로 다른 수많은 사람들, 그들의 희망과 절망에 대해 존경심을 표현하는 더욱 완벽한 역사를 말이다. 다른 대륙에서 온 젊은 역사가들과 도전적인 시각으로 대화를 나누는 젊은 아프리카 사람들이 새로운 언어로, 그리고 독자적인 역사 이해를 지니고서 그런 일을 할 것이다.

이 책은 완전하지 못하며 수많은 제약에 붙잡힌 채로 남게 된다. 이 책은 그런 본격적인 시도를 할 수도 없고 하려는 의사도 없다. 고작해야 그런 일을 하라고 용기를 북돋워주는 정도이다. 그리고 북반구 사람들에게는 아프리카에 대한 새로운 시각을 가지라고 말하는 정도가 될 것이다. 물론 틀에 박힌 선입견이라는 게 얼마나 강력하게 머릿속에 남아 있는지 잘 안다. 그런 선입견을 내려놓거나 심지어는 거기에 맞서기란 쉬운 일이 아니다. 사람들을 설득할 만한 대안도 별로 없다.

유럽에도 아프리카가 있고 아프리카에도 유럽이 있다. 단순히 아프리카의 생산품과 원료 형태로뿐만 아니라, 아프리카 남자와 여자들은 유럽의 많은 도시들에서 날마다 볼 수 있는 모습이다. 우정과 결혼이 있고 또 이런 동반자 관계에서 생겨난 아이들이 있다. 북아메리카에 사는 아프리카 노예의 후손들이 점점 더 자의식을 갖고 스스로를 아프리카-아메리카 사람(아프리칸-아메리칸)이라 부르면서 보상을 요구하는 일 등도 새로운 역사의식과 관계가 있다.

전체 현실을—역사적 현실도—깨닫는 것은 언제나 개인적인 해방이기도 하다. 그것은 우리를 강하게 만든다. 남쪽이나 북쪽 모두에서 그렇다.

'아프리카'란 무엇인가?

아프리카—어머니 아프리카,
사막, 초원, 원시림,
강, 호수, 산.
곤충, 새, 물고기,
파충류와 포유류.
모두가 당신의 자식,
우리도 모두 당신의 자식.
아프리카—어머니 아프리카,
어머니, 어머니,
당신은 이 모든 자식이 보이나요?
어머니, 어머니,
내 말이 들리나요?

카브리아(1990년~), 가나의 여학생

◆
아프리카 — 이름

태초에 말씀이 있었다고? 아프리카에서는 아니다. 옛날에 아프리카라는 말은 이방인들이 이 대륙을 서술할 때 쓰던 말이다. 로마 사람들은 기원전 146년에 카르타고를 정복한 다음 새로 얻은 지역을 '총독 통치 지역 아프리카(Africa proconsularis)'라고 불렀다. 아프리카라는 단어는 자기들을 '아프리(Afri)'라고 불렀던, 오늘날의 베르베르 사람들의 조상에게서 유래한 것으로 짐작된다. 뒷날 아랍 사람들은 이 말에서 북부 아프리카 지역을 가리키는 '아프리퀴아(Afriquia)'라는 말을 만들어냈다.

남아프리카의 작가이자 화가인 지식인 자케스 음다(Zakes Mda, 1948년생)는 아프리카의 정체성이 생겨난 것을 이렇게 보고한다. "100년 전까지만 해도 이 대륙의 주민 대부분은 스스로 아프리카 사람이라고 생각하지 않았다. 그들은 가족이나 부족의 소속감, 남성이나 여성으로서의 역할, 신분상의 지위를 먼저 생각하였다. 그러나 그보다도 더 먼저 자기가 인간이라는 것을 본질로 여겼다. 그래서 각각의 언어로 자신들을 '아반투(Abantu)', 또는 '코이코이(Khoikhoi)' 등으로 불렀는데, 그것은 자신이 인간임을 강조하는 단어들이었다."

◆
아프리카 — 땅

3,000만 제곱킬로미터 넓이를 가진 아프리카는 다섯 개 대륙 중에서 4,400만 제곱킬로미터가 넘는 아시아의 뒤를 이어 두 번째로 큰 대륙이다. 지구에 있는 대륙의 5분의 1이 아프리카에 속한다. 유럽보다 여섯 배나 큰 대륙이다. 사하라 사막 하나만 해도 미국과 거의 맞먹는 크기다. 아프리카는 거대한 대양에 둘러싸인 거대한 섬 같은 느낌을 준다. 동북쪽 끝에 있는 이집트 영토인 수에즈 지협만 아시아 대륙과 연결되어 있다.

40년이 넘게 아프리카의 여러 나라를 여행한 폴란드의 언론인 리스자르트 카푸신스키(Ryszard Kapuściński, 1938년~)는 이 대륙에 대해 이렇게 말한다. "이 대륙은 너무나 커서 뭐라고 묘사할 수가 없다. 이것은 진짜 대양이고, 독자적인 행성이며, 아주 다양하고 풍성한 우주이다. 우리는 단순하고 편한 게 좋아서 그냥 아프리카라고 말하는 것뿐이다. 실제로는 지리적 개념 말고는 아프리카라는 것은 없다. 아프리카, 그것은 수없이 많은 상황들이다. 극히 다양하고, 완전히 모순된 상황들이다. 누군가는 이렇게 말한다. '그곳엔 전쟁이 끊이질 않는다.' 그 말이 맞다. 또 다른 사람은 이렇게 말한다. '그곳은 평화롭다.' 그 말도 맞다. 이 모든 것은 언제, 어디의 사정이냐에 따라 그토록 다르기 때문이다."

◆
아프리카 — 사람

문화적으로 보면 아프리카에는 지상에서 가장 다양한 종류의 사람들이 있다. 8억 5,000만 명이 넘는 아프리카의 여자와 남자는 수천의 종족을 이루고, 약 1,000종의 공인된 언어를 말하며, 50개가 넘는 나라들에 살고 있다(유럽에는 7억 3,000만 인구가 50개 국가에서 70가지 언어를 말한다). 주민의 40퍼센트 이상이 이슬람교이며, 50퍼센트가 기독교 그리고 나머지 10퍼센트가 아프리카의 전통 종교나 다른 종교(유대교나 힌두교 등)를 믿고 있다.

이집트의 역사학도인 파티마 S.(Fatima S., 1970년~)는 이렇게 말한

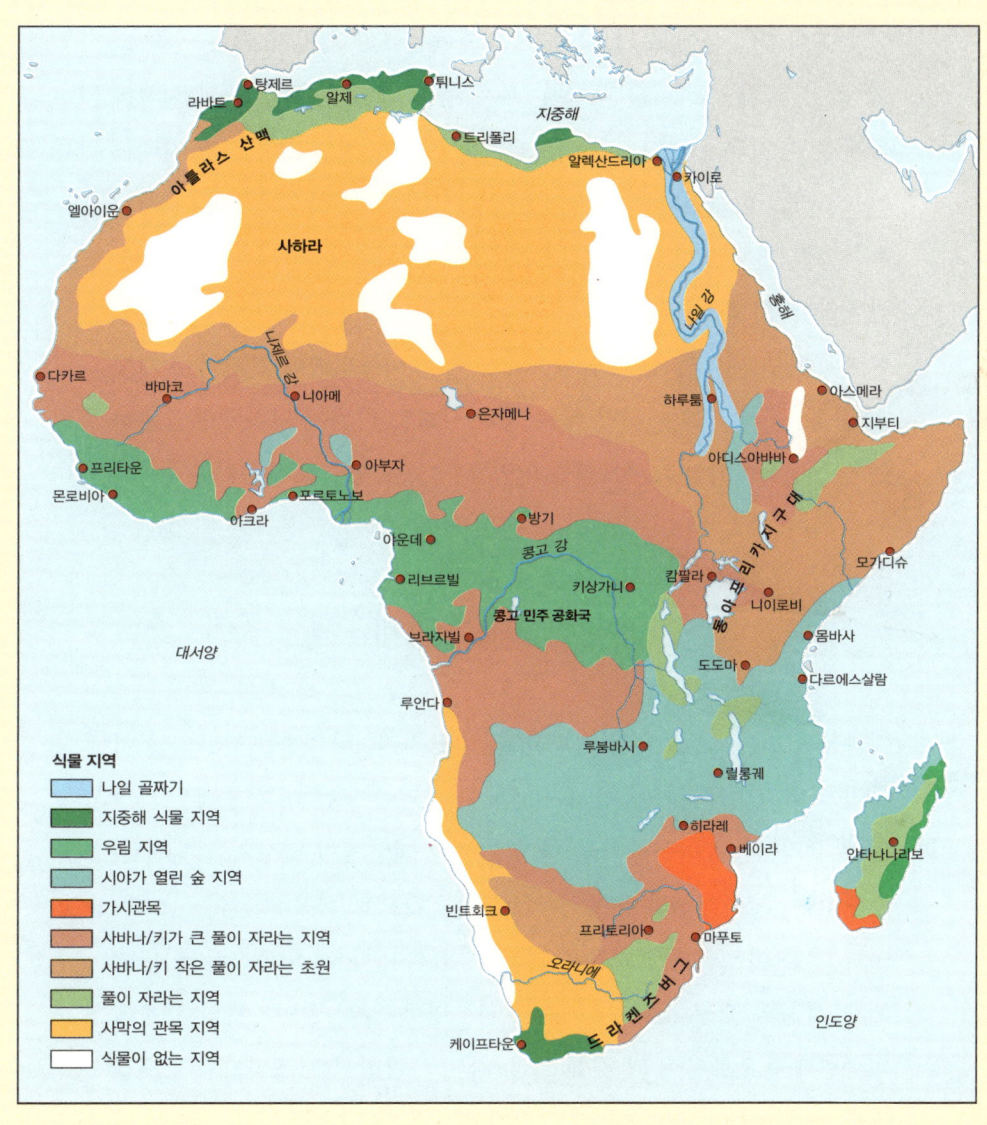

여러 색깔을 가진 대륙 아프리카.

19

다. "유럽 사람들이 오기 전에 이 대륙에는 1만 가지가 넘는 인종 그룹, 작은 국가, 왕국, 술탄 국가, 부족 등이 있었다. 모두가 서로 평화롭게 지낸 것은 아니었지만 서로를 인정하고 인정받았다. 식민 지배는 아프리카를 나누었다기보다 오히려 잔혹하게 통합하였다. 1만 가지의 독립적인 개체들이 합쳐져 50개의 국가가 되었으니 말이다." 영국의 인류학자 존 리더(John Reader, 1937년~)는 이 말을 보충하는 발언을 한다. "외부 세력의 영향이 시작되기 이전 아프리카에 분명히 존재했던 방식, 곧 국가를 이루지 않고 작은 사회로 나뉘어 평화롭게 공존하는 생활방식이야말로 아프리카가 인류 역사에 공헌한 부분이다."

◆
아프리카와 세계

최신판 마이크로소프트 백과사전 '아프리카' 항목에는 다음의 글이 들어 있다. "아프리카의 경제는 남극을 제외한 모든 대륙 중에서 가장 덜 발달되어 있다. …… 끔찍한 배고픔과 전염병이 일상의 일이지만, 형편없는 도로 사정과 부족한 의료 인력 탓으로 더욱 사정이 나쁘다. …… 많은 아프리카 국가들은 외국의 개발지원금에 의존한다. 아니면 세계 시장의 오르내림에 영향을 받는 한두 가지 천연자원의 수출에 의존한다." 오로지 주의 깊게 글을 읽는 사람만이 아프리카의 경제를 다룬 이 문단에서 또 다른 짧은 문장을 읽는다. "아프리카는 천연자원이 풍부하고, 이런 풍부한 천연자원의 수출이 그곳 경제 기반의 일부를 이룬다." 그렇다면 어째서 대부분의 아프리카 사람들이 이렇게 풍부한 지하자원에서 거의 아무것도 얻지 못한단 말인가? 그리고 그들이 그토록 많은 것을 수출했다면 어째서 아프리카 사람들에게는 아무것도 돌아오지 않는단 말인가?

　유엔 주재 르완다 대사는 2000년 초에 유럽 연합 대표들과 만난 자리에서 "아프리카 전 지역에서 사람의 식량으로 쓰이는 양보다 더 많은 곡식을 유럽의 가축이 먹는다."는 점을 지적하였다. 이탈리아 출신 유럽 연합 대표 한 사람이 이렇게 대답했다. "그렇게 비교할 수는 없다. 양쪽 시장의 에너지 요구가 아주 다르니까." 그러자 르완다 대사가 말했다. "그렇다! 당신들의 요구가 다르다. 하지만 우리는 같은 행성에 살고 있다. 예를 들면 뉴욕 시는 전체 아프리카 대륙의 소비량을 합친 것만큼이나 많은 에너지를 사용한다. 대체 어떤 권리로 그러나? 강자의 권리인가?"

"아프리카 — 어머니 아프리카,
어머니, 어머니, 당신은 이 모든 자식이 보이나요?
어머니, 어머니, 내 말이 들리나요?": 이것은 지금 열세 살이 된 여학생 카브리아가 전국 학생 글짓기 대회에 참가하여 쓴 시에 나오는 구절이다. 지금 그녀는 가나의 수도 아크라 근교에 살면서 혼자서 어린 동생 크웨시(8세)와 아토(5세)를 보살피고 있다. 카브리아의 어머니는 6개월 전에 에이즈로 죽었다. 교구의 성직자가 카브리아에게 불규칙적으로 야채와 빵을 공급해준다. 어머니가 죽은 뒤로 학교에 가지 못하는 카브리아는 이렇게 말한다. "난 다시 학교에 갈 거야. …… 꼭 그럴 거야. 지금은 아니라도."

케이프타운 남쪽 마을 마시푸멜렐레의 주민들을 위하여

'마시푸멜렐레'를 코사어로 옮기면 이런 뜻이다.
⋮
'우리는 해낼 것이다!'

chapter 1

아프리카의 여러 시대
모든 것이 시작된 곳

기원전 5억 5000만 ~ 기원전 약 5000년

아프리카
— 모든 대륙 중에서 가장 오래된 대륙. 모든 것이 시작된 곳.

아직 젊은 행성인 지구에서 다른 것들이 모두 끓어오르는 액체 속에 들어 있던 5억 5000만 년 전에 나타난 최초의 대륙. 최초의 생명체들이 물에서 뭍으로 올라왔다. 수백만 년이 지나도록 변치 않는 바위와 암석이 만들어졌고, 이것이 오늘날 지하자원의 원천일 뿐만 아니라 우리 행성의 나이에 대한 연구를 가능하게 해준다.

약 2억 년 전에 이곳 아프리카에는 최초의 공룡들이 살았다. 아주 인상적인 '하드웨어'인 몸에 집중된 그들의 진화는 장기적으로는 오류였던 것으로 밝혀졌다. 그보다 훨씬 허약한 최초의 포유류들은 '소프트웨어' 쪽에 집중하였고, 덕분에 그들은 다음 단계로 진화할 수가 있었다. 태도의 변화를 통한 적응이었다.

똑바로 서서 걷는 최초의 원숭이 인간(=직립 원인)들은 아마도 동아프리카에서 생겨난 것으로 보인다. 그곳의 초원(사바나) 환경에서 두 발로 선 이들은 멀리 바라볼 수 있게 되었다. 다양한 화석들을 볼 때 대략 300만 년에서 500만 년 사이에 일어난 일로 추측된다. 원숭이들이 일어나 두 발로 섬으로써 방향 감각을 알기가 더 쉬워졌으며, 자유로워진 두 손으로는 다른 활동을 할 수 있게 되었다.

다시 오랜 세월이 지나고 나서야 이런 원숭이 인간이 점차 커져가는 두뇌의 다양한 기능을 이용하는 법을 배웠다. 사려 깊은 행동을 본능보다 중시함으로써 다른 존재보다 '유리하게 되는' 일이었다. 현생 인류인 호모 사피엔스는 약 20만 년 전에 아프리카에서 출현하였다.

오늘날까지도 인간과 침팬지의 유전자는 약 99퍼센트까지가 같다. 다만 인간의 두뇌가 더 커졌다는 점이 작지만 결정적인 차이다.

약 10만 년 전에 상대적으로 작은 그룹의 호모 사피엔스가 아프리카 대륙을 떠나 오늘날의 시나이 반도를 넘어 중동으로 진출하였다. 그리고 그곳에서 점점 세계의 나머지 지역으로 퍼져 나갔다. 발굴된 화석에 따르면 인류 역사상 처음으로 등장하는 이들 이민자는 약 4만 년 전에 유럽 대륙에 도착하였다. 그리고 1만 5000년 전에 당시 아직 육지로 연결되어 있던 베링 통로를 거쳐 아시아에서 북아메리카로 넘어갔다. 그리고 약 1만 3000년 전에 남아메리카에 이르렀다.

1980년대에 미국의 한 과학자 팀이 다음과 같이 주장하였다. "'인류의 요람'만 아프리카 대륙에 있는 것이 아니다. 유전적으로 보면 우리 인간은 모두 아프리카 사람이다. 다른 어느 대륙이 아니라 아프리카 대륙 사람이다. 오늘날에도 아프리카 사람과 다른 대륙 사람 사이보다 아프리카 주민들 사이에 유전적인 다양성이 더 많이 존재한다!"

아프리카─모든 대륙 중 가장 오래된 대륙. 오늘날에도 우리 존재의 한계를 결정하는 인류의 근원. 신체적 활동력의 한계와 3차원적인 감각 능력의 한계, 느낌과 감각을 통한 지각 방식의 한계 등을 말이다.

인간이 무엇이냐에 대한 더욱 깊은 이해는 아프리카에서 시작된다.

첫 대륙

약 50억 년 전에 우리가 살고 있는 이 떠돌이별(행성), 곧 지구가 생겨났다. 오늘날까지 우리는 그 생성 과정에 대해서 알지 못한다. 과학자들은 그 원인을 탐구하고 철학자들은 그 의미를 생각하지만 3차원에 붙잡힌 우리의 사고력은 너무나 제한된 것이다. 우리가 대체 어떻게 수백만 년이나, 아니면 심지어 수십억 년이라는 시간을 상상해볼 수 있단 말인가?

온갖 탐색에도 불구하고 우리는 여전히 생명과 시간의 기원에 대한 질문의 답을 모른다. 지구가 생겨나기 전에는 무엇이 있었을까? 우리가 인식할 수 있는 세계 바깥에는 무엇이 존재할까?

〈영원한 없음(=無)〉 (줄루족 전승에 따른 것임)

별도 없고 태양도 없고

달도 지구도 없고

없음 말고는 아무것도 없고

사방은 어둠

따뜻하지도 차갑지도 않은 없음
비어 있음보다 더 고약한 없음
두려움을 만들어내는 영원한 없음.

없음이 흘러갔다.
얼마나 오래 흘렀는지 아무도 모른다.
시간의 물길을 타고
저 강력한 강물이 흘러갔다.
옛날에도 지금도 앞으로도
언제나 있는
그 어떤 시작도 목표도 없이.

하지만 그러다 어느 날—
어느 날이라니, 대체 그렇게 말할 수가 있을까?—
시간의 강은 짝이 그리웠다,
살과 피로 이루어진 존재가
짝을 찾듯이.
그리고 상상하기 어려운 일이지만
시간의 강과 영원한 없음의 만남에서
거의 보이지 않는 아주 작은, 펄럭이는 불꽃이 태어났다,
생명의 불꽃이.

'생명의 불꽃', 오늘날 우리가 지구의 탄생에 대해 알고 있는 것과

줄루족의 전승에 나타난 모습은 그 거리가 아주 멀지는 않다. 지구는 타원형 궤도를 따라 태양의 주변을 도는 세 번째 행성으로 생겨났다. 오늘날까지 우리는— 우리가 그것을 느낄 수가 있다면—현기증 나는 속도인 시속 약 3만 킬로미터로 태양 주변을 돌고 있다. 정확하게 말하면 365일 5시간 48분 47초 만에 태양을 한 바퀴 돈다. 우리는 그것을 정확하지 못하게 대충 '1년'이라고 부른다.

지구 내부는 아직도 펄펄 끓고 있다. 핵심부는 섭씨 1만 2,000도에 이를 것으로 여겨진다. 50억 년이 지났는데도 지구의 껍질(=지각)은 아주 두텁지는 않다. 견고한 층이라 해도 대륙 아래로 겨우 30~70킬로미터 정도, 바다 밑으로는 겨우 8~15킬로미터 정도밖에 되지 않는다. 지각이 얇은 장소에서 아직도 거듭 지진이 일어나는 것이 전혀 놀랍지 않다.

처음에 이 행성은 생명체가 살기에 적합하지 않은 장소였다. 모든 것을 부식시키는 산(酸)의 증기가 뜨거운 대기를 가득 채웠다. 태양빛은 무거운 구름으로 가려졌고, 구름이 바닥으로 떨어지면 다시 끓어올랐다. 지속적인 화산 폭발에서 흘러나온 용암이 거대한 지역을 불꽃의 붉은색으로 물들이고 운석이 떨어지는 것도 날마다 일어나는 일이었다.

아주 천천히, 수백만 년이 넘는 시간을 두고 이것이 식으면서 드디어 단단한 실체가 되었다. 염화물로 인해 녹색으로 물든 바위 덩이들이 펄펄 끓는 뜨거운 바다 위에서 코르크처럼 둥둥 떠다니다가 점점 더 단단해지기 시작했다. 오늘날의 연구에 따르면 약 36억 년 전에 아프리카 남부에서 최초의 바위 덩이들이 확고하게 자리를 잡기 시작했던 것으로 보인다. 다음 수억 년이 지나는 동안 이들은 다시 다른 거대한 덩어리들과 합쳐졌다. 뒷날 서부 아프리카와 중부 아프리카를 이루는 부분이다.

약 5억 5000만 년 전에 오늘날 아프리카 대륙의 모습과 90퍼센트 이상 일치하는 지역이 위로 솟아올라 단단한 땅을 이루었다. 아프리카가 태어난 것이다.

지구상의 다른 어떤 대륙도 아프리카처럼 정밀하게 탐구되고 추적되지는 않았다. 모든 대륙을 합친 평균 높이는 해발 875미터이지만, 아프리카 대륙은 다른 대륙들보다 평균 약 400미터 정도가 더 높다. 아프리카에 가장 많은 지하자원이 있다는 것은 이 대륙이 오래되었다는 것과 관계가 있다.

금, 다이아몬드, 백금 등 모든 귀금속은 지구의 발전 과정에서 나타난 특별한 조건 아래서만 만들어질 수 있었다. 다이아몬드는 섭씨 1,000도 이상의 온도에서 약 150킬로미터 높이로 쌓아올린 바위 덩어리가 누르는 정도의 압력을 받아야 생겨난다. 금은 극도로 뜨거운 물의 압력이 필요하다. 인류가 땅에서 캐내는 황금의 절반 이상이, 바로 최초의 암석 덩어리들이 식으면서 견고한 땅을 이룬 남아프리카 지역에서 나온다. 지구 역사에서 가장 오래된 지역이 가장 많은 지하자원을 품고 있다는 것은 다른 대륙도 마찬가지다. 이런 점에서 아프리카는 단연 유리하다.

땅덩어리가 생겨나 굳어지기까지 약 400만 년이 걸렸다. 북아메리카 대륙이 가장 늦게 만들어졌다. 당시 모든 대륙이 가까이 붙어 있다가 나중에서야 천천히 떨어져 나갔다는 주장은 오늘날까지도 논란을

아프리카를 중앙에 둔 초대륙 판게아의 모습.

불러일으키고 있다. 다만 아프리카와 남아메리카가 서로 아주 잘 들어맞는다는 것이 눈에 띈다. 지리학과 지질학적으로 뿐만 아니라 특정한 식물과 동물까지도 그렇다.

독일의 지구물리학자 알프레트 베게너(Alfred Wegener, 1880~1930년)는 1912년에 '대륙 이동설'로 격렬한 국제적인 논쟁을 불러일으켰다. 그에 따르면 원래 지구에는 판게아라는 이름의 초대륙 하나만 있었다. 오래된 아프리카를 중심으로 남아메리카와 북아메리카, 유라시아(유럽과 아시아를 하나로 묶어서), 인도, 오스트레일리아 그리고 남극 등이 하나로 합쳐진 대륙이다.

베게너가 살아 있는 동안 그의 이론은 진지하게 받아들여지지 않았다. 대륙들이 모두 하나로 합쳐져 있었다는 지구물리학적인 그의 주장이 대단히 인상적인 것이긴 했어도 그가 대륙의 이동에 대한 명백한 증거를 대지 못했기 때문이다. 그는 생애 나머지를 이것을 증명하는 데 바쳤다. 1930년 11월에 그린란드를 횡단하던 도중에 죽기까지 그는 이렇다 할 결과를 내놓지 못했다.

1937년에 남아프리카의 지질학자 알렉스 뒤 투아가 《떠도는 대륙들》이라는 책에서 아프리카와 남아메리카가 아주 가까이 붙어 있다가 오늘날의 위치를 잡기까지 약 2억 5000만 년이 걸렸음을 보여주었다. 미국의 지질학자 해럴드 헤스는 1959년에 어째서 대륙들이 그대로 가만히 있지 않고, 원칙적으로 영원히 움직이는지를 설명하였다. 가장 껍질 부분에 있는 상대적으로 얇은 지각부터 내부의 뜨거운 층위들에 이르기까지 지구의 다양한 층들이 바다 밑 지각 변화의 영향을 받아 서로 갈등 관계에 있다는 것이다. 헤스는 공 모양을 한 지구에서 수백만 년을 단위로, 대륙들이 서로 가까워졌다가 다시 멀어지는 일종의 순환이 있다고 추측하였다. 이 시나리오에 따르면 지금 우리 시대는 대륙들이 가장 멀리 떨어져 있는 단계이고, 이어서 이들은 점차 다시 가까워질 것이다.

아프리카 대륙은 5억 5000만 년 전부터 존재하고 있다. 아프리카는 가장 오래된 대륙이고 가장 많은 지하자원을 품은 대륙이다. 인간은 여기서 처음으로 곧게 서서 걷는 법을 배웠다.

'생명의 나무'

아프리카 대륙의 극히 다양한 신화와 전설들이 지상에 생명이 생겨난 이야기를 들려준다. 많은 종족과 민족들에게서 '생명의 나무'가 중요한 노릇을 한다. 삼베시 강 남쪽에 자리 잡은 은데벨레 종족들 사이에서도 그렇고 남아프리카의 줄루족들 사이에서도 그렇다.

나탈의 남부 출신으로 줄루족인 크레도 무트와(Credo Mutwa, 1921년~)는 전통적인 이야기 방식으로 아프리카의 역사를 영어와 줄루어로 쓴 최초의 아프리카 사람이다. 여기서 그는 이렇게 말한다. "위대한 정령이, 아무도 알려고 해서는 안 되는 여러 가지 이유에서 우주를 창조하였다. 위대한 정령은 창조를 위해 최초의 여신이라고도 불리는 존재를 이용하였다……." 그런 다음 무트와는 할아버지에게서 들은 대로 생명이 시작된 이야기를 들려준다.

"맨 처음 아버지인 생명의 나무는 언제나 그렇듯이 자신의 동반자가 어떻게 하면 출산의 고통을 이길 수 있는지를 알지 못했다. 하지만 아주 오래오래 고통을 받은 끝에 최초의 여신은 구원을 받고, 살과 피

생명의 나무. 은데벨레족의 수많은 예술작품들에 등장하는 문양.

를 가진 처음 종족, 곧 수많은 인간 존재들이 태어났다. 그들은 수가 불어나 칼라하리 사막에 살게 되었다.

그동안 생명의 나무는 큰 변화를 겪었다. 그 구부러진 가지에서 녹색 봉오리들이 터져 나와 구름처럼 씨앗들을 돌이 많은 바닥에 뿌렸다. 씨앗은 단단하고 메마른 모래 바닥에 닿으면 곧바로 뿌리를 내리고 얼마 안 되는 수분을 찾아냈다. …… 그러자 온갖 종류의 식물들이 살아나서 풍요롭게 살아 있는 초록 양탄자가 되었다. 머지않아 거대한 숲이 땅을 뒤덮고 심지어는 산악 지대로도 올라갔다. 사나운 폭풍과 비가 쏟아져내리고 숲의 나무 뿌리가 한데 어우러져 사람이 살 수 없는 산을 부드러운 평원으로 바꾸었다.

이런 모든 노력을 한 다음 생명의 나무는 다시 열매를 맺었다. 울부짖고 웅얼거리며 외치는 동물 열매를. 넓게 펼쳐진 그의 가지에서 동물들이 풀밭으로 떨어져내려서 곧장 숲으로 달려갔다. 헤아릴 수 없을 만큼 많은 동물들이.

깊이 주름이 파인 나무통에서는 온갖 종류의 새들이 날아올라 사랑의 노래로 대기를 가득 채웠다. 독수리, 매, 홍학 등 우리가 아는 새들과 우리가 한 번도 본 적이 없는 또 다른 새들이었다. 예를 들면 동화에나 나오는 머리가 둘 달린, 말할 줄 아는 새 카울라 같은 것들이다.

그때까지는 생명 없이 죽어 있던 땅도 생명을 얻어서 온갖 종류의 소리들이 숲과 골짜기에서 메아리쳤다. 사나운 짐승들이 서로 싸우거나 새들이 즐겁게 노래할 때면 그 소리가 미소 짓는 태양에게까지 올라갔다.

생명의 나무가 만들어낸 아주 많은 동물들은 영원히 지상에서 사라졌다. 완전한 파괴의 정령 에파가 그들을 삼켜버렸기 때문이다. 오늘날 우리가 아는 동물들은 그들이 아무리 많다고 해도 원래 만들어진 수많은 동물들 중에서 살아남은 일부일 뿐이다. 예를 들어 옛날이야기는 세 종류의 사자 이야기를 들려주는데, 지금은 그 중 한 가지만 살아남았다.

생명의 나무 뿌리에서 온갖 종류의 파충류들과 곤충들이 구름처럼 엄청나게 끝도 없이 날아올랐다. 지상에서 생명의 노래가 시작되었다. 이 생명의 노래는 아직도 불리지만 어느 날인가 완전히 잊혀져 희미한 메아리만 남길지도 모른다.

역사의 태양이 떠올라서 아직도 비추고 있다. 하지만 어느 날인가 그것은 사라져버릴 것이다, 영원히."

아프리카의 원시 인류

우리는 오늘날에도 유인원과 아주 많은 공통점을 지니고 있다. 유전자 연구 결과 침팬지와 인간의 유전자는 99퍼센트까지 동일하다. 말과 얼룩말 정도로 서로 비슷하다는 얘기다. 그래서 영국의 행동학자 데스먼드 모리스(Desmond Morris, 1928년~)는 1967년에 나온 《털 없는 원숭이》라는 책에서 인간을 '털 없는 원숭이'라고 불렀다.

유전적으로 보아 본질적인 차이는 신체 구조에 있는 것이 아니라 더 크게 발달된 인간의 두뇌에 있다. 그보다 먼저 아마도 일상의 생활 조건이 변했을 것으로 보인다. 그것은 가장 강한 생명체가 아니라 가장 적응력이 뛰어난 생명체의 생존 기회를 높여주는 조건이었다.

지구상에서 가장 크고도 강력한 생명체는 약 2억 년 전에 살았던 공룡이다. 동아프리카 탄자니아에서 1909년에 브라키오사우루스의 완전한 골격이 발굴되었다. 무게는 대략 80톤 정도에 이르렀을 것으로 추정되며(어른 코끼리 20마리 정도), 높이가 거의 13미터에 이르러서 5층 높이의 건물을 아무런 문제도 없이 들여다볼 수 있었을 것이다. 이 거대한 공룡의 골격은 황제가 다스리던 시절(1918년까지—옮긴이) 독일로 운반되어 와서 오늘날에도 베를린 자연사 박물관에 전시되어 있다. 이것은 분명 생존을 위한 가장 튼튼한 '하드웨어'였다.

   그럼에도 불구하고 거대한 변온동물 파충류는 약 1억 4000만 년을 생존한 다음 지구상에서 사라졌다. 그것은 물론 대단히 긴 시간으로, 지금까지 고작 500만 년을 살아온 우리 인류가 그 정도의 생존 기간을 가질 수 있을지 아직은 알 수가 없다. 그렇지만 모든 점으로 보아 처음에는 저 거대한 공룡의 그늘에서 살았던 그보다 훨씬 작은 포유류가, 발전을 거듭하여 오늘날 약 4,500종으로 공룡보다 훨씬 많은 종류를 이루게 된 이유는 무엇인가?

   오늘날 남아프리카 레소토 지역 국경 근처인 나지막한 언덕의 고고학 발굴지에서 최초의 포유류 한 종류가 발견되었다. 이것은 메가조스트로돈(*Megazostrodon*)이라는 이름으로 불리는데, 호저와 비슷한 크기로 상대적으로 작은 두개골을 갖고 있다. 얼마 전 거기서 아주 가까운 곳에서 약 4미터 길이의 공룡 한 마리가 발견되었다. 그것은 강의 개흙에 갇혀 익사한 공룡이다. 지질 검사 결과 이 둘은 동일한 시대에 살았던 것으로 밝혀졌다.

   막강한 공룡이 지배하는 세계에서 살아남기 위해 최초의 포유류들은 특별히 뛰어난 적응력을 가져야만 했다. 낮 동안에는 조심스럽게 숨어 있다가 공룡이 잠을 자는 밤 시간에 사냥을 나가야 했다. 어둠 속에서 사냥하기 위해서는 특별히 눈과 코와 귀의 감각이 발달되어야만 했다. 빠르고 다양한 연속 동작도 필요하였다.

   계속 발전하지 않을 수 없게 하는 이런 자극이야말로 포유류에게 공룡에 맞서 진화의 사다리를 계속 올라갈 더 나은 기회를 주었다. 레

소토의 개흙에 파묻힌 공룡은 평소 경계를 너무 게을리 했기 때문에 위험을 알아차리지 못했고, 또 몸이 너무 무거워서 위험에서 벗어날 수가 없었다. 이것은 바로 공룡 시대의 종말에 대한 하나의 상징과도 같은 것이다.

인간은 무엇인가?《성서》에 나오는 말처럼 '땅을 정복'하는 저 '털 없는 원숭이'는 대체 무엇인가? 그리고 최초의 인간은 누구였던가? 정확하게 어디서 인간의 발전이 시작되었는가?

세계적인 유일신 종교들, 곧 유대교·기독교·이슬람교 등에서는 신이 창조의 절정으로서 자신의 형상에 따라 인간을 만들어낸 이야기를 들려준다. 최초의 인간 아담은(이 이름은 히브리어로 '인간'이라는 뜻이다) 벌거벗은 채 에덴동산에서 동물들과 함께 살면서 외로워서 짝을 갈망하였다.

하지만 현실은 그보다 훨씬 덜 시적(詩的)이다. 단 한 번의 창조 행위를 통해 인간이 나온 것이 아니라 수천 년 이상에 걸쳐 고단한 생존 투쟁을 하면서, 일어서서 걷고 돌을 도구와 무기로 이용하는 법을 배운 유인원이 차츰차츰 두드러진 존재로 등장하였다. 몇 종류의 유인원들은 외침들을 발전시켜 최초의 단어들을 만들어서, 아직도 경계의 외침이나 짝짓기 소리를 지르는 다른 종류보다 훨씬 더 능률적으로 의사 소통을 하게 되었다.

동아프리카에서 최초의 인간의 흔적을 조사하는 과학자들은 당시 나타난 기후 변화에 주목하였다. 아프리카 서부에서는 계속 열대 우림이 지배하였는데, 동부에서는 차츰 땅이 건조해졌다. 거대하게 자란 나무와 무성하게 우거진 식물군이 사라지면서 키가 큰 풀이 자라는 널따란 평원 지대가 나타났다. 서부와 중부 아프리카에서는 높은 나무에 기어오르는 능력이 필요했던 데 비해, 동부 아프리카에서 살아남기 위해서는 평지를 빠른 속도로 달리고, 위험에 부딪히면 얼른 몸을 숙이며, 시야를 확보하기 위해서 반듯하게 일어서는 능력이 요구되었다.

**젊은 호모 하빌리스 뇨하 이야기.
1960년에 오늘날 세렝게티 국립공원 근처의 점토에서
그의 발자국이 발견되다 :** "뇨하(Nyoha)는 아마도 열두 살이나 열세 살 정도였고 이미 생식 능력이 성숙해져 젊은 여인이 그리웠을 것이다. 그가 이름을 가졌을까? 전혀 알 길이 없다. 우리는 동아프리카에서 아직 살고 있는 가장 오래된 종족의 하나인 탄자니아의 핫자족 사이에 널리 쓰이는 남자 이름을 따서 그를 뇨하라고 부르기로 하자.

오늘날의 우리처럼 말하는 법을 몰랐던 뇨하는 마음이 급했다. 무슨 일 때문인지 불안했던 그는 함께 있던 나이 든 남자와 젊은 여자의 어깨를 주먹으로 툭툭 치고 잡아당기며 흥분해서 소리를 질렀다. 두 사람은 그가 무슨 말을 하려는지 알아채지 못했다. 그들은 천천히 걸었다. 아무 걱정도 없는 그들은 뇨하로서는 참을 수 없을 정도로 느렸다. 뇨하의 이런 초조함은 젊은 나이 탓이었다. 그들처럼 느리게 움직이기 싫었던 그는 화가 나서 돌 하나를 집어들어 개펄에 던졌다.

나이가 많은 남자는 엎드려서 네 발로 걷는 쪽이 더 편했다. 하지만 그러면 시간이 훨씬 더 오래 걸렸다. 젊은 여자가 그를 부축하였지만 뇨하처럼 서두르지는 않았다. 그들이 남긴 발자국은 그들의 움직임이 똑같지 않았음을 보여준다. 네 발로 걷는 노인의 움직임, 이리저리 움직이면서 그를 돕는 젊은 여자의 발자국 그리고 흥분해서 앞뒤로 왔다 갔다 하는 소년의 움직임.

그들은 이제 골짜기 가운데쯤에 이르렀는데, 풀과 마른 관목만 있는 그곳은 맹수들의 공격에 거의 무방비로 노출된 곳이었다. 뇨하의 불안은 전혀 누그러지지 않았다. 그는 펄쩍 뛰어오르며 뭔가를 가리켰다. 다시 돌 하나를 주워들어 위협하듯이 높이 쳐들었다. 그들 뒤로는 지평선 저 멀리서 화산 하나가 검은 구름을 내뿜고 있었다. 그들과 멀리 떨어진 곳에 나무가 많지 않은 산이 있었다. 셋은 그곳을 향하여 가는 중이었다. 그곳의 암벽 동굴이 그들이 살고 있는 집이었을지도 모른다. 뇨하가 아주 가까운 곳의 무엇인가를 가리켰다.

그런 다음 발자국들은 갑자기 흩어진다. 노인의 발자국은 사라지고 뇨하와 젊은 여인의 발자국은 화산 방향으로 되돌아가서 점토보다 단단한 바닥에 이르러 사라진다.

무슨 일이 일어났을까? 우리는 모른다. 뇨하가 관찰하고 있던 표범에게 노인이 잡아먹힌 것일지도 모른다. 아니면 노인이 지쳐 쓰러져서 더 이상 앞으로 나아가려 하지 않았을지도 모른다. 또는 뇨하가 노인을 버리고 젊은 여인과 함께 도망쳤을지도 모른다. 또는…….

우리는 다만 뇨하가 흥분했었고 그가 이미 상당히 확고하게 두 발로 서서 움직일 수 있었다는 것, 또 그가 돌을 무기와 도구로 사용했다는 사실만 안다. 200만 년 전에 동아프리카에 살았던 뇨하…….″

아프리카 인류가
세계로 퍼지다

 오랜 기간 동안 주로 고고학자들이 일부는 정말로 대단한 발굴물들을 이용하여 인류의 기원을 밝히려고 애써왔다. 여러 대륙에서 나온 뼈와 두개골 발굴물을 서로 비교하고 연대를 측정하는 그 일은 오늘날까지 전문가들의 측정치에서도 매우 큰 차이가 난다. 초기 인류의 역사는 여전히 어둠 속에 잠긴 채 짐작만 허용한다.
 비교적 최근의 유전자 연구가 인간들 사이의 공통점과 차이점을 더욱 정밀하게 규정하면서 근본적으로 새로운 사실을 밝혀냈다. 이런 사실은 지금까지 알려진 일부 이론을 물거품처럼 꺼지게 만들었다. 오늘날까지 확립되어 있던 학문에 가장 큰 도전이 되는 두 가지 사실은 다음과 같다.
 대단히 발달된 언어 및 사유 능력을 가진 현재의 인류는 유전적으로만 보면 아프리카 인류임이 분명하다. 그리고 또 한 가지, 우리의 유전적 뿌리는 중요한 유전 정보를 계속 후세에 전달한 여성 조상에게서 나온 것이라는 사실이다. 따라서 아담이 최초의 인간이 아니고 이브, 정확하게 말하면 아프리카의 이브가 최초의 인간이다.

약 200만 년 전에 아프리카에서 초기 인류의 발전이 시작되었다. 이들은 호모 하빌리스(*Homo babilis*, 도구를 쓰는 인간), 또는 호모 에렉투스(*Homo erectus*, 반듯하게 걷는 인간, 직립원인)이다. 이런 발전의 끝에 지금으로부터 약 20만 년 전에 최초의 호모 사피엔스(*Homo sapiens*, 이성이 있는 인간)가 나타난다. 그리고 약 10만 년 전에 몇백 명에서 많게는 2,000명 정도로 이루어진 상당히 작은 그룹의 호모 사피엔스 인간들이 처음으로 아프리카 대륙을 떠나 아시아 쪽으로 향했다.

현재의 인류가 아프리카에서 넓은 세상을 향해 떠나기까지의 발전을 위해 필요로 했던 10만 년은 호모 사피엔스 전체 역사의 약 절반에 해당한다. 이 기간 동안에 아프리카 대륙에서 수많은 민족과 종족들, 부족들이 형성되었다. 그것은 세계의 다른 어떤 곳에서 현생 인류가 생겨나기도 훨씬 전의 일이었다. 유전학자들은 총 13종의 아프리카 초기 인류를 확인하였다. 아프리카를 떠나 중동으로 향한 작은 그룹의 사람들에게서 오늘날 인류의 유전질 대부분이 나온 것이다.

오늘날 아프리카 대륙에 엄청나게 다양한 인종이 있는 것은 바로 여기서 기원한다. 그동안 이런 인종적인 풍부함은 상당히 무지하게 '뒤엉킨 언어들'이라거나 '종족의 카오스'라고 여겨져 무시되어왔다. 인간 유전자를 연구하는 영국의 유전학자 브라이언 사이키스(Bryan Sykes)의 이론에 따르면, 이들 최초의 이민자 그룹에서 나온 온갖 유전적 혈통 중에서 한 여성의 혈통이(어머니에게서 딸에게로) 오늘날까지 끊어지지 않고 입증된다. 학자들은 이 최초의 여성에게 그녀가 기원한 대륙인 아프리카의 이름이 아니라 기독교-유대교 이름인 '이브'라는 이름을 붙여주었다.

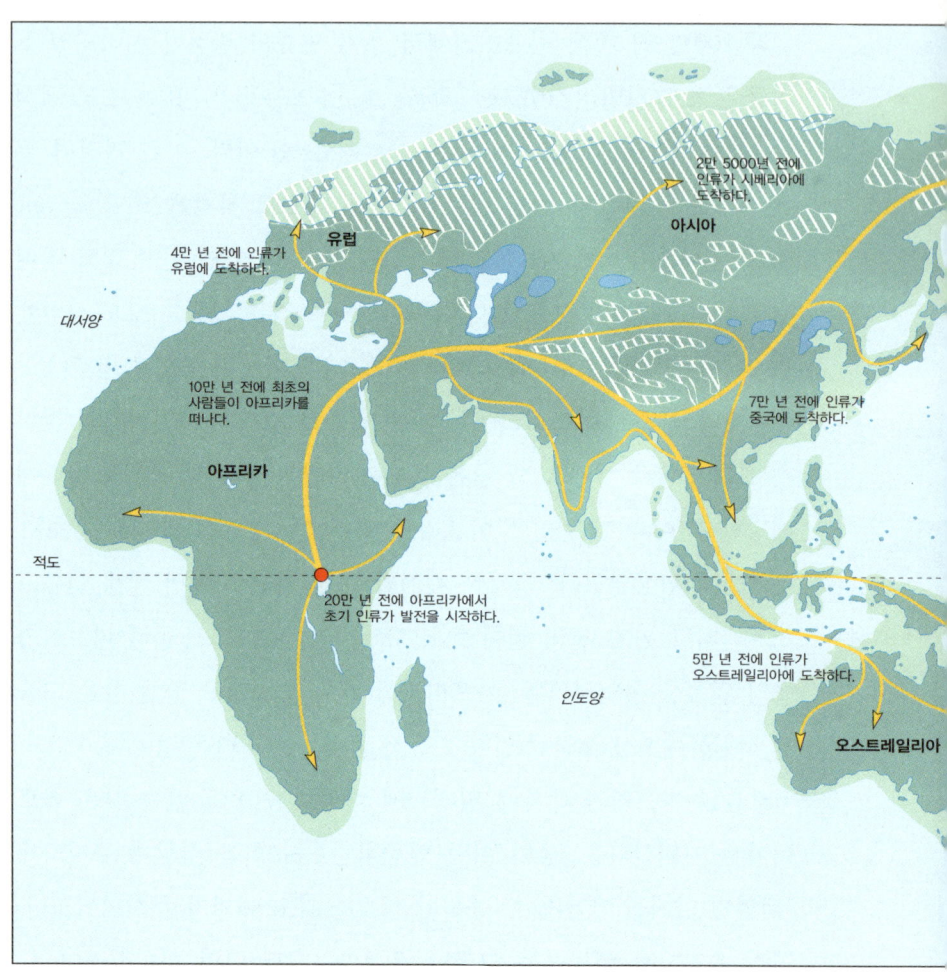

인류의 이동..

45

인류 발전의 초기 단계에서 기후 변화는 아주 중요한 역할을 하였다. 먹을 것이 충분하지 않으면 그들은 이동해야만 했다. 너무 춥거나 너무 더우면 추위나 더위를 피해 이동하겠다는 생각을 하지 않을 수가 없었다. 하지만 그것만으로 모든 것이 설명되지는 않는다. 어째서 처음 10만 년 동안에 아프리카에 살았던 대략 100만 명 가량의 주민들 중에서 겨우 몇백 명만이 출발하기로 결심을 했던가? 무엇이 이 그룹을 부추겨서 시나이 반도를 넘어 오늘날의 팔레스타인과 이스라엘로 향하게 했던가? 이들 선조 사이에 어떤 갈등이 있었을 가능성 말고도, 어쩌면 새로운 것과 모르는 것에 대한 순수한 호기심도 작용했다고 상상할 수 있지 않을까?

어쨌든 고고학적 발굴물을 통해 확인된 바에 따르면 현생 인류 역사에서 최초의 이민자들은 상대적으로 오래 중동 지역에 머물렀다. 그리고 나서야 아시아, 오스트레일리아 그리고 마침내 유럽으로 이동하였다. 부분적으로는 훨씬 더 추운 날씨 때문에 아프리카 출신 사람들이 유럽으로 이주하기를 꺼렸을 것이 분명하다.

하지만 유럽에서도 대략 12만 년 전에 초기 인류에서 현생 인류로의 독자적인 진화 단계가 나타났다. 이른바 네안데르탈인이 그들이다 (호모 네안데르탈렌시스*Homo neanderthalensis*). 1856년에 뒤셀도르프 근처 네안더 계곡의 한 동굴에서 두개골이 발견되어 붙여진 이름이다. 네안데르탈인은 아프리카 출신의 호모 사피엔스보다 훨씬 더 튼튼한 골격을 가졌고, 따라서 추위를 더 잘 견뎠다. 아프리카에서 넘어온 종족들보다 신체적으로 유리했는데도 네안데르탈인은 살아남지 못했다. 네안데르탈인과 호모 사피엔스는 적어도 1만 년 이상 나란히 존재했지만 이 두 그룹 사이의 관계에 대한 어떤 증거도 남아 있지 않다. 네안데르탈인은 자기들끼리 모여 살다가 약 3만 년 전에 멸종하기 시작하였다.

아프리카 출신 호모 사피엔스는 아시아의 전 지역으로 퍼져 나갔고, 약 1만 5000년 전에는 당시 아직 땅으로 연결되어 있던 베링 통로를 통해 북아메리카로 넘어갔다. 그리고 약 1만 3000년 전에 중앙 아메리카와 남아메리카에 도착하였다.

**탄자니아 마냐라 호수 근처 초원 지대에서 사는
핫자족 사냥꾼 마로바의 아내, 열여덟 살 가량 된
마로(Maro)는 오늘날 이렇게 말한다 :** "우리는 여기서 아주 편안하다. 전에도 그랬고, 또 그전에도 그랬다. 그리고 그전에도. 하지만 우리는 숫자가 아주 적어졌다. 하나, 둘, 셋, 넷……. 그렇게 적다. 그렇게 적지만 아직도 이리저리 떠돌아다닌다. 우리는 자유롭다. 우리에겐 모든 것이 있다. 떠돌아다니려면 많은 것들을 쌓아두면 좋지 않다.

우리는 언제나 다시 커다란 호수로 돌아온다. 그리고 그곳에서 다시 초원 지대로 나간다. 거기서 다시 호수로, 다시 초원 지대로, 이렇게 움직이고 이것이 좋다. 사람이 아니라 동물들이 우리를 돕는다.

예를 들면 저기 꿀새가 있다. 한번 봐라. 새가 바오밥나무의 마른 가지로 날아가서 소리치고 날갯짓을 한다. 우리를 부르는 것이다. 남편이 나무로 올라가서 껍질을 뜯어낸다. 야생 꿀이 거기 있다. 꿀은 아주 좋고 아주 달다. 우리가 일을 마치면 꿀새가 날아와서 벌들의 애벌레를 잡아먹는다. 꿀새가 가장 좋아하는 먹이다. 새는 혼자서는 나무껍질을 뜯어내지 못한다. 그래서 우리는 서로 돕는다.

우리에겐 모든 것이 다 있다. 우린 더 필요한 게 없다. 그리고 그것이 좋다.

어째서 다른 사람들은 계속 우리에게 와서 우리를 변화시키려고 하는가? 몇몇 사람들은 그런 말에 넘어가서 지금은 거주지에 산다. 하지만 그들은 아무것도 없다. 개보다도 더 나쁘게 살고 있다. 개들은 진(gin)을 마시지 않기 때문이다. 그들은 작은 플라스틱 봉지에 든 싸구려 진을 한꺼번에 다 들이켠다. 그리고 나면 머릿속이 완전히 멍청해져서 아주 피곤한데도 쉬지 못하고, 아주 사나운데도 사냥을 못하며, 아주 외롭다. 그것은 가장 고약한 일이다. 그리고 그들은 우리라고 말하지 않고 나라고 말한다.

우리는 우리라고 말한다. 하나, 둘, 셋, 넷……. 우리가 아주 조금이라 해도 그래도 여전히 우리다."

초기 언어들

무엇이 인간을 동물과 구별해주는가? 도구를 사용하는 법과 곧게 서서 걷는 방법을 배운 다음 나타나는 것으로, 지구상의 다른 어떤 생명체에게서도 발견되지 않는 언어 능력의 발전을 꼽을 수가 있다. 언어는 인간에게 주변 환경을 지각하고 동물처럼 본능적으로 반응할 뿐만 아니라 체험한 것을 해석하고, 체험들을 모으고, 그것에 대해 다른 사람들과 의견을 나누는 일을 가능하게 해주었다.

이성과 언어, 이들은 서로 떼려야 뗄 수 없게 결합되어 있다. 언어가 세밀할수록 인간은 더욱더 정교하게 생각하는 법을 배운다. 그리고 반대도 성립한다. 똑바로 서서 걷고 목을 꼿꼿하게 세우면서 목-코-목구멍(인후강)에 복잡한 언어 도구들을 위한 자리가 생겨났다. 혀를 놀리는 법을 끊임없이 연습해서 우리는 수많은 다양한 소리들을 다른 어떤 생명체도 흉내 낼 수 없는 빠른 속도로 낼 수가 있다. 방금 적은 것 같은 짧은 문장도 대략 50개 정도의 서로 다른 소리 단위들을 포함한다. 이들이 분명하게 분절되고 또 상대방에 의해 똑같이 빠른 속도로 해독되어야만 의사 소통에 무리가 없다.

나미비아에서 발견된 암벽 그림. 거의 3000년이나 된 것이다.

이 과정은 아프리카에서 초기 인류가 '이성이 있는' 사람, 곧 호모 사피엔스로 발전하는 것과 더불어 시작되었다. 따라서 언어의 발전이 어디까지 거슬러 올라가 추적될 수 있느냐는 것을 탐구하는 것도 중요한 일이다. 언어학자들은 오늘날 존재하는 수천 개의 언어들을 어휘·문법·소리 등을 근거로 약 20개의 언어 가족으로 분류하였다. 이 20개의 언어 가족 중 네 개만이 우리에게 알려진 다른 모든 언어와 공통적인 특징을 가진다. 이들 네 가지는 모두 아프리카에서 기원한 것이다.

산족에 속하는 마흔 살 가량 된 카보(Kabbo)는
젊은 소녀를 바라본 순간의 열광적인 체험을 서술한다.
어쩌면 첫눈에 반한 사랑의 이야기이고,
그래서 어떤 남자가 나무가 된 이야기다.
산족은 남부 아프리카에서 아직도 살아 있는
가장 오래된 민족들 중 하나이다. 그들이
약 3만 년 전부터 내려오는 문화를 거의 변화시키지 않고
그대로 보존한 것은 대단히 평가할 만한 일이다.
1871년에 카보의 말이 문서로 기록되었다.
카보라는 이름은 '꿈'이라는 뜻이다 :   "옛날에 어떤 남자가 산을 넘어갔다. 산을 올라가면서 화살이 든 화살통(=전통)을 들고 갔다. 이 순간에 젊은 소녀가 그를 바라보았다. 그녀는 멈추어 섰다. 그도 멈추어 섰다. 그는 완전히 뻣뻣해져서 화살통을 꼭 붙잡았다.

그는 아직도 두 팔과 두 다리로 화살과 활을 들고 있었다. 그는 제

머리를 가지고 있었다. 그는 소녀에게 말을 걸었다. 그는 아직도 두 다리를 갖고 있었고 아직도 그대로 서 있었다.

소녀는 아무 말도 하지 않고 그냥 바라만 보았다. 그를 바라보았다. 그리고 소녀가 바라보는 동안 남자는 정말로 나무가 되었다.

소녀를 향해 서 있는, 옛날에는 팔과 다리를 가졌던 그리고 살과 피를 가졌던 나무……. 이제 그는 바라보는 나무이다. 언제까지나 소녀를 바라본다. 그는 산에 서서 움직이지 않는다.

정말이지 그는 아직도 거기 서 있다. 소녀가 그런 눈길을 그에게 던졌기 때문에. 그를 바라보았기 때문에. 그를. 남자를. 나무를.”

인류 전체에게 최초의 '어미말(母語)'이라는 게 있었는지는 알 수 없다. 언어는 끊임없이 변하기 때문이다. 약 10만 년 전에 동아프리카 초원 지대에서 어떤 소리나 단어가 쓰였을지 오늘날 우리가 알 길은 없다. 그것은 아마도 아이들이 처음으로 말을 배울 때 내는 소리였을 것이다. 예를 들어 '마마'라는 말은 전혀 비슷하지 않은 대부분의 언어에서도 비슷하게 나타나는 말이다.

인간이 말로 쓰는 소리를 문서에 옮기기 훨씬 전에 그들은 자기들의 주변, 무엇보다도 동물과 인간과 상상의 존재를 간단하게 그렸다. 이런 그림들은 인류가 문자 언어를 발전시키기 훨씬 전에 이미 주변 세계에 대해 생각하고 추상적인 생각을 가졌음을 보여준다.

약 1만 년쯤 전에 세계 여러 지역의 사람들은 이리저리 돌아다니며 사냥하고 채집하던 그때까지의 삶을 그만두기 시작하였다. 그들은 정착하여 식물을 재배하고, 동물을 사육하며, 점점 더 견고한 집에서 살

남부 아프리카 은구니의 여자 추장 첼리웨는 1800년에 평화의 메시지를 천으로 짰다.
"작은 새 두 마리, 하나는 동쪽에서 하나는 서쪽에서 온 두 마리는 서로 싸우면 안 된다.
남쪽에서 온 매 한 마리가 둘을 위협한다. 그들은 함께 있는 편이 더 낫다."

게 되었다. 점점 더 많은 사람들이 한곳에 모여 살면서 장기적인 공동 거주 지역을 조직하였다. 이로써 문명의 기본 이념을 만드는 토대가 발전되기 시작하였다. 사람들은 기본적인 욕구를 함께 평화롭게 해결하고, 그로써 정신적으로 계속 발전할 여지를 갖게 된 것이다. 사람들은 그림과 기호를 결합시키고, 그것을 이용하여 서로 의견을 나누기 시작하였다. 이러한 그림 문자 일부가 오늘날까지도 전해진다.

현생 인류 최초의 위대한 문명이 약 7000년 전에 북부 아프리카에서 생겨났다는 것은 우연이 아니다. 세계에서 가장 긴 강인 나일의 비옥한 강변에 정착한 농부들은 현대적인 관개(灌漑) 방식을 발전시켰고, 그것은 또 다른 사람들이 밀려와도 아무런 갈등 없이 함께 살 수 있도록 해주었다. 아마도 당시 세계의 다른 어느 곳에서도 그렇게 많은 사람들이 그렇게 제한된 공간에 모여 살지는 않았을 것이다. 식량 문제는 없었고, 처음에는 중앙 정부 없이 각기 독립된 마을 공동체들이 있었다.

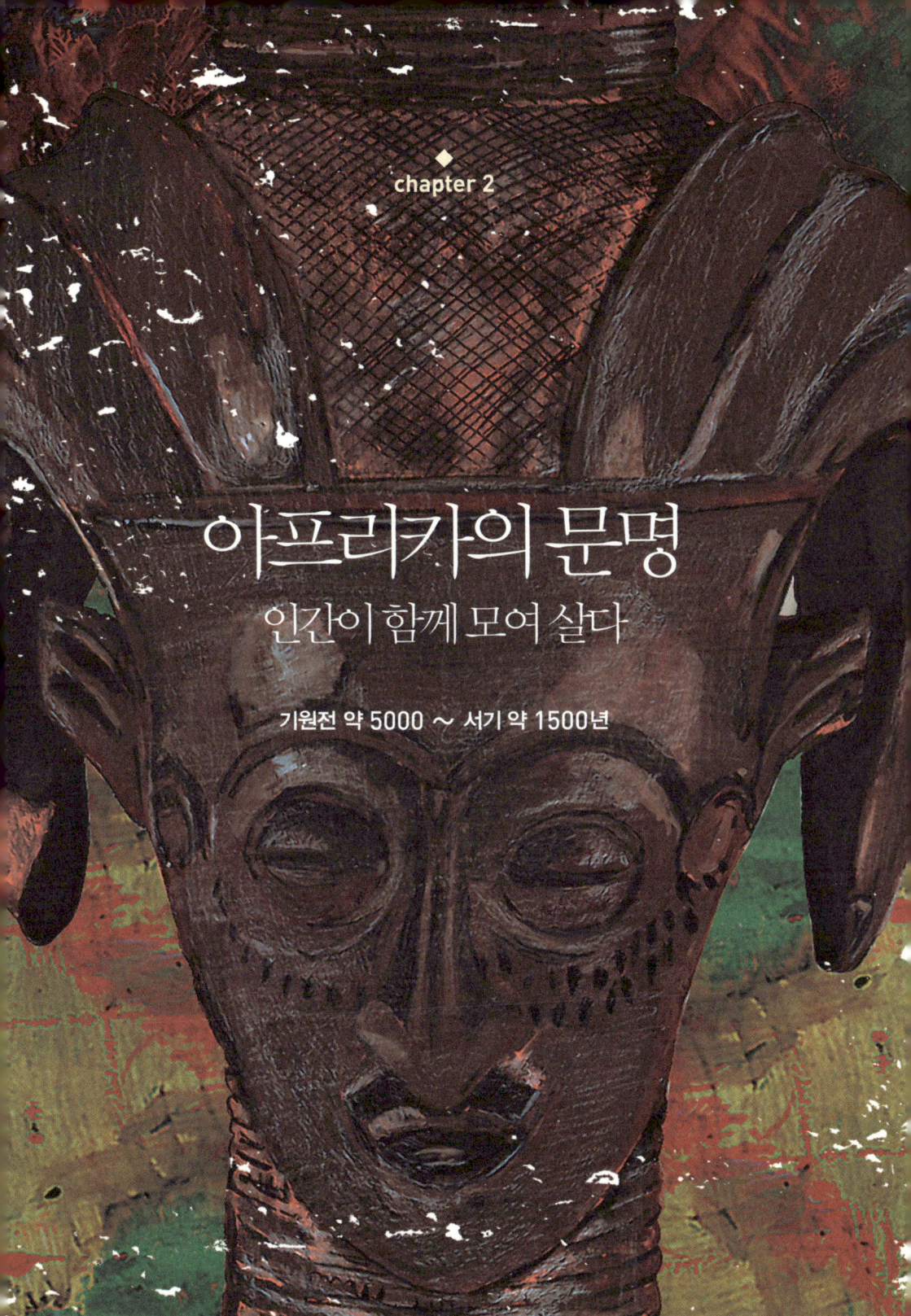

chapter 2

아프리카의 문명
인간이 함께 모여 살다

기원전 약 5000 ~ 서기 약 1500년

다양하고 위대한 문명들

6000년 이상 아프리카의 인간은 극히 다양한 그룹과 공동체를 이루었다. 대륙 대부분의 지역들은 각기 외부로부터 중요한 영향을 받지 않았다.

이것은 극히 다양한 사회들이 등장했다가 사라지는 역사이다. 일부 공동체는 고립된 채로 자기들을 둘러싼 자연과 밀접한 관계를 맺고 그 어떤 정복이나 착취의 야망 없이 살았다. 또 다른 공동체들은 활발한 무역 관계를 맺고 서로 상대방에게서 많은 것을 배웠다. 이것이 잘 되지 않을 경우에는 전쟁과 잔혹함이 나타났다. 온갖 종류의 파괴적인 권력 싸움과 상대방을 굴복시키고 착취하는 일이 나타난 것이다.

아주 오래되고 아주 다양하고 대부분 잊혀졌거나 이해되지 못한 아프리카의 문명들……. 최초의 가장 위대한 문명들만 예외다. 거대한 피라미드를 지닌 이집트의 파라오 왕조들(기원전 약 3000~332년)은 예부터 사람들의 마음을 사로잡았다. 고대 이집트에 대해서는 상세한 연구서들이 있고 무한한 경탄이 주어졌다. 동시에 오늘날에 이르기까지 많은 학자들은 고대 이집트가 아프리카 대륙보다는 '지중해와 서아시아'에 더 많이 속한다는 사실을 거듭 강조하였다.

그와 더불어 이집트 파라오들은 흔히 밝은 피부로 묘사된다. 인종주의자들한테 말고는 피부 색깔이 인간의 정신적 수준에 대한 어떤 암시가 되지 않는데도 불구하고, 이것은 고대 이집트 사람들이 이룩한 '아프리카가 아닌' 그래서 '더 높은' 문화를 입증하는 데 사용되곤 하였다. 하지만 2500년에 걸친 파라오 지배 역사에서 남쪽에 살던 검은 피부의 누비아(오늘날 수단의 북부) 사람들이 강하게 영향을 미쳤고 한동안 검은 피부의 파라오들도 존재했던 것이 사실이다.

다음 장들에서는 무엇보다도 지금까지 잊혀졌던 이집트 역사의 몇 몇 측면에 주목하고자 한다. 유럽의 수많은 학자들은 지난 200년 동안 이집트에서 수많은 역사적 보물을 훔쳐다가 자기 나라 수도에 있는 박물관에 전시했을 뿐만 아니라 아프리카 대륙에서 그 역사의 본질적인 부분을 없애버렸다. 최근에 와서야 역사학자들의 생각이 바뀌기 시작하였다.

이집트 파라오들이 남쪽의 이웃 나라 누비아와 맺었던 관계 말고도 다음과 같은 질문들은 아프리카의 다양한 초기 문명들에 대해 그리고 오늘날까지 이르는 영향에 대해서도 흥미진진한 암시를 준다.

- 중앙 아프리카의 원시림에 살고 있는 체격이 작은 '피그미족'은 지구상에서 가장 오래된 종족의 하나인데, 어째서 오늘날까지도 가족 단위로 살면서 국가의 통제를 거부하는가?
- 옛날 아프리카에서 영성(靈性)과 신앙은 어떤 역할을 하였으며, 어떤 전통들이 오늘날까지 작용하고 있는가?
- 다양한 초기 반투 민족들은 어떻게 기원전 약 800년부터 퍼져 나갔으며, 그들을 '부족'이라고 부르는 것이 어째서 잘못인가?
- 서기 622년부터 시작된 이슬람화는 어떻게 오늘날에 이르기까지 아프리카 북부와 남부의 핵심적인 문화적 분리 현상을 만들었으며, 또한 어째서 기독교는 당시 그렇게 적은 영향만 미쳤는가?
- 아프리카의 몇몇 국가들은 어째서 오늘날, 예를 들면 가나 · 말리 ·

짐바브웨 같은 중세 제국의 이름들을 갖고 있나? 그리고 우리는 그들에 대해 무엇을 알고 있나?

아프리카는 유럽의 문명보다 훨씬 더 먼저 존재했던 자기들의 문명의 기원을 자신감을 가지고 바라볼 이유가 충분하다. 유럽은 인류의 문화 발전이 이집트 이후 그리스와 로마 사람에 이르러서야 비로소 시작된 것처럼 여겨서는 안 된다.

그것은 오늘날 이쪽 아니면 저쪽이 더 낫기 때문이 아니라, 너무나 오랫동안 유보되었던 진실을 위해서이다. 가능한 한 과거를 완전히 인식하고 인정하는 것은 더 나은 미래를 위한 대화에도 좋은 일이다.

나일 강 연안:
이집트와 누비아 사람들

　파라오들의 권위적인 지배 아래서 그때까지 존재하지 않았던 문화적 발전이 가능했다는 것을 인정하지 않을 수 없다. 기원전 3000년에 만들어져서 서기 400년 직전까지 쓰인 거룩한 기호(그리스어로 상형문자)는 상세한 역사 서술을 가능하게 한 지금까지 알려진 최초의 문자이다(물론 오늘날 우리는 모든 자료가 다 맞는 것이 아니라는 사실을 알고 있지만 그래도 최초의 문자임은 틀림없다).

　고대 이집트의 태양력은 365일로 이루어져 있으며 오늘날까지 다른 모든 달력의 모범이 된다. 그 밖에도 의학·농업·건축 분야의 수많은 업적들이 남았고, 그 수수께끼가 모두 풀리지는 않았다. 예를 들면 대체 어떤 기술로 기계의 힘을 빌리지 않고 저 인상적인 피라미드를 건축하였는가에 대해서는 오늘날에도 여전히 논의되고 있다.

　오늘날 카이로 시 외곽 지대에 잘 보존되어 있는 기자의 피라미드는 기원전 2549년부터 파라오 케옵스가 건설한 것으로서, 높이가 약 146미터이고 평균 무게가 2.5톤인 돌덩이 230만 개 정도가 사용되었다. 그리스 역사가 헤로도토스(Herodotos, 기원전 490~425년)는 이집트를 여행하면서 본 것을 이렇게 보고하였다. "이 건축물은 수많은 인간들의 목숨을 바친 것이다. 내가 계산한 바에 따르면 여기서 약 10만 명의 사람들이 20년 동안 노동하였다."

이렇게 집중적인 인간 노동력의 착취는 군대와 감시자로 운영되는 명백한 통치 구조를 갖춘 국가에 의해서만 가능하다. 국가는 사람들의 생계를 상당히 부담하였고 통일된 종교를 통해 그들을 결합시켰다. 파라오들은(파라오라는 말은 '큰 집'이라는 뜻) 태양신 라(Ra)를 구현한 신으로 여겨졌다. 이 신은 지하 세계를 다스리는 오시리스에 대비되는 신이다. 전설에 따르면 기원전 3000년부터 메네스 왕이 그때까지 나일 골짜기에 자리 잡고 있던 북왕국과 남왕국을 통합하여 이집트 파라오 제국을 만들었다.

이 지역에 살고 있던 주민들은 대개 단순한 농부였는데, 처음부터 이들은 강제 노역에 동원되었다. 뿐만 아니라 노동을 목적으로 다른 지역에서 붙잡아온 사람들, 즉 노예에 대한 최초의 보고도 나타난다. 인류 역사에서 처음으로 새로운 지적인 인식과 함께 인간에 대한 인간의 체계적인 착취가 도덕적인 정당화와 함께 등장한다. 일부 사람들이 다른 사람들보다 더욱 가치가 있고, 따라서 가치가 낮은 사람들은 자기들에게 복종해야 한다는 주장이 그것이다. 초기 인류와 처음의 사냥꾼과 농부는 이런 생각을 하지 못했다. 이 사람들은 경우에 따라 한 조각의 초지를 두고 싸우기는 했지만, 그것은 어느 한 편이 다른 편보다 더 많은 권리를 가졌기 때문이 아니라 양쪽이 다 굶주렸기 때문에 벌어진 싸움이었다.

파라오들은 내부에서 통치권을 확립하였다. 그러기 위해 그들은 군사적으로 조직된 국가 기구를 세우고, 파라오의 수많은 가족이 장관이나 사제 같은 중요한 지위를 차지하도록 하였다. 밖으로는 자기들을 중심으로 남쪽·서쪽·북동쪽 지역에서 착취 정책을 폈다. 사하라는 처음에 초원 지대였기 때문에 사람들이 살았지만, 기원전 2400년 이후로 기후 변화를 통해 완전히 메마르면서 오늘날과 같은 사막이 되었다.

이집트와 누비아의 접촉에 대한 최초의 보고는 기원전 2450년에 파라오 사후레(Sahure)의 명령을 받고 떠난 원정대가 제출한 것이다. 당시 이집트 사람들은 이곳 남쪽 지역을 '푼트'라 불렀는데 이 지역에 대해 다음과 같이 적고 있다. "푼트에서 우리는 이번에 남자와 여자 노예 134명과 황소와 송아지 114마리, 물소 305마리, 고급 목재, 표범 가죽 등을 가져왔다. …… 이것은 서부에서 얻을 수 있는 전부였다. 그 밖에 우리가 갔던 지역의 수확물을 모두 가져왔다."

다음 번 원정 보고서에는 오락으로 즐기기 위해 붙잡았다는 '춤추는 검은 난쟁이' 이야기가 나온다. 아마도 중앙 아프리카의 '피그미'였을 것이다. 원정대장에게 다음과 같은 답장이 돌아왔다. "나는 멀리 돌아서 북쪽으로 간다. 난쟁이를 살려서 건강한 모습으로 데려오라. 유령의 나라에서 온 그 난쟁이 말이다. 고지와 저지 이집트 지배자의 마음을 기쁘게 해줄 신의 춤을 추도록……. 폐하께서는 푼트의 다른 어떤 보물보다도 이 난쟁이를 보기를 더욱 원하신다."

이집트 사람들이 누비아에서 가져온 가장 중요한 보물은 황금과 노예였다. 이집트의 노예들은 노동자로서 대개는 충분한 음식과 의복을 받았고, 나중에는 몇몇 지역에서 상대적으로 자유로운 마을을 이루어 함께 살 수도 있었다. 많은 사람들은 생애 마지막에 고향으로 돌아가는 것도 가능하였다. 1500년 넘게 수많은 이집트 지배자들은 남쪽의 이웃에 대해 식민 통치자의 태도를 취하였다. 가능한 모든 것을 빼앗아 가져오고 아주 조금만 돌려주었던 것이다. 긴 세월이 흐르면서 누비아 사람들도 이들 압제자가 하는 짓을 배웠다.

맨 먼저 짐을 운반하던 노동자들이 북부로 가는 무역로 일부를 장악하고 나일 강을 오가는 선박들에게 관세를 부과하여 물길을 통제하였다. 그러면서 그들은 점점 더 강력해졌다. 일부 파라오들은 누비아 사람들에게 관세를 지불하는 대신 나일 강의 통제 구역을 피해 선박을 해체하여 짊어지고 육지를 통과하게 하였다. 아니면 무장 병력을 동원하여 돈을 내지 않고 나일 강을 지나가게 하였다. 기원전 1000년 무렵에 누비아 사람들이 최초의 중앙 집권 국가를 세우기에 이르렀다. 그들은 이 나라에 '쿠시'라는 이름을 붙이고 예전에 자신들을 통치한 이집트와 비슷한 형태로 만들었다.

기원전 750년 무렵에 누비아 사람들이 처음으로 이집트와의 전쟁에서 승리하였다. 기원전 730년에 이들은 마침내 이집트를 정복하여 66년 동안 지배하면서 스스로 파라오가 되었다. 기원전 690년에서 664년까지 이집트를 다스린 누비아 출신의 파라오 타하르카(Taharqa)는 아마도 이집트와 누비아 지역 전체를 다스린 마지막 검은 피부의 파라오였던 것으로 보인다.

세네갈의 역사가 체크 안타 디오프(Cheikh Anta Diop, 1923~1986년)는—다카르의 대학교는 그의 이름을 따서 이름을 지었다—모든 이집트 사람이 원래 남쪽 출신이고, 따라서 옛날에는 모두가 '검은 피

타하르카는 아마도 검은 피부의 파라오들 가운데 마지막 파라오였을 것이다.

부'였다는 주장을 내놓았다.

기원전 663년에 북동쪽에서 온 아시리아 사람들이 누비아 사람들을 남쪽으로 쫓아버렸다. 곧이어 누비아 사람들은 안전을 위해 수도를 나파타에서 그보다 훨씬 남쪽에 위치하고 나일 강의 흐름을 통해 특별히 잘 보호된 도시 메로에로 옮겼다. 이집트 제국의 권력은 완전히 무너졌다. 이어서 페르시아가 이집트를 통치하다가 기원전 332년에는 마케도니아의 알렉산드로스(Aléxandros, 기원전 356~323년) 대왕이 이집트의 통치권을 넘겨받았다. 알렉산드로스는 또한 기원전 331년에 오늘날 이집트에서 두 번째로 큰 도시이며 가장 큰 항구 도시이기도 한 알렉산드리아에 자신의 이름을 남겼다.

고대 누비아 지역—또한 뒷날 누비아의 쿠시 왕국—은 오늘날 수단의 북부에 자리 잡은 지역이다. 수단은 면적으로만 따지면 아프리카에서 가장 큰 국가이며 가장 가난한 나라이기도 하다. 옛날에는 아마도 이곳에서 가장 많은 황금이 나왔을 텐데도 그렇다. 옛날 왕의 도시인 나파타와 메로에의 피라미드들은 모범이 된 이집트의 그것들보다 더 작고 윗부분이 평평한 것이 눈에 띄게 두드러진다. 하지만 이들도 핵심은 아주 잘 보존되어 있다. 수단이라는 이름은 아랍어 표현인 '빌라드 아스-수단(bilad as-Sudan)'이라는 말에서 왔다. 이것은 '검은 사람들의 나라'라는 뜻이다.

고대 누비아 사람들의 후손인 누바 사람들은 오늘날 수단 내에서 비아랍계 주민 중 가장 큰 집단을 이룬다. 아랍계 주민에 비해 소수민인 이들은 16세기 이후 거듭 공격을 당하였다. 그래서 누바 사람들은 접근이 쉽지 않은 산악 지대로 물러났다. 이 지대는 오늘날까지도 '누비아 산악 지대'라 불린다. 영국의 식민 정부(1896~1956년)는 이 지역을 '폐쇄 구역'이라고 선포하였다. 1956년에 수단이 독립한 이후로 이슬람을 지향하는 카르툼 정부와 강제 통합에 저항하는 누바 사람들 사이에 날카로운 대치 상황이 계속되고 있다. 수단의 전체 인구 약 2,500만 명 중에서 누바 사람은 약 150만 명으로 추정된다.

아돌프 히틀러를 위한 선전 영화를 만든 탓으로 논란이 분분한 레니 리펜슈탈(Leni Riefenstahl, 1902~2003년)은 1960년대에 백인 여성으로는 처음으로 누바 사람들 곁에서 오랜 시간을 보냈다. 그리고 아주 인상적인 사진들을 찍었다. 누바 사람들의 품위는 그들의 노래와 시에도 분명히 드러나 있다.

다음은 누바 사람 카말 엘 누르 다우드(Kamal El Nur Dawud)의
시에서 발췌한 것이다. 그는 수단 정부가 아랍 이름을
강요함으로써 자신의 아프리카 기원을 무시하는 데
대한 항의로 이 시를 썼다. 이 텍스트는 2003년에
누바 사람의 권익을 위한 웹사이트에 게재되었다
(www.nubasurvival.com) :

〈쿠시의 나라〉

오, 수단이여, 너의 하늘에서 여러 세대에 걸친 이름
쿠시 나라가 나온다, 강 두 개가 흐르는.
수단에서 인간을 창조한 신의 이름으로

역사는 계속될 것이고 미래가 만들어질 것이다.
거짓 정체와 국적이 우리에게 강요되었다.
인간성은 회의와 부인을 허용하지 않는다,
수단은 검은 사람들의 나라.
명예욕이 없는 사람들의 나라는 없는 법.
어째서 아프리카 출신 나라가
아랍 나라로 바뀌었나?

중앙 아프리카의 원시림:
피그미족

　중앙 아프리카의 피그미족은 남부 아프리카의 산족과 코이코이족 그리고 탄자니아의 핫자족과 나란히 아프리카에서 가장 오래된 민족에 속한다. 그리고 다른 종족과 마찬가지로 그들도 수천 년이나 존재한 다음 오늘날 멸종 위기에 몰려 있다. 물론 '멸종'이라는 단어는 원래 사람에게 쓸 수 없는, 얕잡아보는 말이다. 그들의 생활 공간인 열대 우림이 엄청난 규모와 속도로 파괴되고 있어서 피그미 사람들이 줄어드는 것이 기후 파국의 경계 경보로 여겨질 정도이다. 이런 기후 파국은 부자 나라들의 책임이고 그 결과는 머지않아 상상할 수도 없는 규모로 모든 사람을 덮칠 것이다.

　하지만 아직도 부자 나라에 사는 대부분의 사람들은 이런 경고와 또 다른 경고들에 대해 아예 두 눈을 다 감고 있다. 피그미 사람들은 정치적인 투사가 아니다. 그들의 방식은 무기를 내려놓게 만들 만큼 평화적이다. 그런데도 우리가 과연 그들보다 더 발전했다고 볼 수 있을까. 그들의 언어에는 전쟁이나 투쟁 등의 단어가 아예 없다. 그 대신 거의 모든 삶의 상황을 위해 특정한 음악과 노래와 제의적인 춤을 갖고 있다. 또한 재산을 전혀 축적하지 않고 가족 비슷한 작은 공동체를 이루어 함께 사는 생활방식을 고집한다. 그들의 아이들은 모두에 의해 공동으로 양육된다. 아기는 여러 여성의 젖을 먹는다.

피그미족이 사는 중부 아프리카의 각국 정부는—카메룬, 두 콩고 공화국, 가봉, 중앙 아프리카 공화국—이들 피그미 사람들을 '개화시키기'위해 온갖 시도를 다 해보았지만 헛일이었다. 피그미 사람들은 허약하고, 어린이 사망률은 매우 높으며, 그들 중 쉰 살을 넘기는 사람은 매우 드물다. 아프리카 전체에서 그들의 숫자는 현재 30만 명을 넘지 않을 것으로 짐작되고 있으며, 실제로는 15만 명에 가까울 것이다. 하지만 그들은 지난 수백 년 동안 영향을 미치려는 외부의 그 어떤 시도에 대해서도 완강히 저항하였다. 예를 들면 피그미족의 아이들은 학교에 가기를 거부하고, 대부분의 부모들은 이 점에서 아이들 편이다. 그들에게 자신들의 세계는 조화를 이룬 것이다.

아프리카의 '난쟁이 종족' 이야기는 기원전 8세기에 그리스 시인 호메로스가 처음으로 언급하였다. 그리스 단어 '피그마이오스(pygmaios)'는 '주먹 길이'라는 뜻이다. 바카, 밤부티, 에페 등 많은 피그미족들의 고유한 이름이 알려져 있지만, 또 다른 피그미 종족들은 이름이 알려져 있지 않다. 문화인류학에서 '피그미'란 성인 남자의 키가 150센티미터를 넘지 않는, 발육이 부진한 사람들이라고 규정되어 있다. 카메룬에 사는 바카족과 같은 일부 피그미들은 평균 키가 130센티미터를 넘지 않는다. 필리핀과 중앙 뉴기니, 그 밖에도 인도의 해안에 있는 몇몇 섬에도 이렇게 체격이 작은 종족들이 살고 있다. 발생학적 연구에 따르면 이들 종족 그룹은 서로 직접적인 연관성이 없이 제각기 아프리카와 아시아, 오세아니아와 인도 등지에서 상당히 오랜 기간에 걸쳐 발전해왔다. 아프리카의 피그미 사람들은 다른 아프리카 종족들이 정착하기 훨씬 전에 거대한 콩고 분지에서 살았던 최초의 주민이었음이 입증되었다.

숲이 벌목되면 피그미 사람들은 주변에 있는 대농장에서 형편없는 임금을 받으며 노동을 하거나 아니면 죽는 수밖에 달리 도리가 없다. 얼마나 많은 사람들이 죽음을 선택하는지 알려져 있지 않다. 피그미 사람들은 다른 종족들을 밀리하고 자신들의 가장 친숙한 제의(祭儀)들을 보존해왔다. 죽음의 의식도 여기에 속한다.

원시림에서 남자들이 사냥을 할 때면 개가 짖는 것과 비슷한 낮은 음을 내어 의사 소통을 한다. 열매를 따 모으는 여자들은 높고 떨리는 외침을 지른다. 이 두 가지 외침은 숲의 음향에 특히 잘 어울리는 것으로 아주 멀리 떨어진 곳에서도 잘 들린다. 피그미 사람들은 여러 종류의 타악기와 단순한 현악기 반주에 맞추어 춤추고 노래를 한다. 전문가들은 그들 음악의 선율이 대단히 풍부하고 다채롭다고 한다.

내가 피그미족을 서술하면서 비판을 극히 삼가하는 것은 잘못된 이상화 때문이 아니다. 나는 '죄 없는 야만인'이라는 낭만적인 생각을 지지하는 사람이 아니다. 하지만 피그미 사람들은 요구가 극히 적고, 그들의 평화로움은 심지어 그들을 '멍청하고 열등하다'고 여겨 거부하는 사람들까지도 부인하지 않는 점이다. 그것은 현대 서구 사회에서 인정받는 것과는 극도로 반대되는 특성들이다.

내가 처음 서부 아프리카에서 들은 속담은 다음과 같다. "당신이 이곳에 처음 왔다면 입이 아니라 두 눈을 열어라."

카메룬의 바카족에 속하고 대략 50명의 사람들과 함께
사나가 강변에서 마을 공동체를 이루어 살고 있는
나이 든 여인 멘실라(Mensila)는 인터뷰를 하면서
시간에 대한 생각을 다음과 같이 표현하였다 : "그 늙은 남자가 죽었을 때 우리는 이곳으로 왔다. 누군가가 죽으면 우리는 다시 이곳을 떠날 것이다. 죽은 사람의 정령은 휴식이 필요하다. 산 사람들의 정령이 그들을 방해해서는 안 된다…….

나는 어머니와 할머니를 기억할 만큼 오래 살았다. 그 이전에 대해서는 잘 모른다. 그 이전에 나는 살지 않았다.

우리는 언제나 그대로 있다. 세상이 변하는 것이지, 우리가 변하는 것은 아니다.

이곳 근방에 그들은 기름을 얻기 위해서 거대한 야자나무 농장을 지었다. 그것은 잘못이다. 줄줄이 늘어서 있는 단 한 가지 식물을 위해 수많은 식물과 동물들이 죽는다.

세상이 변하는 것이지, 우리가 변하는 것은 아니다.

지금까지 숲은 우리에게 모든 것을 주었으며, 우리는 꼭 필요한 것만 받았다. 야자나무가 아무리 많아도 야자나무만으로는 어느 누구도 살 수 없다. 그래서 우리는 다시 멀리 떠나야 한다. …… 어디로 가느냐고? 모른다. 우리는 가능한 한 멀리 떠나 우리의 몽굴루스(나뭇가지와 잎으로 지은 단순한 오두막)를 지을 것이다. 그것이 우리가 하는 일이고 우리가 할 수 있는 일이다. 다른 어떤 일도 시작해서는 안 된다.

지금 우리 젊은이들 몇이 이런 샌들(플라스틱 샌들)을 신고 다닌다. 그것은 잘못된 일이다. 이런 샌들은 숲에 속하는 것이 아니다. 그것은

썩지 않고 망가질 뿐이다. 하지만 그것은 색깔이 곱다. 누군가가 이곳 학교에서 그것을 가져왔다. 그런 것은 학교에서 온다. 그 밖에 다른 것은 없다.

하나의 삶이 모든 시간이다. 남자로 살기, 여자로 살기, 젊은이로 살기, 소녀로 살기, 아버지나 할아버지, 어머니나 할머니, 오빠나 누이로 살기, 그렇게 많은 삶이 있다. 그리고 그만큼 많은 시간이 있다."

조상의 정령:
아프리카의 신앙

지구상의 모든 곳, 모든 문화에 속하는 사람들은 수천 년이 넘는 세월 동안 늘 같은 의문을 품었지만, 지금까지 그 어떤 학문도 그에 답변하지 못했다. 삶의 의미는 어디 있는가? 선과 악은 무엇인가? 사랑과 행복이란 무엇을 뜻하는가? 인간은 영혼을 가지는가? 그러니까 껍질에 지나지 않는 육체를 넘어 태어나기 전에도 이미 있었고 죽은 다음에도 존재하는 그 무엇 말이다. 그것은 어디서 어떻게 일어나는 일인가?

아프리카로 신앙을 전파하러 온 이슬람교와 기독교 성직자들은 자기들이 만난 아프리카 사람들을 자주 '믿지 않는 사람'이나 '이교도'라 부르고 '원시적'이고 '신앙이 없는' 사람들이라 여겼다. 하지만 이런 표현은 아주 다양한 아프리카의 영성과 종교성의 전통보다는 오히려 그들 자신의 무지가 얼마나 심했던가를 보여줄 뿐이다. 오늘날까지 많은 사람들은 전통적인 신앙이 가지고 있는 생생한 의미를 보지 못한다. 적지 않은 아프리카 사람들도 자기들의 삶의 한 부분인 신앙에 대해 서양의 방문객에게 알려주지 않는 것에 익숙해 있다.

많은 사람들은 전통적인 아프리카 종교를 기독교와 혼합하여 개인적인 영혼의 평화를 얻는다. 그것은 교회의 대표자나 조상 중 그 어느 쪽 기분도 거스르지 않는 것처럼 보인다. 오늘날 뉴욕이나 아크라에서 흑인들의 기독교 예배 의식에 참석해보면 여기서 종교가 얼마나 밀도 높게 체험되는지를 알 수 있다. 교회에서 춤을 추고 노래하고 울고 환호성을 지른다. 그런 의식의 뿌리는 아프리카 신앙 전통에 들어있다. 종교적·문화적 다양성에도 불구하고 다음의 특성들을 통해서 그 핵심을 알아볼 수가 있다.

- **일상의 의식** : 《탈무드》나 《성서》, 《코란》 같은 공통의 경전이나, 마호메트나 붓다 같은 창시자는 없다. 아프리카 전통 종교는 각 민족의 일상적인 의식(儀式)에 뿌리를 둔 것으로, 할머니나 할아버지가 들려주는 이야기들을 통해서 신화와 전설의 형태로 계속 전해진다. 이런 의미에서 공동체에 살고 있는 사람은 누구나 종교적이다. 그렇기 때문에 아웃사이더가 개종하는 것은 아무 의미도 없다. 가장 중요한 의식들은 특정한 나이에 도달하는 것과 공동체가 그것을 적절하게 승인해주는 일과 관련된 것이다. 출생, 소녀에서 여인이 되는 것, 소년이 남자가 되는 것, 결혼식, 죽음과 그 준비.

- **최고의 존재** : 아프리카의 세계 창조자는 유대교나 기독교나 이슬람교의 신과는 달리 너무나 커서 특정한 장소에서 찾아볼 수 없다. 자연에는 이미 특정한 의식을 위한 거룩한 장소들이 늘 있었고 지금도 있지만, 그래도 교회나 이슬람교 성당이나 유대교 회당도 수입되었다. 최고의 존재는 여러 가지 이름을 갖지만, 흔히 하늘 자체이

거나 하늘에서 산다. 이 존재는 인간과 특별히 가까운 관계를 갖지 않는다. 유익하거나 아니면 파괴적인 자연의 힘들은 이 창조자가 선할 수도, 악할 수도 있음을 보여준다.

• **선조 또는 조상** : 오래 살수록 인간은 더 큰 의미와 권위를 갖는다. 한 인간이 죽으면 그의 존재가 끝나는 것이 아니라 다른 장소로 간 것일 뿐이다. 죽은 사람은 최고의 존재와 지상에 살아 있는 사람 사이를 연결해준다. 세계의 창조자와는 달리 조상은 후손에 대해 계속 책임감을 느낀다. 그래서 살아 있는 사람은 조상과의 관계를 상실해서는 안 된다. 조상의 무덤을 잘 보살펴야 하고 그 자신도 조상들 곁에 묻히는 것이 중요하다. 태어나지 않은 사람도 공동체의 일부이고, 다시 태어남에 대한 생각도 여러 가지 형태로 존재한다.

• **공동체의 안녕** : 공동체가 잘 되어야만 개인이 살아남을 수 있고, 또한 의미 있게 살 수가 있다. 남아프리카의 '우분투(Ubuntu)' 이념은 다음과 같다. "한 인간은 다른 인간들을 통해 인간이 된다." 확실하지 않을 경우 개인은 자신의 개인적인 소망을 공동체의 안녕보다 아래쪽에 두어야 한다. 조상도 공동체에 속한다. 조상이 기분이 상하거나 모욕감을 느끼면 여러 가지 제물을 바쳐서 그들을 달랠 수 있다. 나쁜 정령에 사로잡혀서 나쁜 일을 만들어내는 사람도 있을 수 있다.

• **전통적인 치료자** : 의술을 행하는 남자나 여자를 가리키는 치료자(=주술사)는 대부분 조상의 부름을 받아 이런 일을 한다. 그들은 긴 교육 기간 동안 진단과 치료하는 방법 등을 배우는데 주로 약초와 자연력을 이용한다. 약초를 찾아내 약으로 만드는 일을 전담하는

약제사가 그들을 돕는다.

- **영혼의 의미** : 인간만이 아니라 동물과 식물과 많은 물체들도 영혼을 갖는다. 세계가 영혼을 가진다는 이런 믿음은 자주 깎아내리는 뜻으로 '애니미즘'이라 불리곤 한다(라틴어로 '아니마anima'란 영혼을 뜻한다). 이런 신앙은 한편으로는 자연에 대해 특별한 존경심을 갖게 하지만, 다른 한편으로는 개인적인 원한에서 복수나 형벌을 행하기 위해서 부정적인 힘을 일깨우게도 만든다.

아프리카 전통 종교에 대해서는 그동안 다양한 의견들이 있었다. 초기 이슬람교와 기독교의 '신앙의 투사'들은 그것을 엄격하게 거부하였던 반면에, 오늘날 점점 더 많은 사람들이 인간과 자연 사이에 강한 연결성을 지닌 전체주의적인 아프리카의 세계관을 건강한 것이라고 여긴다. '서구 세계'의 일상에 나타나는 소외와 분열과는 반대라고 보는 것이다. 일부 제약 회사들은 아프리카 약초 약제사들의 경험을 연구하여 더욱 질 좋은 의약품을 만들어내는 데 이용하기 시작하였다.

서부 아프리카의 오버볼타(오늘날의 부르키나파소)**에서 태어난 다가라 민족에 속하는 소본푸 소메**(Sobonfu Somé)**는 현재 미국에 살면서 남편과 함께 '다가라 민족의 영적인 가르침을 전파'하는 데 힘쓰고 있다.**
그녀는 저서《행복의 능력》에서 다음과 같이 말한다 :   "식민 지배를 받던 시절 다가라의 삶에는 많은 변화가 있었다. 하지만 가족의 구조나 지도자를 대하는 행동방식 등과 같은 것은 그다지 많이 변하지 않고 그대로 남아 있다…….

모든 것을 관리하고 다른 사람에게 지시를 내리는 족장 같은 존재는 없다. 우리는 언제나 마을의 나이 든 사람들로 위원회를 구성하는 체제를 가졌다. 그렇다고 그들이 부유함이나 권력을 차지하려고 하지는 않는다. 마을에서 권력은 올바른 방식으로 쓰이지 않을 경우 대단히 위험한 것으로 여겨지기 때문이다. 그러니까 모든 사람은 다른 사람에 대해 권력을 행사하는 문제에서 매우 조심스럽다.

나이 든 사람들 열 명으로 구성된 위원회가 있다. 이 위원회는 여러 가지 제의와 그 밖에 다른 마을 일들을 보살핀다……. 나이 든 사람들이 위원회에 들어가기를 무조건 바라는 것이 아니라는 점을 여러분은 이해해야만 한다. 위원회는 아주 많은 일거리를 만들어낼 뿐만 아니라 공동체 전체를 위해 일하면서도 모든 것을 결정할 권한은 갖고 있지 않기 때문이다. 하루 중 어느 때라도 사람들이 찾아와서 도움을 요청할 수 있다. 막 잠자리에 들려고 하는데 누군가가 문을 두드리면 다시 일어나 일을 해야만 한다…….

위원회는 연장자 의식을 거친 모든 사람 중에서 다가라 법칙에 따라 선출된다. 이 법칙은 우주의 힘을 접지하는 다섯 원소, 즉 흙(땅), 물, 돌, 불, 자연에 근거해 만들어졌다. 이들 원소는 각각 위원회에서 여자 한 사람과 남자 한 사람으로 대표된다. 따라서 위원회는 여자 연장자 다섯 명과 남자 연장자 다섯 명으로 구성된다.

흙의 원소는 우리를 땅과 결합시켜주고, 우리의 정체성과 함께 서로를 먹이고 뒷바라지하는 능력을 준다. 물은 평화, 집중력, 지혜, 화해 등을 준다. 돌은 삶의 목적을 기억하게 하고, 의사 소통을 할 수 있게 하며, 다른 사람들이 무슨 말을 하는지 이해하게 해준다. 불은 꿈과 관계가 있다. 그리고 우리가 우리 자신과 결합되어 있고 또 조상들과도 결합되어 있음을 알게 하고 우리의 비전들을 유지하게 해준다. 자연은 우리의 참된 자아에 충실하고, 큰 변화나 생명을 위협하는 상황을 이겨내도록 해준다. 그것은 우리에게 마법과 웃음을 가져다준다."

이런 관찰이 아무리 매혹적인 것이라 하더라도 독특한 동경과 해결할 길 없는 문제와 관련된 것임을 부인할 수 없다. 아프리카의 신앙적 표상이 이미 서구 사람들에 의해 아프리카와 아무런 관련 없이 이상화된 것임도 부인할 수 없다. 아프리카 나라들의 일상에서도 다양한 전통적·종교적 의식과 관련된 수많은 문제들이 존재한다.

예를 들어 오늘날 남아프리카에서 오래된 전통에 따라 해마다 코사족 출신의 젊은 남자들 수백 명이 '울왈루코(Ulwaluko)'라 부르는 한 달 동안의 의식을 치른다. 이것은 아버지의 마을에서 시작하여 숲에서 계속되는데, 젊은이들은 옷을 다 벗고 약간의 음식만을 들고 그곳에서 살아남는 법을 배워야 한다. 이 의식의 절정은 마취하지 않고서 할례를 받는 것이다. 1995년 이후로 남아프리카 보건 당국은 회의적인 눈길로 이 의식을 바라보고 있다. 이 의식이 끝난 다음 많은 소년들이 상처에 염증이 생기거나 그보다 더 고약하게는, 위생 설비가 충분하지 못한 탓으로 전염병에 감염되어 병원에 입원한다. 절단 수술도 행해지고, 해마다 사망 사고도 열 건 정도 발생한다. 2001년에는 이른바 입사식(=통과의례) 학교를 폐쇄하도록 명하는 법령이 나왔다. 2002년 12월에는 전통적인 치료사 일곱 명이 술에 취해서 시술했다는 이유로 체포되었다. 그 중 세 명은 살인 혐의로 기소되었다.

그 직후에 인터뷰를 한 열여덟 살짜리 소년은 이런 위험에 대해 다음과 같이 말했다. "그것은 우리 문화이다. 나는 우리 문화에 따라 그렇게 하기로 결심했다. 병원에서 포피 제거 수술을 받고 현대적인 약품으로 치료를 받는 애들은 진짜 남자가 아니다."

이 의식에 참석하기를 거부하는 청소년은 '진짜 남자'가 아니라고 여겨질 뿐만 아니라 전통에 따른 상속이나 혼인을 할 수 없다. 또한 공동체의 중요한 결정에서 투표권을 갖지 못하기 때문에 이것은 상당히 중대한 일이다.

민주적 절차에 따라 선출된 남아프리카 최초의 흑인 대통령 넬슨 만델라(Nelson Mandela, 1918년~)는 인종 분리 정책을 취하는 백인 정권에 저항한 탓으로 거의 30년을 감옥에서 보냈다. 그의 자서전에서 우리는 코사 종족 출신인 그가 열여섯 살 때 이 의식을 체험한 내용을 상세히 읽을 수 있다. "나는 포피를 떼어낸 날부터 남자로서의 나이를 헤아렸다."

그는 특유의 솔직함으로 이 의식이 치러지는 동안 자신의 '영웅적 행동'이라는 게 미리 술을 먹여 취하게 만든 돼지를 때려잡는 것이었다고 말한다. 그는 포피가 벗겨지고 몇 초가 지나서야 "은디인도다!" (나는 남자다!)라고 외쳤다. 원래는 포피가 벗겨지는 것과 동시에 이 말을 외쳐야 한다고 한다.

콩고에서 출발하여:
반투 민족의 이동

누비아가 아직도 이집트의 지배에서 벗어나려고 애쓰고 있을 때 중부 아프리카의 콩고 분지에서는 새로운 움직임이 일어났다. 같은 언어 뿌리를 가진 여러 민족이 기원전 800~500년 사이에 새로운 정착 지역을 찾아 먼저 서쪽과 동쪽으로, 나중에는 남쪽으로 출발했던 것이다. 그들은 '반투(Bantu)'라 불리는데, 이것은 각각의 민족에 따라 약간씩 다르기는 해도 비슷한 발음과 언어 형태로 '인간'이라는 뜻을 지닌 단어이다. 얼마나 매혹적인 생각인가! 자신의 정체성을 표현하기 위해 맨 먼저 자기가 인간이라고 말하는 것이다. 우리를 가장 많이 이루고 있는 것은 출신 지역이나 부유함의 정도나 종교적 소속이 아니라, 그냥 '우리는 인간이다!'라고 말하는 것이기 때문이다.

얼마 전까지만 해도 많은 역사가들은 반투 민족들의 초기 이동을 전형적인 서양의 사고방식으로 설명하였다. 그에 따르면 오늘날 나이지리아와 카메룬 지역에 사는 '반투 흑인' 그룹이 아랍의 상인에게서 철을 가공하는 방법을 배웠기에 '더욱 발전'하게 되었다는 것이다. 외부의 도움으로 얻은 이런 '뛰어남'을 통해 그들은 충분히 강해져서 다른 부족들을 '정복'하고 그에 알맞게 세력을 확장하게 되었다는 설명이다.

이 이론은 그사이에 점차 의심스럽게 되었다. 다양한 반투 민족들은 한 번도 중앙 집권 국가를 구성한 적이 없었다. 고작해야 몇백 명의 사람들로 이루어진 작은 공동체들이 있었을 뿐이다. 일부 그룹들은 다른 그룹들보다 더 전투적이었지만 그래도 대립이 다른 민족의 '근절'을 목표로 삼은 적은 한 번도 없었다. 반투 사회에서는 대부분 '나이가 가장 많은 사람들의 위원회'가 일상의 생활을 결정하였고, 아주 예외적으로만 개인이 통치권을 얻었다.

'강한 남자들'에 대한 권위적 믿음이 지배했던 유럽에서 이런 모델은 단순히 '원시적'이고 '미개발'적인 것으로만 여겨졌다. 이렇다 할 명령 체계 없이 '부족'을 이루어 사는 '야만인'에게 전형적으로 나타나는 형태라는 생각이었다. 오늘날에도 아프리카 사회에서 나타나는 전쟁 상황은 언제나 '꿰뚫어볼 길이 없는 부족들 간의 다툼'이라고 얕잡아 표현된다. 그러나 이것은 갈등이 해결되지 못한 정도를 표현한 말이라기보다는, 많은 유럽 사람들이 갈등의 진짜 원인을 얼마나 모르고 있는가를 더 많이 알려주는 말이다.

반투 민족들은 중부 아프리카를 떠나 남부로 퍼져 나가면서 오늘날까지도 자신들의 전통에 따라 사는 산족과 코이코이족을 만났다. 오늘날 밝혀진 바에 따르면 반투 민족들의 이동은 몇 년 만에 단숨에 이루어진 것이 아니라 아주 오랜 기간에 걸쳐 천천히 이루어진 일이었다. 또한 그것은 그때까지 사람이 많이 살지 않던 지역에서 새로운 형식의 농업을 시험해보는 일이기도 했다. 그곳에 이미 살고 있던 공동

중부 아프리카 쿠바족의 제사에 쓰인 술잔.
쿠바 왕조는 고대에 이미 문화를 발전시킨 것을 아주 자랑스럽게 여겼다.

체들은 '정복'된 것이 아니었다. 그들은 서로에게서 배웠다. '새로 온 사람들'도 '군사력'을 가지고 쳐들어온 것이 아니라 대가족의 수를 넘지 않는 그룹 단위로 왔다. 그리고 철을 가공하는 기술이 아프리카 바깥에서 들어왔다는 이론도 틀린 것으로 밝혀졌다. 최근의 연구에 따르면, 철을 가공하고 반투어를 쓰는 공동체들은 탄자니아 북동쪽에 있는 거대한 호수들 주변과 르완다에 기원전 800년 무렵에 이미 존재하였다. 이것은 명백하게 아랍 국가들의 영향보다 훨씬 더 앞서 일어난 일이다.

언어학적인 유사성이라는 측면에서 유럽의 로만어와 비교할 수 있는 아프리카의 반투어를 쓰는 민족들은 오늘날 사하라 사막 남쪽에 자리 잡은 대부분의 국가에서 주민의 다수를 이룬다. 동부 아프리카의 스와힐리어, 탄자니아의 키쿠유어, 짐바브웨의 쇼나어, 나미비아의 헤레로어, 또는 남아프리카의 줄루나 코사어를 쓰는 사람들도 이들에 속한다. 유럽의 식민 통치자들은 이들을 '전형적인 토착민'이라 불렀다. 남아프리카에서 인종 분리 정책을 쓰던 백인 정권이 국민의 다수를 이룬 검은 피부 주민을 위해 만든 교육 체제는—수십 년 동안 '반투 교육'이라 불렸다—어차피 지도적인 지위를 차지하지 못할 사람들을 위한 열등한 교육이었다.

서기 622년 이후로 등장한 이슬람교의 전파는, 중앙 집권이 아닌 방식으로 사는 반투 민족들을 만나 역사상 처음으로 실패하게 된다. 이슬람 정복자들은 거의 끝도 없는 사하라 사막 남쪽의 기후 조건 때문에만 어려움을 겪은 것이 아니다. 사하라 남쪽에 사는 민족들은 전혀 다른 형식의 공동생활과 영적인 확신을 가지고 있었다. 그들은 이슬람교처럼 엄격하고 경직된 규칙을 따르는 신앙과 맞지 않았다. 거의 1000년 뒤에 '아프리카 야만인에게 올바른 신앙'을 전파하기 위해 유럽에서 온 기독교 선교사들도 같은 경험을 하게 된다.

1976년에 당시 콩고의 수도인 킨샤사에서 태어났으며, 지금은 파리에서 역사학을 공부하고 있는 장-클로드 쿠바(Jean-Claude Kuba)는 다음과 같이 말한다 : "프랑스 친구들과 내 고향에 대한 이야기를 할 때면 그들은 예나 지금이나 아프리카의 '야만적인 부족들'을 이야기한다. 그것은 나를 정말로 화나게 만든다.

내 성(姓)에 대한 이야기를 해보겠다. 쿠바, 이것은 피델 카스트로가 해방시킨 카리브 해 섬나라 이름만은 아니다. 그것은 저 건방진 벨기에의 왕 레오폴 2세가 1884년에 우리나라를 '콩고 공화국'으로 만든 것보다 훨씬 오래전 옛날에 있었던 왕국의 이름이다. 벨기에는 겨우 1830년부터 유럽에서 자주적인 왕국이 되었으면서도 자기 나라보다 80배나 더 큰 지역을 '공화국'이라고 선포한 것이다. 유럽의 이 군주는 얼마나 잔인하고 멍청한가. 그는 또 얼마나 많은 비참함을 내 민족에게 안겨주었던가…….

그는 또 얼마나 무지했던가. 그는 옛날 쿠바 왕국에서 여러 가지를 배울 수 있었을 것이다. 이 왕국은 이 지역에서 반투어를 쓰는 사람들이 만든 정치 체제로 일찍이 그 어떤 나라도 경험한 적이 없는 문화적 발전을 가능케 하였다. 폭력을 전혀 쓰지 않고도 결혼의 전통을 개혁하고 더 능률적인 농업 방식을 도입하였다. 원시림 속으로 강의 물줄기를 나뭇가지 모양으로 이리저리 끌어들여 마치 오늘날의 고속도로처럼 의사 소통을 하고, 물자·지식·예술을 교환하는 데 이용하였다.

그렇다, 예술 말이다. 쿠바의 왕은 극히 섬세하게 만든 가면과 장신구 같은 예술을 발전시킨 것을 특별히 자랑스럽게 여겼다.

내 고향에서 누가 '야만인'으로 행동했단 말인가? 당신은 아마 내 대답을 짐작할 것이다. 내가 역사학 세미나에서 이런 말을 하면 내 친구들은 웃는다. 이런 말을 파리의 길거리나 주점에서 하면 사람들은 화를 낸다. 그들은 이해하려고 하지 않는다."

북아프리카에 수입된 종교: 초기 기독교와 이슬람교

이집트 파라오의 지배는 기원전 332년에 알렉산드로스 대왕이 이끄는 그리스 사람들에 의해 최종적으로 무너졌다. 이집트는 새로운 항구 도시 알렉산드리아를 중심으로 아테네 방향으로 발전을 시작하였다. 그리스어는 많은 사람들에게 교양 계층의 언어가 되었다. 그리스 사람들은 병사와 무기만 가져온 것이 아니라 새로운 문화도 들여오고 학문과 예술에 대한 존경심과 처음으로 민주주의 정치 이념도 도입했다.

기원전 323년에 알렉산드로스 대왕이 죽자 그의 지휘를 받던 장군(그리스어로 디아도코스, 후계자)들은 서로 싸워서 자기들의 세계 제국을 세 개의 큰 지역으로 나누었다. 그 결과 이집트는 프톨레마이오스 왕가의 손으로 넘어갔다. 그리스 출신으로 이집트의 마지막 여왕인 클레오파트라(Cleopatra, 기원전 69~30년)는 로마의 장군 율리우스 카이사르와 마르쿠스 안토니우스와의 사랑 이야기로 유명해진 사람이다. 그녀가 뱀에 물려 죽는 극적인 자살을 하고 난 다음, 이집트는 공식적으로 새로운 로마 제국의 일부가 되었다. 기원전 146년 로마가 카르

타고에 승리를 거둔 이후로 북부 아프리카의 광대한 지역이 이미 로마 사람들에게 정복되어 있었다. 로마의 통치자들은 북부 아프리카를 '총독 통치 지역 아프리카(아프리카 프로콘술라리스)'라고 불렀다.

서기 0년은 일반적으로 예수 그리스도가 탄생한 해라고 알려져 있다. 하지만 유대 소년 요슈아는 팔레스타인의 도시 베들레헴에서 그보다 4~8년 더 일찍 태어났을 것이다. 그의 부모는 로마의 추적자들을 피해 도망치는 길에 그의 이름을 예수라고 고쳤다. 예수는 젊은 시절에 로마 지배의 부당함에 대해서만이 아니라 자기가 속한 유대 사회의 위선에 대해서도 항거하였다. 그 결과 33년에 체포되어서 로마법에 따라 십자가에 못 박혀 사형을 당했다.

그의 추종자들은―기독교도들―처음에는 박해를 받다가 차츰 많은 추종 세력을 얻었다. 지중해 지역이 정치적으로 불안하던 시기에 로마 사람들에게 오랜 억압을 당하던 유대인들도 이방의 지배를 떨쳐 버리고 옛날의 왕국 수도 예루살렘을 되찾으려고 시도하였다. 하지만 뜻대로 잘 되지 않았다. 그들은 로마에 맞선 전쟁에서 처참하게 패배했을 뿐만 아니라 그들의 가장 위대한 성소 예루살렘 신전마저 70년에 무너지고 말았다. 이때 유대의 왕국은 사라졌다가, 1948년에 이스라엘이 건설되면서 다시 역사에 나타났다. 많은 유대인들은 70년부터 북부 아프리카에서 게르만의 라인 지역까지 이르는 로마 제국 전 지역과 그 바깥에 흩어져 살게 되었다.

로마의 콘스탄티누스 황제가 313년 〈밀라노칙령〉을 통해 기독교를 공인하면서 유대인들은 새로운 박해를 받게 되었다. 당시 로마의 주교는 뒷날 제1대 교황으로 불리게 되고, 오늘날에 이르기까지 종교적인 일만이 아니라 다른 일에도 관여하는 하나의 권력 중심이 되었다. 아프리카에서 기독교는 몇 가지 예외 사항을 제외하고는—예를 들면 350년 이후 에티오피아에 나타난 에자나 왕에 의한 것 같은—오랫동안 그 영향력이 보잘것없었다. 유럽의 '활동적인 선교'는 아프리카 대륙을 경제적 식민지로 만들던 시기에야 시작되기 때문이다.

에티오피아의 특별한 길:
악숨 제국(약 50~800년)—하일레 셀라시에 1세 황제는
밥 말리와 어떤 관계가 있나 : "고대에 이집트와 누비아 남쪽 지역은 특별한 지리적 이유 없이 에티오피아라는 이름으로 불렸다. '검은 사람들의 땅'이라는 뜻이다. 서기 1세기 중반에 점점 더 많은 남부 아랍 사람들이 당시 비가 많이 내려 농사에 유리하던 이 지역에 정착하면서 악숨 왕국을 세웠다. 악숨의 에자나 왕이 서기 350년 무렵 기독교를 왕국의 공식 종교로 선포할 때의 전설 하나가 오늘날까지도 전해진다. 그리고 에티오피아의 마지막 황제 하일레 셀라시에 1세(Haile Selassie I, 1892~1975년)가 이 전설을 인용해서 자기가 유대의 왕 솔로몬(기원전 약 966~930년)과 전설적인 세바 여왕(공동 《성서》의 표기를 따름)의 후손이라고 주장하였다. 그리고 《성서》의 전통에 따라 자기가 기독교를 받아들일 의무가 있다고 믿었다. 그는 솔로몬 왕의 후손이기 때문에 '유다의 사자'라는 이름을 얻었다.

《성서》에 나오는 이야기(《열왕기상》 10장)에 따르면 세바의 여왕은 솔로몬 왕이 훌륭하다는 소문을 듣고 그를 찾아가고 싶었다. 그래서 '많은 시종과 황금과 보석들을 잔뜩 실은 낙타'를 거느리고 예루살렘으로 찾아갔다. 아프리카에서 낙타는 2세기 이후에 나타나기 때문에, 세바 왕국은 에티오피아가 아니라 남부 아라비아 지역, 즉 오늘날의 예멘 지방으로 추정된다. 《성서》는 그들이 대화를 나누었다고 보고하고 있다. 에티오피아의 전설은 이것을 보충하여 그들이 자식 하나를 두었고, 그가 바로 에티오피아의 초대 황제인 메넬리크 1세라고 한다. 시대와 장소가 마구 뒤엉켜버렸지만, 에티오피아의 수도 아디스 아바바에서는 오늘날에도 솔로몬 왕과 세바 여왕의 역사적 만남의 흔적이 낱낱이 밝혀져 있는 것을 볼 수 있다. 심지어는 그들의 궁전이었다는 곳의 폐허까지도 볼 수 있다.

이런 모든 증거에도 불구하고 하일레 셀라시에 1세는 오랜 기근의 고통을 겪은 끝에 1974년 군에 의해 쫓겨나고 말았다. 고대 왕국 악숨은 서기 800년 무렵에 이미 무너졌다. 이 지역의 농업에 유리하게 작용하던 비가 왕국의 건설을 유도했듯이, 비가 내리지 않게 되면서 왕국도 무너진 것이다.

오늘날까지 미치는 또 다른 특별한 결과가 있다. 하일레 셀라시에 1세는 1892년에 태어나 타파리 마콘넨(Tafari Makonnen)이라는 이름을 얻었다. 그는 열아홉 살 때 메넬리크 2세의 딸과 결혼하여 왕자('라스')가 되었다. 이때부터 그는 '타파리 왕자'(Ras Tafari, 라스 타파리)라고 불리게 되었다. 1930년에 황제가 되면서 그는 확고한 기독교도로서 하일레 셀라시에, 곧 '거룩한 삼위일체의 힘'이라는 이름을 선택하였다.

그의 화려한 대관식이 국제적인 주목을 받으면서 카리브 해의 자메이카에서 옛날 노예의 후손들로 구성된 어떤 그룹에게 영감을 주었

타파리 마콘넨은 공주와 결혼해서 타파리 왕자가 되었다.
그는 1930년에 에티오피아의 황제가 되면서 하일레 셀라시에 1세라는 이름을 가졌다.

89

다. 그래서 그들은 라스타파리교(敎)를 만들었다. 그리고 하일레 셀라시에 1세가 자기들이 오랫동안 기다리던 구원자라 여기고, 마침내 아프리카 사람과 아프리카 출신 사람들을 위한 정의가 실현될 시간이 다가왔다고 믿었다. 라스타파리 신자들은 독자적인 문화를 만들어나갔고, 나름의 《구약 성서》 해석에 따라, 임금을 받는 모든 노동을 거부하고 그 대신 특정한 음식물을 받았다. 그 밖에도 영적인 일을 위해 마리화나를 사용하고 땋은 머리 비슷한 머리 모양을 선택하였다. 라스타파리는 차츰 흑인들의 자의식과 정치적 과격주의 편에 서게 되었다. 자메이카의 대중 음악인 레게가 밥 말리(Bob Marley, 1945~1981년)를 통해 세계적으로 유명해졌다. 그는 스물두 살 때 기독교에서 라스타파리교로 개종하였다. 그와 더불어 레게와 라스타파리 문화는 카리브 해와 아프리카 국가들의 경계를 넘어 미국과 라틴 아메리카와 유럽에서 많은 추종자들을 얻었다.

하일리에 셀라시에 1세는 1966년에 단 한 번 자메이카를 방문하였다. 당시 에티오피아 황제는 전통적인 군복 차림이었다. 그는 자메이카 공항에서 자기를 보고 춤추면서 환호하는 수천 명의 라스타파리 교도들의 환영을 받고 오히려 성이 났다. 나중에 자메이카 정부 측에 외교적인 방식으로 그것이 '모든 기대를 넘어서는' 것이었다고 말했다. 그는 자메이카 정부의 공식 초청을 받은 국빈이었고, 자메이카 정부는 이 나라의 과격한 소수 집단인 라스타파리를 '평화와 질서에 문제'가 되는 존재로 여겼기 때문이다.

에티오피아 황제의 방문은 이런 갈등의 해소에 어떤 방식으로도 도움이 되지 못했다. 오히려 그의 방문 일정에서 라스타파리 대표자들과의 공식적인 만남은 철저히 제외되었다. 라스타파리와 자메이카 정부 사이의 갈등은 그 이후 더욱 커져갔다. 밥 말리는 1976년 누군가에게 암살 위협을 당한 다음 자메이카를 떠나 일찍 죽기까지 유럽의 여러 나라에서 살았다."

622년부터 당시 아직 어린 종교였던 이슬람교가 아프리카 대륙을 오늘날에 이르기까지 분할하였다. 원래 대상(캐러밴)의 지도자 상인으로 어느 정도의 부를 이룬 마호메트(Muhammad, 약 570~632년)는 아랍의 도시 메카에서 살았다. 처음에는 유대교와 기독교에 대립할 의사가 조금도 없었던 그는 이 두 종교의 경전들을 자세히 연구하였다. 모세 5경과 다윗 왕의 시편들과 예수에 관한 복음서들을 열심히 읽은 그는 거룩한 책 《코란》(아랍어로 '낭독'이라는 뜻)에 이런 계시들을 받아들이고 그것을 이슬람교라고 불렀다. 이슬람이란 '유일신 알라에게 헌신함'이라는 뜻이다. 그는 이슬람교가 유대교와 기독교의 계승이라고 여겼다.

마호메트가 메카에서 자신의 새로운 가르침을 알리기 시작했을 때 유대인이나 기독교도들이 아니라 몇몇 가난한 아랍 사람들만 그의 말에 귀를 기울였다. 실망한 그는 622년에 몇몇 추종자들을 거느리고 북쪽에 위치한 오아시스 도시 메디나로 갔다. 당시 그곳의 주민은 절반 정도가 유대인이었다. 이곳에서도 유대인들은 그의 말을 거부하였고, 그곳의 아랍 사람들만 열광하였다. 이슬람교의 시간 계산은 622년을 기원으로 잡는다.

그리고 수십 년 만에 이슬람-아랍 세계 제국이 생겨난다. 오늘날에도 대략 10억 명의 이슬람교 추종자들이 이 세계 제국을 지향한다. 마호메트는 온갖 실망에도 불구하고 이들 여러 종교가 서로 평화롭게 공존하도록 힘썼다. 그가 정복한 지역에서 유대교도와 기독교도들은 보호와 신앙의 자유를 누려야 한다고 정했다(《코란》 2장 257절). 이슬람의 본격적인 세계 정복은 그가 죽은 다음에 비로소 시작되었다. 이슬람 제국은 서기 800년 무렵 모로코와 남부 스페인에서부터 아시아의 인더스 강 유역에 이르기까지 넓은 지역을 차지하고 전성기를 누렸다.

북아프리카에서는 이집트가 맨 먼저 639년부터 이슬람이 되었다. 새로운 신앙은 이곳에서 수단 방향으로 퍼져 나가 나중에 북부 리비아와 튀니지로 퍼졌다. 800년부터 1250년 사이에 이슬람교는 북아프리카 전 지역과 사하라를 넘어 동부 아프리카 해안 지대 전체와 마다가스카르 고지대까지 퍼져 나가 정착하였다. 아프리카 북서부에 있는 베르베르 사람들과 그 아래쪽에 자리 잡은 투아레그 사람들은 군대의 압력을 받고 이슬람교에 대한 저항을 포기하였다. 다른 많은 지역에서도 사람들은 동등한 권리를 인정받은 다음에 저항을 포기했다. 711년부터 아랍 사람들과 베르베르 사람들이 함께 남부 스페인을 정복하여 이슬람으로 만들었다.

이슬람의 가르침은 북쪽으로 갈수록 더욱 순수하고, 남쪽으로 갈수록 점점 더 강하게 전통 아프리카 신앙과 혼합되었다. 사하라 지역을 지나는 무역로를 이용하는 상인들은 거의 모두가 이슬람교도가 되었다. 이것은 철저히 실용적인 생각에서 나온 행동이기도 했다. 아랍 사람들은 상인으로 유명하고, 그들은 또한 안전과 능률적인 판결을 위해서 힘쓴다. 이슬람의 황금시대에는 학문과 예술도 꽃을 피웠다. 옛날에 그리스어가 그랬듯이, 이제는 아랍어가 북부와 북동부 아프리카 지역에서 교양인들의 언어가 되었다.

사하라 남쪽:
가나, 말리, 짐바브웨

사하라를 넘어가는 대규모 무역로의 남쪽 끝에 서부 아프리카 최초의 왕국인 가나 왕국이 서기 600년 무렵에 생겨났다. 오늘날 세네갈과 모리타니, 말리 등이 자리 잡은 지역으로, 해안가에 위치한 지금의 가나보다 더 내륙 지방이었다. 역사에 등장하는 가나 왕국은 광범위한 금 생산지를 차지하였지만, 이 왕국의 부유함은 원래 역사상의 도시 쿰비 살레에서 지중해 해안으로 오가는 무역을 통해 얻은 것이었다.

가나의 통치자들은 아프리카 전통 종교의 추종자들이었고 마지막까지도 그랬다. 옛날 가나 사회의 세부 사항은 아직 제대로 탐구되지 않았다. 연구자들이 무역 중심지 가까운 곳에 위치한 쿰비 살레일 것이라고 짐작하는 옛날 수도도 아직까지 발굴되지 않았다. 가나의 소닌케 민족이 지배층을 이루고 왕들을 배출하였지만, 이 왕들의 이름은 오늘날까지도 완전히 알려지지 않았다. 옛날 가나 왕국을 방문했던 사람들은 이곳의 검은 통치자들이 지닌 엄청난 부를 지치지 않고 찬양하였다.

**어떤 아랍 여행자가 1067년에
가나의 왕에 대해 기록한 것 :** "왕은 왕궁과 헤아릴 수 없이 많은 둥근 지붕을 가진 공간들을 차지하고 있다. 이들은 일종의 도시 성벽 같은 것으로 둘러싸여 있다…….

왕은 목과 팔목에 여자처럼 장신구를 매달고 머리 위에는 황금으로 치장한 높은 관을 썼다. 그리고 섬세한 면직물로 만든 터번으로 이 관을 둘러쌌다. 신하들이 알현할 때나 관리들에 대한 불만을 들을 때면 왕은 일종의 정자와 같은 둥근 지붕 건물에 앉았다. 이 정자 주위에는 황금실로 수를 놓은 덮개로 장식한 말 열 마리가 둘러섰다. 그의 뒤쪽에는 귀족 소년들 열 명이 칼과 가죽으로 만든 방패를 들고 있었다. 그들은 화려한 의상을 입고 금실을 섞어 땋아내린 머리를 하였다."

왕에 대해서는 그가 자기 왕국의 이슬람교도들에게 '너그러운 관용(톨레랑스)'을 보여주었다고 기록하고 있다. 하지만 유감스럽게도 이슬람의 대표자들에 대해서는 같은 주장을 할 수가 없다. 그곳에서는 정통 이슬람교도인 알모라비데들이 점점 발언권을 얻었다. 이들은 모로코 출신의 사제 계급으로, 사람들을 이슬람교로 개종시키기 위해 성스러운 전쟁 '지하드'를 치러야 한다는 폭력적인 생각을 품은 사람들이었다. 그들은 이런 광신주의로 가나를 공격하였고, 1076년에 가나의 왕에게 심각한 패배를 안겨주었다. 그 패배는 왕국 전체의 붕괴로 연결되었다. 가나의 왕을 중심으로 하나로 통합되어 이슬람교에 저항했던 민족들은 남쪽으로 도망쳤다. 오늘날 가나에서 가장 큰 주민 집단을 이루는 아칸 사람들도 아마 이들 도망친 사람에 속했을 것이다.

　그렇지만 고대 가나는 이들 사제 집단에 의해 최후를 맞은 것은 아니었다. 사제들은 전도의 열광에 사로잡혀서 오래전에 다시 북쪽으로 올라갔다. 옛날 가나 왕국은 결국 말링케족에 의해 무너졌다. 말링케족은 이슬람교로 개종하고 1200년 무렵에 가나의 은총으로 봉건 제후의 영지를 세웠다. 1235년에 그들의 지도자는 결정적인 싸움에서 가나의 마지막 왕을 이겼다. 그리고 새로운 왕국 말리가 태어났다.

　말리는 전쟁으로 시작한 나라였지만 이후 250년 동안 세계에서 가장 큰 무역 중심지의 하나로 발전했을 뿐만 아니라 여러 학문 분야에서 가장 눈부신 발전을 이루었다. 이슬람교 사원, 학교, 대학들이 400개 이상의 도시에 세워졌고, 그 중에서도 팀북투는 오늘날 가장 유명한 도시다. 팀북투의 대학들은 스페인과 이집트의 학자들과도 교류를 가졌다.

　말리의 왕 만사 무사(Mansa Musa, ?~1335년경)는 1312년부터 죽은 해인 1335년경까지 통치하였는데, 많은 사람들이 그를 '자기 시대에 가장 부유한 남자'라고 불렀다. 그의 명성은 유럽에까지 전해졌다. 1324년에 그가 '노예 1만 2,000명과 아내 800명'을 거느리고 메카로 최초의 순례 여행을 하는 중에 하도 많은 금을 나누어주어서 전 세계의 금값이 떨어졌다고 한다. 그의 신하들도 상당한 부를 누렸다. 노예들도 괴롭힘을 당하지 않고 일정한 기간이 지난 다음에는 자유를 얻었다. 당시의 말리는 다시 전쟁을 하지 않고도 서쪽으로는 옛날 가나의 경계를 넘어 대서양까지, 동쪽으로는 오늘날의 나이지리아까지 세력을 확장하였다.

**1325년 무렵 만사 무사 왕의 시대에
어떤 방문객이 말리를 서술하다 :** "말리 사람들은 부당한 행동을 하는 경우가 드물고 다른 모든 민족들처럼 부당함에 대해 큰 거부감을 갖는다. 왕은 범법자에 대해 전혀 은총을 보이지 않는다. 이 나라는 절대적으로 안전하다. 여기서는 여행자든 내국인이든 간에 강도나 폭행을 두려워할 필요가 없다. 작은 그룹을 이루어 여행하는 것이 가능하다……."

15세기 초가 되면서 말리는 차츰 무너지기 시작하였다. 1464년에 이슬람 제국인 송가이가 말리 동쪽에 위치한 가오를 수도로 하여 서부 아프리카 지역에서 새로운 통치권을 확립하기 시작하였다. 이 시기의 다른 중요한 문명들로는 베닌 왕국과 콩고 왕국, 하우사족의 국가들과 차드 호숫가에 자리 잡은 이슬람 국가인 카넴 보르누 등이 있었다. 하지만 이것이 전부가 아니었다.

아프리카 남부에서는 이 무렵에 다른 문명들이 발전하였다. 그 문명들은 뒷날 아프리카가 독립한 다음에 등장하는 새로운 국가, 곧 짐바브웨에게 영감을 주었다. 반투족의 일족인 쇼나족의 언어로 짐바브웨라는 말은 '왕의 궁정'이라는 뜻이다. 짐바브웨는 그 말뜻 그대로 시작되었다. 1100년 무렵에 쇼나족의 건축가들이 거대한 돌담으로 둘러싸인 궁성들을 짓기 시작하였다. 고대 이집트의 피라미드 건축에 견줄 만큼 대단히 발전된 건축술이 나타났다. 가장 큰 궁성은—큰 짐바브웨—오랫동안 쇼나족의 예배 장소로 쓰였다. 근처의 산 위에는 이 아프리카 문화에 특징적으로 나타나는 돌로 만든 새들이 서 있

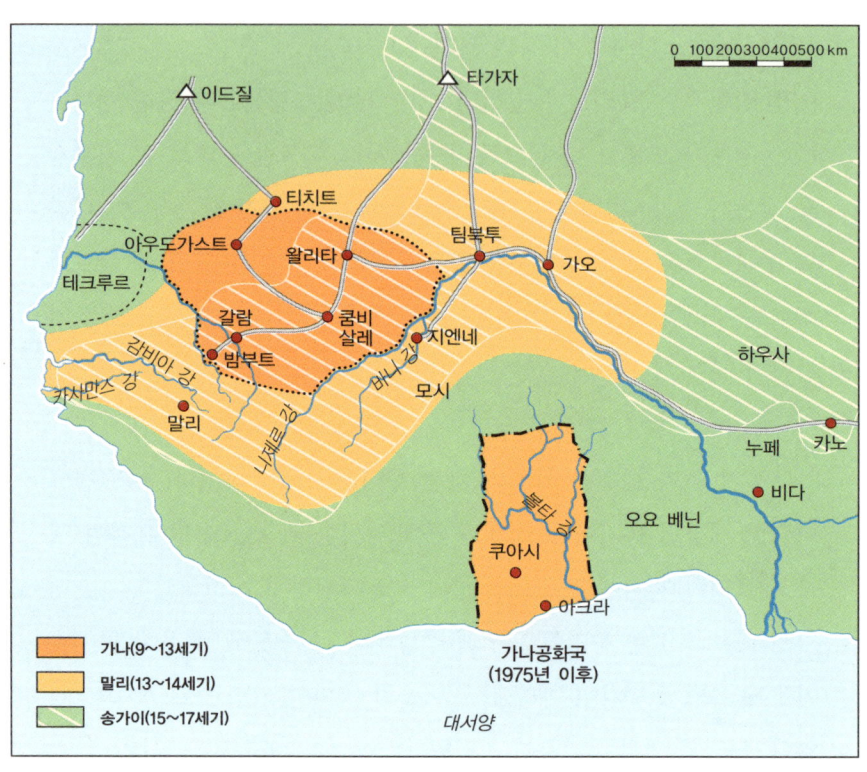

중세 아프리카의 대제국들.

었다. 이것들은 지도자들에게 신탁을 내리는 용도로 쓰였다.

짐바브웨의 부유함은 한편으로는 원래 이곳에 살던 산족을 쫓아내면서 거둔 것이고 다른 한편으로는 전쟁으로 인한 정복을 통해 얻은 것이었다. 이런 일들을 통해 새 왕국은 모잠비크까지 그리고 동부 아프리카 해안까지 뻗어 나갔다. 그곳에서 반투 민족들은 상대적으로 독자적인 스와힐리 문화를 발전시켰다. 그것은 처음에는 중앙 집중적인 왕국의 형태가 아니라 각기 독립적인 여러 개의 무역 도시의 형태를 띠었다. 예를 들면 오늘날 탄자니아 해안에 자리 잡은 킬와나 현재의 케냐에 있는 몸바사 같은 도시들이다. 스와힐리의 대표자들은 이슬람에 '삼켜지지' 않고 이슬람-아랍 영향을 더욱 강력하게 자신의 문화 안에 받아들였다. 아랍어의 일부가 반투어에 받아들여져서, 오늘날까지 살아 있는 스와힐리 어군이 생겨난 것을 그 예로 꼽을 수 있다.

짐바브웨의 쇼나족은 황금과 구리 같은 지하자원을 수출하고 동부 아프리카의 항구 도시들을 통해 중국의 목화와 도자기도 수입하였다. 짐바브웨의 마지막 왕 마토페(Matope)가 죽은 다음 1480년에 이 나라는 두 왕국으로 갈라졌다.

가나, 말리, 짐바브웨 등은 20세기에 독립해서 새로 태어난 아프리카 국가들이 그 이름을 다시 선택하여 자신들의 전통을 널리 알릴 수 있게 해준 이름들이다. 가나는 1957년까지 '황금해안'이라는 이름으로 불렸고, 말리는 1960년까지 세네갈이라는 이름으로 프랑스 연방의 일부였으며, 짐바브웨는 1980년까지 로디지아라고 불렸다. 그것은 영국 출신으로 남아프리카의 식민지 정치가인 세실 로데스(Cecil Rhodes, 1853~1902년)의 이름을 딴 것이다.

옛날의 다양한 아프리카 문명들은 독자적으로 지속적인 발전을 거듭하다가 15세기에 이르러 결정적으로 유럽 사람들에 의해 중단되었다. 유럽 사람들은 여기서 '역사가 없는 암흑의 땅을 발견한' 것으로 믿었다. 다음 몇백 년 동안 계속된 그들의 착취는 그들이 등장하기 이전에 아프리카에서 있었던 온갖 압제와 박해를 아무것도 아닌 것으로 만들 정도로 잔혹한 것이었다.

◆
chapter 3

짓밟힌 아프리카
유럽 나라들이 제멋대로 대륙을 나누어 갖다

약 1500 ~ 1945년

약 500년 전의 아프리카

물론 낙원은 아니었다. 사람이 살 수 없는 광범위한 사막과, 인간과 가축의 목숨을 위협하는 질병을 일으키는 곤충들로 가득 찬 사람이 적은 대륙이었다. 1500년 무렵 아프리카 대륙에는 5,000만 명 이하의 사람들이 살았다(오늘날에는 8억 5,000만 명 이상).

노예 제도는 옛날부터 있었다. 그에 대한 최초의 보고는 전쟁터에서 포로를 데리고 돌아와 피라미드를 짓는 데 투입했던 이집트 군대로 거슬러 올라간다. 반투 민족들 사이에서도 전쟁이 끝난 다음 적을 노예로 삼는 일이 있었다. 북부에서 온 아랍 상인들이 중부 아프리카에서 노예로 붙잡은 아이들과 여인들, 대부분의 젊은 남자들을 이용하여 처음으로 대규모 사업을 하였다.

그러나 초기 아프리카 문명들에서 나타나는 대부분의 노예 제도는 뒷날 아랍 사람과 유럽 사람의 노예 사업과는 비교할 수가 없는 것이었다. 노예는 각 가족의 일부였고 다시 해방될 가능성이 여럿 있었다. 많은 공동체에서는 다른 사람들을 착취하지 않고도 상당한 문화적 발전을 이룩할 수 있었다.

그리고 유럽 사람들이 오기 전에 중국 사람들이 먼저 왔다. 그들은 1415년 이후 황제의 명을 받아 거대한 무역선을 타고 동부 아프리카 해안에 상륙하여 물건들을 교환하고서 돌아갔다. 그러나 그들은 내륙으로 들어갈 생각은 하지 않았다.

유럽 사람들은 그전 몇 세기 동안 유럽 내부의 여러 왕국과 공작 통치령 사이의 다툼으로 정신이 없었다. 이들은 아무런 의미도 없는 전쟁으로 신하들을 내몰거나 '농노'로 삼아서 자신의 사치를 위해 죽도록 일하게 만들었다. 여기 덧붙여서 14세기에는 '흑사병'이라고도 불리는 페스트가 엄청나게 퍼졌다. 이것은 위생 조건이 빈약했던 탓으로 주로 쥐가 인간에게 전염시키는 병이다. 그것은 나중에 폐페스트가 되어서 인간들끼리도 서로 전염되었다. 짧은 시간에 유럽 인구의 약 3분의 1에 달하는 2,500만 명이 페스트로 죽었다. 1500년 무렵 유럽은 아프리카보다도 훨씬 덜 낙원이었다. 많은 사람들은 떠나고 싶었고, 통치자와 상인들은 사치품을 얻을 새로운 원천을 구하려고 하였다.

15세기 중엽에 포르투갈 사람들이 맨 먼저 서부 아프리카 해안에 도착하였다. 그 뒤를 이어 유럽의 다른 나라 상인과 선교사가, 나중에는 군인과 군대 전체가 도착하였다.

지구의 다른 지역에서도 — 아메리카와 많은 아시아 지역들 — 유럽 사람들은 시간이 흐르면서 착취자이자 압제자 노릇을 하였다. 하지만 그 어느 곳에서도 수백만, 수천만 명의 사람들이 붙잡혀서 가족과 생이별을 하고, 마을 공동체가 무너지며, 수천 킬로미터 떨어진 곳으로 끌려가 평생 그곳에서 고향으로 돌아갈 희망도 없이 노예로 살아야 하는 일은 없었다.

우리는 이제야 비로소 아프리카에서 행해진 체계적인 인간 도둑질이 가져온 파괴적인 결과가, 유럽의 식민 지배자를 쫓아낸 다음 이루어진 현대 아프리카 국가들의 형식적인 독립만으로는 해결되지 않는, 그것을 훨씬 넘어서는 끔찍한 일이라는 사실을 깨닫고 있다. 극히 다양한 형태로 아프리카 사람들은 권리를 빼앗기고 짓밟혀왔다. 노예

생활의 정신적 상처(트라우마)는 그 후 오랜 세월이 지나도록 아프리카는 물론 유럽과 아메리카에서도 제대로 이해되지 못했다.

유럽과 아메리카에서는 이런 부당함을 솔직하게 인정해야 하며, 그 당시와 오늘날까지 여전히 백인 아닌 사람이 겪는 불평등과 불리함을 정당화하는 데 동원된 이데올로기를 이해하는 것도 꼭 필요하다. '아프리카의 가난한 사람들'을 위한 서방의 원조 활동은 오늘날에도 후원자라는 표지를 지니고 있고, 또 그런 부당함의 원인을 꼭 짚어 말하는 일은 아직도 여전히 회피되고 있다.

아프리카의 사람들은, 그렇게 엄청난 규모의 노예 매매가 아랍과 아프리카의 상인들 그리고 자국민을 팔아 부자가 된 정치 지도자들의 협조 없이는 가능하지 않았다는 쓰라린 진실을 바라봐야만 한다. 이런 엄청난 규모의 파국에 결정적으로 도움을 준 아프리카의 권위적 구조에 대한 문제 제기도 앞으로 반드시 이루어져야 할 중요한 과제이다.

이 두 가지는 결코 쉽지 않은 작업이다.

역사적으로 보면 아주 짧은 시간 만에 유럽 사람들이 아프리카에서 약탈자와 압제자 노릇을 하고, 극소수의 예외를 제외하고는 대륙 전체를 제멋대로 나누어 식민지로 만들었다. 그러면서 그곳 주민들에 대해서는 눈곱만큼도 고려하지 않았다. 마치 범죄자들이 훔친 물건을 놓고 분배하는 것과 같았다.

오늘날까지도 유럽의 식민 지배자들에 대항한 아프리카 지도자들의 수많은 저항 행위는 거의 알려지지 않았다. 적응하려는 노력과 평화적으로 갈등을 해결하려는 노력 그리고 용감하지만 절망적인 투쟁에 이르기까지 수많은 저항 행위. 유럽의 많은 역사책들은 예나 지금이나 '식민지에서 생명의 위협을 받는 아내와 자식들을' 지키기 위해 싸우는 유럽 사람들의 전투를 상세히 보고한다. 자신의 땅에서 도둑을 맞은 아프리카 사람들의 방어 행위가 대부분 '학살'이라는 말로 서술되고, 정작 죽임을 당한 그들의 아내와 아이들에 대해서는 거의 한마디 말도 없는 것이다.

아프리카에서 유럽 사람들끼리의 경쟁이 점점 치열해지는 것을 막기 위해 독일 총리 오토 폰 비스마르크(Otto von Bismarck, 1815~1898년)는 1884년에 유럽 열강 지도자들을 베를린으로 소집하였다. 그리하여 아프리카 대륙의 분할이 협상 테이블에 올랐다. 아프리카 민족들의 대표자들은 여기서 제외되었다. 유럽 사람들이 스스로 그토록 강하다고 느끼고 이후 수십 년 동안 아프리카에 공포와 빈곤을 퍼뜨렸지만, 아프리카에서 제국주의는 오래가지 못했다. 그러나 그 결과는 현실에 깊게 새겨져서 오늘날까지도 눈에 보이게 남았다.

베를린에서 이루어진 협약과 국경선은 그 다음 시기에 현실로 이루어졌다. 종족적인 연관성을 전혀 고려하지 않은 국경선은 오늘날까지도 그대로 남은 셈이다. 20세기 중반 무렵에야 확신에 찬 식민지 지배자들도 자기들이 식민지를 계속 유지할 수 없음을 깨닫기 시작하였다. 그사이 아프리카의 다양한 저항 세력의 반대가 너무나 강해져서 식민지 정부를 유지하는 데 경비가 너무 비싸게 먹혔기 때문이다. 유럽 사람들이 물러나면서 마지막에 보인 태도는 대부분 그들이 아프리카 대륙에 도착했을 때 보인 태도만큼이나 나빴다. 물론 대부분은 은폐된 형태로 이루어진 일이기는 했지만 말이다.

유럽 사람들은 자주 가장 부패한 아프리카 정치가들이 권좌에 오르도록 도움을 주었다. 겉으로는 '독립'이라는 깃발을 내걸었지만, 유럽 열강이나 그사이 끼어든 미국과 소련이 자국의 이익에 도움이 되도록 꼭두각시 정권을 만드는 경우도 드물지 않았다. 그런 다음에는 아프리카 사람들이 '스스로 자기 일을 처리할' 능력이 얼마나 적은지 실컷 조롱하였다. 이런 신제국주의 놀음을 꿰뚫어보고, 제국주의에서 공식적으로 해방된 이후 외부에서 들어오는 경제적·정치적 영향에 항거한 사람들은 여러 번이나 체계적으로 억압을 당했고, 그것이 먹히지 않으면 자주 냉혹하게 살해되었다.

유럽 열강이 아프리카를 짓밟기 시작한 것은 500년도 더 전에 포르투갈 사람들이 서부 아프리카에 도착하면서부터였다.

적응 실패:
바콩고와 포르투갈 사람들

    1415년에 포르투갈 사람들은 지브롤터 맞은편에 있는 모로코의 항구 도시 세우타를 정복함으로써 아프리카 대륙에 최초의 보루를 만들었다. 뒷날 '뱃사람 왕'이라는 별명을 얻은 포르투갈의 하인리히 왕(1394~1460년)은 이곳에서부터 남쪽까지의 해안선을 탐색하였다. 1444년에 그의 함대는 서부 아프리카에 있는 기니 해안에 도착하였다. 여러 달 뒤에 그들은 '성공적인 정복의 증거'로 황금과 아프리카 사람들을 붙잡아 리스본으로 돌아왔다.

    포르투갈과 유럽의 다른 왕가들 사이의 경쟁이 점점 치열해졌다. 그러면서 이후 수백 년 동안 유럽 내부의 갈등이 다른 대륙들로 옮겨갔다. 무역 회사나 기독교 선교라는 기치를 내걸고 온갖 모험가와 가난뱅이들, 확신을 가진 기독교도들이 모여들어서는 유럽 바깥에서 자기들의 행운을 시험하려고 하였다. 15세기 말경에 최초의 유럽 사람들이 북아메리카와 남아메리카에도 도착하였다. 1492년에 이탈리아 사람 크리스토퍼 콜럼버스가 스페인 여왕의 명을 받고 인도를 찾으러 가는 도중에 '새로운 세계'인 아메리카를 '발견'하였다.

영국과 프랑스, 포르투갈, 스칸디나비아, 네덜란드 그리고 독일 사람들이 달려갔다. 북아메리카의 '인디언(인도 사람)'과 남아메리카의 '인디오' 대부분이 학살을 당하고 얼마 남지 않은 사람들이 '노동자로는 쓸모가 없는' 존재들로 밝혀지자, 거대한 농업 지역을 활용하기 위해 새로운 노동력이 절실히 필요해졌다.

처음에는 '신대륙' 남북 아메리카에 유럽 사람들이 진출하는 데 아무런 제한도 없었던 것처럼 보인다. 1487년에 바르톨로메오 디아즈가 남아프리카의 '폭풍우 곶'을 '발견'하고, 이어서 1497년에 바스코 다 가마가 '희망봉 곶'이라고 이름을 바꾸는 동안, 동부 아프리카와 나중에는 남부 아프리카까지 확장된 그 지역에서 살기가 훨씬 더 어렵다는 것이 드러났다. 대부분의 지역에는 식물이 너무 빽빽하게 우거졌고, 전혀 알려지지 않은 일부 질병들에 대해서는 약도 없었다. 또한 새로 도착한 사람들은 아프리카에 이미 북쪽 방향으로 향한 아랍 상인들의 길과 내륙 지방으로 향한 반투 지도자들의 통로 같은 매우 잘 보존된 수많은 무역로들이 존재한다는 것을 알았다.

포르투갈 사람들은 그보다 뒷날 등장하는 프랑스와 네덜란드, 영국, 독일, 스칸디나비아 그리고 벨기에 사람들이 그렇듯이, 처음에는 아프리카 해안을 따라 요새와 무역 거점을 세웠다. 그리고 이곳에서 황금과 상아와 노예를 거래하는 사업을 시작하였다. 내륙 지방에서 인간 사냥이라는 '지저분한 일'을 하는 것은 아랍과 아프리카 거간꾼이 떠맡았다. 서부 아프리카의 국가 '상아해안'은 이 시기에 이름을 얻은 것이다. 그리고 해방 전에는 가나도 영국 식민지 '황금해안'이라 불렸다.

최초의 유럽 사람으로 아프리카 서부 해안에 도착한 포르투갈 사람들은 뒷날 식민주의의 이념을 전파하는 사람들이 수많은 범죄 행위를 정당화하기 위해 주장한 것처럼 '절반쯤 벌거벗은 토인'을 만난 것이 아니었다. 서부 아프리카의 많은 나라들에서는 매우 발전된 형태의 열대 및 아열대 농업이 이루어지고 있어서 충분한 식량을 얻었고, 이따금 식량이 남아돌기도 했다. 생태계에 아무런 해도 미치지 않는 영리하게 고안된 관개 시설이 있었고, 약초에 대한 지식이 널리 퍼져 있었다. 당시 아프리카에서 목재와 상아, 금속과 테라 코타 등으로 만든 예술품은 다양한 양식으로 높은 수준을 보여준다.

1483년에 포르투갈 사람들은 콩고 강 유역에 살던 바콩고 민족과 처음으로 접촉하였다. 그들은 원래 북쪽에서 이민 온 사람들로, 여러 마을 공동체가 느슨하게 연결된 형태로 살고 있던 이곳의 대표적인 그룹이었다. 그들의 중심지는 음반자 콩고였고, 그곳에서 콩고 왕 은징가 음벰바(Nzinga Mbemba, ?~1543년)가 다스리고 있었다. 처음에 양측은 서로 존경심을 가지고 대하였다. 물론 머지않아 포르투갈 사람들이 선교 사업을 시작하였지만. 그들은 1490년부터는 선교 거점을 세웠을 뿐만 아니라 포르투갈 '부인들'까지도 바콩고 사회의 여인네들에게 찾아와서 '수공업과 포르투갈 예법'을 가르치기 시작했다.

주민들 다수는 피부색이 하얗고 이곳 기후에 전혀 어울리지 않는 옷을 입은 포르투갈의 신사 숙녀를 노여움보다는 놀라움을 갖고 바라보았다. 언뜻 보기에 양측에 모두 좋은 것처럼 보이는 무역이 한동안 활발히 이루어졌다. 많은 사람들은 기독교를 아프리카 전통 종교에 대한 대안이라기보다는 보완책이라고 보았던 것 같다. 다만 비범한 적응 능력을 보인 콩고 왕은 반드시 그렇지만은 않아서 1491년에 세례를 받고 이름까지 '알폰소 1세'로 바꾸고서는, 신하들에게도 전통 종교 의식에 널리 퍼져 있던 죽음의 형벌을 금지하였다.

한동안은 초기의 포르투갈-콩고 협력이 평화로운 공존의 예를 보여줄 수 있을 것처럼 보였다. 알폰소 1세는 포르투갈 왕 엠마누엘을 '형제 군주'라 부르고, 자신의 궁정을 포르투갈 양식에 맞게 변화시켰다. 엠마누엘 왕은 또 그 나름대로 콩고 주재 사절에게 아프리카 왕을 "적법한 왕에게 어울리는 온갖 예의를 다 갖추어 대하라."고 지시하였다. 그리고 아프리카 왕을 "강력하고 뛰어난 콩고의 왕 폐하!"라고 불렀다. 콩고의 귀족 젊은이들은 공부를 하러 리스본으로 보내졌다. 그들 중 한 사람은 1518년에 포르투갈의 우티카 주교 자리까지 올라갔다.

하지만 두 군주가 바라던 정도로 많은 포르투갈 사람들이 콩고에 가려 하지 않았다. 처음의 열광이 지난 다음 '원시림의 무서운 질병', 특히 말라리아에 대한 소문이 포르투갈까지 전해졌기 때문이다. 1497년에 포르투갈에서 유대인을 쫓아낸 포르투갈 왕은 심지어 유대 어린이 2,000명을 부모에게서 빼앗아 서아프리카에 정착시키겠다는 잔인한 생각까지도 하였다. 알폰소 1세는 새로 얻은 무기들을 고맙게 여겼다. 그것을 이용하여 자신의 권력을 강화했을 뿐만 아니라 이웃의 다른 민족들에게서 노예로 쓸 인간 사냥도 하였다.

이 노예들은 포르투갈 사람들이 시작한 사탕수수 농장에서 강제 노역을 하거나 국제 무역을 통해 해외로, 특히 브라질로 팔려갔다. 서부 아프리카 해안 앞에 자리 잡은 상투메 섬의 대규모 농장들은 짧은 시간 안에 유럽에서 가장 큰 설탕 공급지가 되었다. 알폰소 1세는 이곳 섬의 농장들을 위해서만 해마다 약 3,000명의 새로운 노예를 공급하였다.

시간이 흐르고 포르투갈 사람들이 점점 더 많은 노예들을 요구하면서 무엇이든 할 각오가 되어 있던 콩고 왕도 마침내 그 요구를 다 충족시킬 수 없게 되었다. 포르투갈 사람들은 아프리카의 다른 노예 사냥꾼들과 협조하면서 이들에게 알폰소 1세의 신하들도 노예로 잡으라고 부추겼다.

포르투갈 왕이 콩고에 파견한 총독 페르난도 데 멜로(Fernando de Mello)는 점점 더 자신의 권력을 남용하고 분명히 콩고 왕을 멸시하는 태도를 보였다. 그는 왕이 유럽의 다른 상인들과 접촉하는 것을 금지하였다. 왕의 모든 활동은 매일같이 점점 더 심하게 통제를 받았다. 마지막에 총독은 포르투갈로 공부하러 가기로 되어 있던 콩고 젊은이들을 억류했다가 노예로 팔아버리는 일까지 저질렀다. 이 젊은이들 속에는 왕의 친척도 끼여 있었다.

1526년 알폰소 1세는 자신의 '형제 군주'에게 괴로움을 호소하는 편지를 썼다 : "짐의 아프리카 왕국에서는 하나님을 공경하지 않는 아주 끔찍한 일이 일어나고 있습니다. 짐의 백성이 폐하의 나라 사람들이 이곳으로 가져온 물건을 몹시 열망하여 그런 열망을 채우기 위해 수많은 자유로운 사람들까지도 붙잡아들이는 일이 일어나고 있습니다. 그들은 심지어 귀족과 귀족의 아들까지도 그리고 짐의 친척까지도 붙잡아서 이곳 왕국에 거주하는 백인들에게 팔아넘깁니다…….

이 사람들이 백인의 손에 들어가면 그들은 곧바로 하얗게 달군 쇠로 낙인이 찍힙니다. 짐의 보초병들이 백인을 막으면 백인들은 자기들이 이 사람들을 사들였지만 누구에게서 샀는지는 모른다고 주장합니다……. 폐하, 부패와 통제할 수 없는 상황이 아주 널리 퍼져서 이 나라는 주민이 없이 텅 비어갑니다…….

그래서 폐하께 도와주십사 하고 간청을 드리는 것입니다……. 이곳에서 노예 매매가 더 이상 일어나지 않는 것이 저의 소원이기 때문입니다."

포르투갈 군주는 '콩고는 노예 말고는 팔 것이 없다'는 이유로 이런 요청을 거부하였다. 포르투갈의 물품을 받기 원한다면 지금까지 그랬던 것처럼 노예를 인도해야만 한다는 것이었다.

알폰소 1세의 권력은 자신의 부하들에 의해 점점 무너졌다. 그는 사람들의 존경을 잃었다. 기독교에 대한 적응력과 포르투갈 사람들의 소망을 들어주는 태도도 아무런 도움이 되지 않았다. 그의 왕국은 점점 더 많은 분파들로 갈라져서 각기 다른 차원에서 포르투갈 사람들과 결합하거나 아니면 힘을 합쳐 그들에게 저항하였다. 1543년에 알폰소 1세가 죽자 바콩고 왕국은 완전히 의미를 잃었다. 콩고 영토에 사는 아프리카 사람들 사이에는 그 어떤 통일성도 없어졌다. 어떤 추장이나 지도자나 왕이 유럽 사람들에게 노예를 인도하기를 거부한다 해도 다른 사람이 그 일을 하였다.

가나에서 자랐고 오랫동안 아프리카의 BBC 기자로 일해온 조지 알라가이아는 아프리카 식민주의의 시작에 대해 우간다 대통령 요웨리 무세베니와의 인터뷰를 보도하였다. 이 인터뷰에서 우간다 대통령은 이렇게 말했다. "아프리카 지도자들을 빼놓고는 식민주의를 논할 수 없다. 식민주의는 활짝 열린 집 안으로 들어왔다. 마치 강도들이 집 안으로 들어가려고 하는데, 누군가가 안에서 문을 열어준 것과 같다."

인간 사냥:
파국을 불러온 노예 매매

맨 처음 유럽으로 끌려온 아프리카 사람들은 '이국적인 모습' 덕분에 호기심 어린 관찰 대상이 되었다. 한동안은 포르투갈과 스페인에서 그리고 나중에는 영국·프랑스·독일에서도 부잣집에 '검둥이(니그로)'* 하인이 있다는 말은 상당히 멋진 말로 들렸다. '검둥이' 하인은 원칙적으로 다른 사람들과 동등한 권리를 가졌다. 이 시기에는 아직 '검둥이'가 열등하다는 따위의 섬세하게 다듬어진 인종주의 이데올로기는 없었다. 그들은 '전혀 다르게 생겼고' 그래서 흥미롭고 '호기심을 만들어내는' 존재였다. 젊은 콩고 사람들은 포르투갈에서 대학에 다닐 수도 있었고, 예외적인 경우이지만 경력을 쌓을 수도 있었다. 1550년 무렵 포르투갈 인구의 10퍼센트 정도가 아프리카 사람이었다. 이들 모두가 하인이나 고용된 사람만은 아니었다.

유럽 사람들이 등장하기 전에도 아프리카의 문명 대부분에 노예 제

---

*표시를 붙인 단어는 과거의 역사에서 인용한 것이다. 이런 말은 예전에 사람들이 어떻게 생각했는지 아주 분명히 보여주고, 그래서 차별적인 의미를 가진 것이라서 오늘날 사용해서는 안 되는 말이지만, 여기서는 그대로 인용하였다.

도가 있었다. 전쟁에 지면서 붙잡혀온 노예나 아랍 사람들의 노예 매매 이야기를 들을 수 있었다. 하지만 이들은 가축보다 더 고약하게 취급해도 되는 일종의 물품이기보다는 제한된 권리만 가진 가족의 일원과도 같은 존재였다. 서부 아프리카의 역사가 조제프 키-제르보(Joseph Ki-Zerbo, 1922년~)는 이렇게 쓰고 있다. "일반적으로 노예는 재빨리 가족 안에 통합되었다. …… 따라서 노예도 시민권을 가졌고 게다가 자신의 재산권을 가졌다. 해방이 되는 방식도 여럿 있었고, 이런 방식들 중 일부는 노예의 활동 덕분에 생겨난 것이었다. …… 그렇기 때문에 아프리카에서 이미 존재하던 관행을 계속한 것뿐이라는 유럽 사람들의 주장은 웃기는 일이다."

유럽 사람들이 남북 아메리카의 거대한 농장에서 목화와 담배, 사탕수수를 재배하면서 얻는 엄청난 이윤을 더욱 높이기 위해 점점 더 절실히 노동자를 필요로 하면서 사정이 갑자기 바뀌었다. 아메리카의 원주민은 노동력에서 제외되었다. 그들은 땅을 뺏겼을 뿐만 아니라 민족의 학살과 더불어 유럽 사람들이 가져온 질병에 감염되어 급격히 수가 줄어들고 망가져서 새로운 주인들에게 '쓸모없는' 존재가 되었기 때문이다.

극히 짧은 시간 만에 유럽과 아프리카와 아랍 상인들로 구성된 마피아가 믿을 수 없을 정도로 인간을 멸시하는 태도를 취하며 완전히 새로운 노예 개념을 도입하였다. 이제 노예는 지위가 낮은, 또는 권리가 줄어들거나 없는 '인간'이 아니라 이윤을 얻기 위해 붙잡아서 수송하고 팔 수 있는 '상품'으로 취급되었다. 포르투갈 사람들의 독점 사업이 다른 유럽 사람들의 공격을 받았고, 이제 서부 아프리카 앞바다

수천만 명의 아프리카 사람들이 대부분 아랍과 아프리카 인간 사냥꾼들에 의해 내륙 지방에서 붙잡혀 해안 지방에 있는 유럽 출신 노예 상인들에게 팔렸다. 주로 남북 아메리카에 있는 대농장에서 일을 시키기 위해서였다.

에서는 해적선들 말고도 스페인, 영국, 프랑스, 네덜란드 그리고 한동안은 스웨덴, 덴마크, 독일 국적의 함대들이 서로 이 사업을 두고 다툼을 벌이게 되었다.

스페인 사람들이 한동안 자기들의 체계를 관철시켰다. 그에 따라 그들이 노예 반입을 통제하면서 반입의 권리를 다른 나라나 다른 상인에게 팔았다. 노예는 개인으로 기록되지 않고 톤 단위로 제시되었다. 1518년에 처음으로 반입 허가('아시엔토')가 나왔다. 1696년의 문서를 보면 포르투갈의 '기니 회사'에 연간 '검둥이 1만 톤'의 반입을 허가해주고 있다.

오늘날 서부 아프리카 해안을 방문하는 사람은, 당시 유럽 사람들이 아프리카 사람으로부터 자신을 방어하기 위해서가 아니라, 이 사업을 놓고 자기들끼리 벌이는 싸움에서 자신을 보호하기 위해 대포로 무장한 요새들과 궁성들을 지어놓은 것을 볼 수 있다. 이것들은 해안선을 따라 촘촘히 늘어선 말 없는 노예 시대의 증언이다. 수천만 명의 아프리카 어린이와 남녀 어른들이 바다 너머로 실려가기 전에 이 요새로 붙잡혀와서 여기서 마지막으로 아프리카 대륙을 바라보았다. 줄잡아 적어도 2,000만 명의 아프리카 사람들이 — 아마도 5,000만 명이 더 옳을 것이다 — 아주 비참한 상황에서 노예로 끌려갔다. 얼마나 많은 사람들이 인간 사냥 도중에, 또는 여러 주나 걸리는 항해 도중에 죽어서 바다에 던져졌는지는 아마도 영원히 통계를 낼 수 없을 것이다.

노예를 실은 선박에는 30명의 선원과 다섯 명의 장교로 구성된 승무원이 많게는 500명까지의 노예들을 극도로 열악한 조건에서, 적어도 5주에서 3개월 동안 수송하였다. 적지 않은 포로들이 마지막 순간까지 탈출을 시도하였으며, 탈출할 가능성이 전혀 없어 보이면 스스로 목숨을 끊으려고 하였다. 많은 사람들은 계속 고통을 당하느니 차라리 바다로 뛰어드는 쪽을 택했다. 다른 어떤 가능성도 없는 사람들은 음식을 거부하여 죽으려고 하였다.

어떤 영국의 노예 수송선 선장은 노예들이 음식을 거부하는 것은, "입술을 꼭 다물고 거부하는 노예의 입을 벌겋게 달군 석탄으로 억지로 벌려서 금속 깔때기를 목구멍에 쑤셔박아 억지로 음식물을 투입"해도 되는 범죄 행위라고 보고하였다. 당시의 선박 의사는 밤에 출발하라고 권고하였다. "많은 사람들이 다음 날이 되어서야 고향이 보이지 않는다는 것을 깨닫게 되고, 그러면 특히 여인네들의 울부짖음과 히스테릭한 외침이 다른 하물(=노예)을 불안하게 만들지 않는다."

노예들이 바다 한가운데서 폭동을 일으키는 일은 극히 드물었다. 보통 폭동을 일으킨 사람들은 살해되고, 주동자는 가장 고약한 고문을 받은 다음 바다에 던져졌다. 당시 어떤 선장은 이렇게 보고한다. 폭동이 일어났고, "나의 하물 중에서 폭동을 일으킨 검둥이 80명을 즉시 사살하거나 물에 빠뜨려 죽여야만 했다. 그보다 더 나쁜 것은 나머지 하물 대부분이 이 짧은 전투 중에 심각한 총상을 입어 상처가 붓고 곪을 뿐만 아니라 대부분이 치료를 거부하고, 심지어는 아문 상처를 새로 벌려서 피를 흘린 끝에, 아니면 감염되어서 죽어버리거나 우리에게 아무런 가치도 없는 존재들이 되어버렸다."고 아쉬워하였다. 폭동이 성공한 사례는 단 하나가 알려져 있다. 미국 영화감독 스티븐 스필버그(Steven Spielberg, 1947년~)는 이 실화를 바탕으로 〈아미스타드)라는 영화를 만들었다.

**1839년 '아미스타드' 호에서 일어난 노예들의 폭동:
"우리는 아프리카 출신 사람들이고 우리는 그곳에서
자유롭게 태어났다…":** "1839년 초에 멘데족 출신의 스물다섯 살 난 셍베 피(Sengbe Pieh)는 서부 아프리카 시에라리온에서 붙잡혀 포르투갈 노예 수송선에 실려서 쿠바로 운송되었다. 쿠바에서 그는 시에라리온에서 붙잡혀 온 다른 53명의 남녀와 함께 두 명의 스페인 사람에게 노예로 팔렸다. 스페인 사람들은 노예 수송 선박 '아미스타드'(스페인어로 '우정') 호와 라몬 페레르 선장이 이끄는 승무원들을 고용하여 이 노예들을 대농장으로 데려가려고 하였다.

출항 직후 셍베 피는 밤중에 자신의 쇠사슬을 끊고 다른 사람들의 쇠사슬도 풀어주었다. 그들은 맨 먼저 잠자고 있던 승무원들에게 기어가 무기를 빼앗은 다음 페레르 선장을 붙잡아 그와 또 다른 한 사람을 죽였다. 셍베 피가 지휘권을 넘겨받았고, 승무원들은 그의 지시를 따라 아프리카로 돌아가는 것처럼 보였다.

하지만 스페인 사람인 페드로 몬테스와 호세 루이즈는 아프리카 사람들을 속여서 '아미스타드' 호를 동쪽이 아니라 북쪽으로 몰았다. 60일이 지난 다음 그들은 서부 아프리카가 아닌 뉴욕 근처 롱아일랜드 해안에 도착하였다. 스페인 사람들은 해군의 도움을 받아 지치고 혼란에 빠진 아프리카 사람들을 다시 붙잡을 수 있었다. 그들은 폭동과 살인죄로 기소되었다. 두 스페인 사람은 자신들의 '노예 소유권'을 돌려달라고 요구하였고, 이 요구를 스페인 여왕이 후원하였다.

이 시기에 뉴욕 주와 다른 몇몇 북부 주들에서는 노예 제도가 이미 금지되어 있었다. 미국 전체로는 1863년에 공식적으로 노예 제도가 금지되었다. 하지만 이미 오래전부터 노예 제도의 폐지 운동이 벌어지고 있었다.

노예 제도 폐지론자들은 여론을 동원하여 아프리카 사람들을 후원하였다. 재판이 시작되기 전에 멘데어 통역자를 찾아낼 수 있었다. 이들 폐지론자들은 아프리카 사람들이 다른 모든 자유로운 사람들과 마찬가지로 자신의 자유를 옹호할 권리를 사용하였기 때문에 석방되어야 한다고 주장하였다.

심문은 여러 달이나 계속되었고 마지막에는 최고 법정까지 올라갔다. 전체 여론은 점점 더 둘로 나뉘었다. 아미스타드 호 사건은 노예 제도의 찬성과 반대를 놓고 벌어진 일종의 공개 재판이 되었다.

셍베 피가 멘데어로 열정적인 연설을 하였고 그것이 통역되면서 재판에 중요한 전환점이 마련되었다. 이 젊은 남자는 이렇게 말했다. '우리는 아프리카 출신 사람들이다. 우리는 그곳에서 자유롭게 태어났다. 우리는 태어난 이후로 자유로웠고 또한 자유로울 권리를 가지고 있다. 그렇기 때문에 우리는 자유롭게 남아야 하고 노예가 되어서는 안 된다.' 그들을 변호하는 사람들이 이 변론을 거의 그대로 받아들였다.

노예 폐지론자들은 마침내 미국의 전직 대통령 존 퀸시 애덤스(John Quincy Adams, 1767~1848년)를 이 사건의 변호인으로 받아들이는 데 성공하였다. 일흔세 살의 나이에 병들고 절반쯤 눈이 먼 그는 여덟 시간 이상 걸리는 연설을 하였고, 그것이 마침내 옛날 노예들의 석방을 이끌어냈다. 그들에게 시에라리온으로 돌아갈 뱃삯이 지불되었다. 1842년 초에 53명의 사람들 중에서 35명만 고향으로 돌아갔는데, 그들 중에는 셍베 피도 있었다. 나머지 사람들은 아메리카로 오는 항해 도중에, 그리고 오랫동안 계속된 심문 도중에 죽었다."

영국에서 노예 제도는 1833년에 공식적으로 폐지되었다. 미국에서는 남북전쟁에서 북군이 승리를 거둠으로써 1863년에야 비로소 전국적으로 폐지되었다. 많은 나라들에서는 20세기에 와서야 노예 제도의 폐지가 이루어졌다. 예를 들면 사우디아라비아에서는 1963년에 노예 제도가 폐지되었다. 하지만 비공식적으로는 오늘날에도 노예 제도가 있다. 특히 아시아와 아프리카에서, 그리고 동유럽에서도 어린이 노예의 사례가 계속 나타난다. 어린이와 청소년들은 궁지에 몰린 가난한 부모들이 거짓 약속을 믿고 그들을 팔아넘기는 바람에 어린이 노동이나 매춘에 이용당하고 있다.

아프리카 대륙에서 가장 건강하고 가장 힘이 좋은 사람들을 수백 년에 걸쳐 수천만 명 이상 도둑맞은 일은 상상할 수도 없는 규모로 경제적·인간적 비극을 만들어냈다. 그리고 그 일에 대해 책임이 있는 사람들이 지금까지 한 번도 문책을 받은 적이 없다. 다른 어떤 대륙에서도 그렇게 많은 사람들이 강제로 끌려가지는 않았다. 아프리카 노예의 자식들과 손자들은 고향에서 수천 킬로미터 떨어진 곳에서 자라났다. 미국과 브라질 말고도 아루바, 보네르, 쿠라사오, 그레나다, 자메이카, 아이티, 푸에르토리코, 트리니다드, 쿠바, 도미니카 공화국, 벨리즈, 니카라과, 파나마, 베네수엘라, 콜럼비아, 에콰도르, 페루, 수

리남, 가이아나 등지에서.

아프리카 대륙 바깥에서 살고 있는 아프리카 혈통의 사람들과 아프리카 사람들은 오늘날 세계 모든 곳에 있다.

수천만 명의 인간을 도둑질한 이 범죄는 막을 수도 있었던 것인가? 아프리카 민족이나 나라들 중에서 유럽의 착취자들에 맞서 성공적으로 방어를 한 경우가 있는가?

짧은 승리 : 줄루족과 영국

노예 제도의 종말은 아프리카에서 쟁취된 것이 아니라, 영국과 미국의 노예 제도 폐지론자와 도망친 노예를 종교적인 입장에서 도와준 퀘이커 교도, 그리고 해외에서 궐기한 노예들에 의해 쟁취되었다. 하지만 무엇보다도 자본주의와 '산업 혁명'을 통해 먼저 유럽에서, 그리고 나중에는 전 세계적으로 노예 제도가 의미를 잃었다. 노예 매매 사업이 그다지 큰 이익을 남기지 않게 된 것이다.

자본주의는 일정한 액수의 돈(자본)이 마지막에 이익(이윤)을 만들어내도록 투자되는 것이다. 생산품이나 노동자는 상대적으로 중요성이 줄어들었다. 생산, 판매, 이익의 투자, 더 많은 생산, 더 많은 판매라는 나선형 방식이 나타난 것이다. 여기서는 원료(생산을 위한)와 시장(판매를 위한)을 통제하는 일이 아주 중요하다. 나머지 모든 것은 여기에 종속된다. 그 밖에도 기계가 도입되면서 많은 영역들에서 인간의 노동력을 필요 없는 것, 아니면 기계를 보조하는 것으로 만들었다. 컨베이어 벨트 노동의 산업 시대가 시작된 것이다.

해외에 있는 국가들, 주로 남북 아메리카에서 노동력을 이미 충분히 수입한 상태였고, 또 농업에서도 점점 더 사람 대신 기계가 일을 하게 되면서 노예를 계속 감시하거나 폭력까지 동원해서 수입해오는 것이 쓸데없이 비싼 돈을 들이는 일이 되었다. 인간이 '자발적으로 번식하고' 밥벌이를 위해 자기 자신을 팔지 않을 수 없는 조건을 만들어내는 것이 더 합당한 것으로 여겨졌다.

아프리카에서는 영국 사람들이 대륙 남쪽에 최초의 자본주의적 생산 방식을 도입하여 식민 지배를 관철시키려고 하였다. 그러면서 1652년에 이미 무역의 거점인 케이프타운을 건설한 네덜란드 출신의 보수적인 백인들을 해안 지방에서 내륙 지방으로 쫓아보냈다. 이런 갈등이 깊어지다가 마지막에는 영국 사람들과 네덜란드 출신 백인들 사이의 전쟁으로까지 확대되어서 1899~1902년에 그들은 그곳의 지배권을 놓고 싸웠다. 그리고 이것은 오늘날까지도 남아프리카에서 영국계 백인과 네덜란드계 백인(보어인) 사이에 눈에 보이는 갈등을 남기고 있다. 영국 사람들은 남아프리카를 포함하여 자기들이 점령한 아프리카의 모든 지역에서 세 가지 자본주의 원칙을 고집하였다. 모든 식민지는 자급자족할 것(영국은 비용을 들이지 않는다), 영국에 원료를 공급할 것, 영국의 상품을 살 것 등이다.

영국 사람들과 네덜란드 출신 백인들은 각기 여러 아프리카 종족과도 싸웠다. 특히 줄루족과 코사족과 싸움을 벌였는데, 이 아프리카 종족들은 자기들끼리도 서로 적대 관계에 있었다. 영국 사람들은 필요하면 폭력을 써서라도 '남아프리카의 조각 양탄자'를 영국 깃발 아래 연방으로 통합하겠다고 공공연히 밝혔다.

코사족과 줄루족 사람들은 자기들끼리도 오늘날까지 이어지는 오랜 갈등의 역사를 가지고 있다. 이들의 문화가 공통으로 귀하게 여기는 유일한 부유함, 곧 가축을 기를 목초지를 차지하려는 갈등을 많이 경험한 사람들이었다. 이곳에서는 소를 기르는 게 상당히 발달되어 있었다. 줄루족의 두 지도자와 그들이 전혀 다른 방식으로 영국 사람들과 갈등을 벌인 이야기를 통해, 맨 처음의 만남과 저항을 거쳐 마침내 아프리카 사람들이 현대 무기의 우세함에 밀려 굴복하는 과정을 엿볼 수 있다.

샤카 줄루:
"언제나 존경심을 가지고 대하라…": "줄루족에게는 살아 있을 때 이미 유명한 전설이 된 지도자가 있었다. 여러 갈래로 갈라진 줄루족을 통합함으로써 줄루 민족의 창시자로 여겨지게 된 샤카 줄루(Shaka Zulu, 약 1786~1828년)가 그 사람이다. 결혼하지 않은 남녀 사이에 사생아로 태어났고 별로 중요하지 않은 줄루 종족 출신이었음에도 불구하고 그는 새로운 전투 방법을 도입하여 젊은 시절 일찌감치 두각을 나타냈다.

스물네 살 때 줄루 종족 중에서 최고의 전사들인 부텔레지 종족의 도전을 받아들여 스스로 고안해 만든 짧은 칼 아세가이를 이용해 승리를 거두었다. 그의 칼은 전통적인 창보다 더 나은 무기임이 밝혀졌다. 그는 이때부터 전사로서의 경력을 시작하여 1815년부터는 단순한 군사 지도자가 아니라 모든 줄루족의 왕이 되었다. 이 과정에서 그는 거대한 줄루 왕국을 건설한다는 목표를 달성하기 위해 학살도 서슴지 않았다. 유럽 사람들이 줄루족의 땅 깊숙한 곳으로 들어오기 오래전에 샤카 줄루는 명령에 따르지 않는 소토족과 은데벨레족을 쫓아 냈다. 그의 전술은 전통적인 전투 방식 대신 군대 일부가 앞에서 달려 드는 동안 깜짝 놀라는 적을 다른 두 군대가 측면에서 공격하는 방식이었다.

모든 줄루를 통합한 왕으로서 그가 맨 처음 행한 일은 결혼하지 않고 자식을 낳았다는 이유로 어머니를 멸시한 사람들에게 복수를 한 것이다. 그는 어머니에게 '여자 코끼리 대장'이라는 직함을 주고 어머니에게 부당한 일을 했던 모든 사람을 죽이게 했다. 그리고 자신을 기억하도록 그사이 포르투갈 영토가 된 자신의 왕국에 '불라와요'라는 이름의 새 도시를 세웠다. 이것은 '죽음의 장소'라는 뜻이다(오늘날에는 짐바브웨에서 두 번째로 큰 도시의 이름이다).

1823년에 한 젊은 코사 사람이 샤카 줄루에게 백인들 한 무리가 그를 방문하러 해안 지대를 떠나 이리로 오고 있다고 알려주었다. 이 보고에 대한 감사의 뜻으로 샤카는 코사족에 대한 그때까지의 적대감에도 불구하고 이 젊은이에게 높은 직위를 주어 보답하였다. 12개월쯤 뒤에 영국 해군 소위 프랜시스 페어웰(Francis Farewell)과 상인인 헨리 핀치(Henry Fynch), 그리고 나중에 이 두 젊은 남자와 합류한 청년 너새니얼 아이삭스(Nathaniel Isaacs) 세 사람이 불라와요에 들어왔다. 그들은 자기들이 영국 왕 조지의 사절단이라고 소개했지만, 사실은 가능한 한 빨리 부자가 되려는 건달들에 지나지 않았다. 샤카 줄루는 그들의 말을 믿고 영국 왕에게 보내는 선물을 넘겨주었다. 자기 종족 출신의 정치적 적들에 대해서는 수많은 잔학 행위로 유명한 사람이었는데도, 샤카는 이 낯선 백인들에게 '언제나 존경심을 가지고 대하라'는 지시를 내렸다.

세 사람은 줄루족 지도자의 친절을 거침없이 악용하였다. 헨리 핀치는 '나탈 왕'이라고 멋대로 자처하고 수많은 줄루족 여인들을 후궁으로 삼았다. 그와 아이삭스는 샤카 줄루의 보호를 받으면서 자녀를 수십 명이나 두었고, 자기들을 비판하려는 많은 줄루 사람들을 때려죽이는 사형에 처했다. 그들이 앞뒤 가리지 않는 상아 무역을 시작하면서 줄루 땅에서 코끼리 숫자가 급격히 감소하는 바람에 케이프타운에 있던 영국 식민지 정부에서도 그 소문을 듣게 되었다. 핀치와 아이삭스는 자신들의 범죄 행위를 정당화하기 위해 이른바 일기를 출간하였는데, 여기서 그들은 자기들이 '잔인한 샤카 줄루의 포로'였다고 주장하였다. 이 일기장은 오랫동안 줄루족에 대한 연구에서 '중요한 출전'으로 여겨졌다. 1941년에야 역사가들은 아이삭스가 핀치에게 보낸 편지 한 통을 발견하였다. 이 편지에서 아이삭스는 핀치에게 일기 기록을 위한 지침을 밝혔다. '줄루족 지도자들을 가능한 한 잔인한 인물로 묘사하고, 그들이 죽였다는 사람의 추정치를 제시하며, 그들의 목숨을 잃게 만든 뻔뻔스런 범죄들을 서술하라. 그러면 이 책을 더욱 포괄적이고 흥미로운 것으로 만드는 데 도움이 될 것이다.'

단 한 번도 유럽 사람들에 맞서 싸운 적도 없이, 샤카 줄루는 1828년 줄루족 지도자가 되려는 이복형제 딩간의 칼에 찔려 죽었다."

샤카 줄루의 조카인 줄루족의 마지막 왕 케츠와요(Cetshwayo, 약 1826~1884년)는 아프리카 사람들로 구성된 군대로 유럽 세력에 맞서 드물게 군사적 승리를 얻은 사람이다. 1879년 1월에 그는 영국군에 맞선 전투에 병사 2만 명을 보냈다. 이 영국군은 1877년에 네덜란드계 백인들의 공화국인 트란스발을 합병하고 이어서 줄루 땅을 차지하려고 나선 군대였다. 그 이전에 영국 정부가 재빠른 행동을 취할 만한 결정적인 일이 있었다. 1867년에 남아프리카에서 처음으로 엄청난 규모의 다이아몬드 산지가 발견된 것이다. 누가 장기적으로 이 다이아몬드 광산의 통제권을 가지느냐를 놓고 경쟁이 시작되었다.

줄루 왕 케츠와요:
"나는 한 번도 당신들에게 부당한 일을 한 적이 없다.
그러므로 당신들은 내 나라를 차지하려는 것 말고
다른 목적을 갖도록 하라!": "샤카 줄루 이후로 50년이 지나서 줄루족과 영국 사람들은 여러 가지 일로 자주 마주치게 되었다. 처음의 적대감은 어느 정도 서로를 존중하는 자세로 바뀌었다. 정직한 사람과 음흉한 사람이 양쪽 모두에 존재한다는 사실을 여러 경험이 가르쳐주었다.

케츠와요의 아버지로 줄루족의 왕인 음판데(Mpande)가 다스린 지 15년이 지났을 때 맏아들 케츠와요와 둘째아들 음부야지(Mbuyazi) 사이에 후계권을 놓고 공공연한 다툼이 벌어졌다. 왕이 둘째아들을 편애하는 바람에 이런 싸움이 불거진 것이다. 이 싸움은 1856년에 케츠와요 추종자들과 그 동생의 추종자들 사이에 일종의 내란 상태로까지 번졌다. 같은 해 음부야지가 죽으면서 싸움은 케츠와요의 승리로 막을 내렸다. 나탈에 있던 영국의 '토착민 담당' 테오필러스 셉스턴은 케츠와요와 아버지를 화해시키기 위해 중재에 나섰다. 아버지와 아들은 그의 제안을 받아들여 갈등을 끝내고, 왕은 케츠와요를 후계자로 인정하고 아들은 왕에 대하여 충성을 맹세하였다. 그리고 케츠와요는 아버지가 1872년에 32년 동안의 통치를 끝내고 죽을 때까지 그 약속을 지켰다. 케츠와요는 마흔네 살에 왕이 되었다. 셉스턴은 영국 왕의 이름으로 공식적인 축하 인사를 하였다.

하지만 다이아몬드가 발견되고 나서부터 줄루족에 대한 영국 왕의 태도뿐만 아니라 셉스턴의 태도도 완전히 바뀌었다. 셉스턴은 런던에서 귀족 작위를 받고 남아프리카에서 '영국 연방' 계획을 추진하는 임무를 맡아 1877년에 돌아온 다음에는 케츠와요 왕에 대한 태도를 싹 바꾸었다. 이때까지는 네덜란드계 백인에 맞서 줄루족을 지지하더니, 트란스발 공화국을 합병한 이후부터는 이 지역에서 영국이 지배권을 차지하는 데 줄루족이 마지막 남은 방해가 되었다.

줄루족에 대한 전쟁을 논의하던 영국 장교들은, 가나에서 아샨티족에게 승리를 거두고 또 남아프리카 이스트케이프에 있던 코사족을 성공적으로 진압한 다음 '케츠와요의 오만함을 시험해볼 실질적인 조치들을 취하기'로 결정하였다.

주로 영국 측에서 도전을 하여 줄루 땅 국경선에서 여러 번이나 중요하지 않은 전투가 벌어졌다. 그런 다음 영국은 1878년 12월 11일에 최종 선언을 하였다. 케츠와요 왕이 여러 가지 다른 요구를 받아들이는 것은 물론 20일 이내에 군대를 해산하지 않는다면 영국군이 들어가겠다는 선언이었다. 케츠와요는 다음과 같이 대응했다. '왕은 스스로 전쟁을 시작하지는 않을 것이며 공격받기를 기다렸다가 방어에 나설 것이라고 여러 번이나 말했다.'

줄루 왕 케츠와요, 샤카 줄루의 조카.
그는 아프리카 군대가 유럽 군대에 맞서 거둔 몇 번 안 되는 승리 가운데 하나를 얻었다.

1879년 1월 22일 줄루족 군대는 암벽으로 이루어진 이슬란들라와에서 6킬로미터 떨어진 넓은 골짜기에 모여 그곳에 진영을 세웠다. 이곳에서 줄루족 대표들이 협상을 위해 영국 장교들에게 파견되었다. '무기가 아니라 말로 이 사건을 해결하도록 최선을 다하기 위해서'였다.

그러나 너무 늦은 상황이었다. 줄루족의 진영에서 멀지 않은 곳에 영국 병사 822명과 아프리카 용병 431명으로 이루어진 영국 진영이 있었다. 물론 영국군은 근처에 우세한 줄루족이 있으리라고는 짐작도 못하였다. 점심때쯤 말을 탄 영국 병사들의 작은 무리가 소 떼를 거느린 몇 명의 줄루 사람들을 만났다. 영국군은 이들을 쫓다가 몇 분 만에 언덕에 이르렀는데, 거기서 수천 명의 줄루족이 골짜기에 모여 있는 것을 보았다. 그들은 깜짝 놀라 자신들의 진영으로 돌아가려고 하였다. 이때 줄루족 지휘관들은 기회를 놓치지 않고 영국군 진영을 둘러쌌다. 이른 오후에는 벌써 모든 것이 결정되었다. 이것은 아프리카 땅에서 영국군이 겪은 최초의 패배였다. 겨우 병사들 몇 명만 도망칠 수 있었다.

영국군은 훨씬 우월한 무기의 힘을 빌려 7월 4일에 줄루족을 군사적으로 완전히 물리칠 수 있었지만 패배하지 않는 백인들이라는 신화는 이미 깨져 있었다.

케츠와요 왕은 도망을 쳤지만 나중에 붙잡혀서 케이프타운으로 보내졌다. 그는 고위층 인사들과 특히 빅토리아 여왕에게 도움을 간청하는 편지를 여러 장이나 썼다. 1881년에 그는 위에 인용한 구절이 들어간 편지를 케이프타운에 있는 영국 총독에게 보냈다. '나는 한 번도 당신들에게 부당한 일을 한 적이 없다……'

1882년에 케츠와요 왕은 자유당 정치가들의 후원을 받아 영국으로 여행할 수 있었지만, 그렇다고 줄루 민족의 붕괴를 막을 수는 없었다. 그가 1884년에 죽었을 때 그의 왕국은 샤카 줄루가 처음 시작했던 시절의 규모로 줄어들었다. 1897년에 줄루 땅은 완전히 영국 식민지로 합병되었다."

재고 정리 바겐세일: 베를린의 콩고 회의

유럽 사람들이 처음에 아무것도 모르고 아프리카 해안에 들어와서 그곳에 자리를 잡으려고 할 때와는 달리 1880년 무렵에는 이미 '검은 대륙'의 내부에 대해 상당히 정확한 지식을 갖게 되었다. 그 즈음 독일 사람 하인리히 바르트(Heinrich Barth, 1821~1865년)와 스코틀랜드 사람 데이비드 리빙스턴(David Livingston, 1813~1873년) 그리고 영국 사람 헨리 모턴 스탠리(Henry Morton Stanley, 1841~1904년) 등과 같은 이른바 탐험 여행가들이 대륙 내부로 들어갔다.

하인리히 바르트와 데이비드 리빙스턴만 해도 기독교 휴머니즘을 지니고 있었고, 그래서 리빙스턴은 노예 제도를 상당히 날카롭게 비판하기도 했다. 하지만 헨리 모턴 스탠리는 전혀 다른 동기로 여행을 하였다. 유럽 국가가 국제적인 힘의 정책을 취해야만 비로소 정말로 강력해진다는 생각은 비교적 최근의 것이었다. 여기서 제국주의 이념이 두드러지게 나타난다. 제국이란 민족적 경계에 제한을 받지 않는 왕국이다. 영국 사람들은 '대영 제국'이라는 말을 일찌감치 이런 뜻으로 이해하였으며, 자랑스럽게 가슴을 쭉 펴고 이 말을 했다.

처음에 영국과 프랑스에게 '발견'과 아프리카 대륙을 '압류'하고자 하는 욕망에 엔진을 달아준 것은 바로 이들 사이의 제국주의 경쟁이었다. 오늘날에 이르기까지 북부 아프리카의 아랍어와 동부 아프리카의 스와힐리어를 빼고는 영어와 프랑스어가 아프리카 대부분의 지역에서 통용되는 식민지 언어이다. 이것은—서방의 무지에도 불구하고—대부분의 아프리카 사람들 사이에서 예나 지금이나 어미말로서 대단한 중요성을 가진 아프리카 언어들에는 불리한 요소로 작용한다.

독일, 벨기에, 이탈리아 같은 다른 유럽 국가들은 상대적으로 늦게야 아프리카 대륙에서 자신들의 역할을 맡았다. 가장 먼저 온 사람들, 즉 포르투갈과 스페인 사람들은 대부분 처음부터 자리 잡았던 해안지대에 머물렀다. 남아프리카의 네덜란드 사람들만이 예외였다. 그들은 모국과의 결속을 끊어버리고 스스로 아프리카 대륙에서 '신에게서 넘겨받은 권리'를 가진 흰둥이 아프리카 사람이라고 여겼다.

새로운 제국주의자들의 연대기는 처음에는 마치 토끼와 고슴도치 사이의 경쟁처럼 읽힌다. 그것은 아무런 개념도 없고, 또한 아프리카 사람들에 대해 완전히 무지한 상태에서 벌인 경쟁이었다. 프랑스가 1881년에 튀니지를 점령하자, 영국은 1년 뒤에 이집트를 집어삼켰다. 영국이 남아프리카에서 줄루족과 다른 '반란군들'을 제압하느라 머뭇거리는 동안, 프랑스 장교들은 세네갈과 서부 아프리카의 다른 지역들을 뚫었다. 독일은 마지막에 황제의 비호 아래 브레멘의 담배상인 아돌프 뤼데리츠(Adolf Luderitz)가 '독일령 서아프리카'(오늘날 나미비아)를, 카를 페터스(Carl Peters)가 '독일령 동아프리카'(오늘날 탄자니아)를, 구스타프 나흐티갈(Gustav Nachtigal)이 서부 아프리카에 있는 토고와 카메룬을 차지하였다.

벨기에 왕 레오폴 2세(1835~1909년)는 '작은 옥좌에 앉은 큰손 투기꾼'으로서 헨리 모턴 스탠리를 후원한 일을 통해 콩고에 들어가서 벨기에령 '콩고 공화국'을 선포하였다. 그가 1876년에 선언한 말처럼 '마침내 중앙 아프리카 땅덩어리에 문명의 깃발을 꽂기 위해서'였다. 이 얼마나 웃기는 일인가! 다른 어떤 식민지도 '벨기에령' 콩고처럼 무자비하게 유럽 군주의 개인적인 금고를 위해 약탈당한 곳은 없었다. 그냥 감독자 눈에 너무 일이 느리다는 이유만으로 아이들과 여자들과 남자들이 손이 잘리고, 수많은 사람들이 아무런 이유도 없이 두들겨 맞아서 죽었다. 오늘날 역사가들은 콩고에서 벨기에의 강압 통치가 이루어지는 동안 약 1,000만 명의 아프리카 사람들이 폭행으로 죽음에 이르렀다고 추정한다.

혼란이 점점 더 커지자 독일 재상 오토 폰 비스마르크가 마침내 '질서'를 도입하고자 하였다. 그는 1884년 11월 15일에 유럽 13개 국가 대표들을(여기에 덧붙여서 미국과 오스만 제국의 대표들도 있었지만, 아프리카 국가의 대표는 단 한 명도 없었다) 베를린의 '콩고 회의'에 소집하였다. 이것은 콩고 강 하구에 대한 포르투갈의 요구와 벨기에 왕의 콩고 분지에 대한 식민 정책을 밝히는 것으로 시작하여 유럽 열강들 사이에서 아프리카 대륙을 완전히 나누어 갖는 계획으로 끝을 맺었다.

1885년에 나온 '베를린 협약 문서' 전문(前文)에 따르면 서명한 국가들은 모두 "원주민들의 관습적·물질적 안녕을 증진하기 위한 방법을 고려하기"로 되어 있기는 하지만, 실제로는 앞으로 자기들끼리의 갈등을 피하고 아무런 방해도 받지 않은 채 약속대로 식민지의 약탈을 계속하기 위한 것이었다. 다른 어떤 대륙에도 아프리카처럼 수천 킬로미터 이상이나 직선으로 곧게 뻗은 국경선은 드물다. 이것은 지리적인 또는 종족적인 특성을 전혀 고려하지 않고 멋대로 갈라놓은 선이다. 베를린 회의에서 약속된 것은 그후 20년 동안 극히 비인간적인 폭력을 동원하여 실행에 옮겨졌다. 협약 문서 35조에는 모든 서명 국가가 각기 점령한 나라에서 "취득한 권리를 …… 보호하기 위해 필요한 관공서를 확보할" 의무가 있었다.

단 하나의 아프리카 국가만이 유럽 사람들을 물리치고 그 이후로 40년 동안 그들이 가까이 오지 못하게 만드는 데 성공하였다. 에티오피아의 황제 메넬리크 2세(Menelik II, 1844~1913년)는 1896년에 이탈리아군에게 승리를 거두어 이탈리아 사람들을 변방 지역인 에리트레아와 소말리아 일부에만 머무르도록 붙잡아두었다.

1914년 제1차 세계 대전이 일어나기 직전 아프리카의 식민지 지도는 에티오피아와 작은 라이베리아(미국이 1822년부터 해방 노예들을 보낸 곳)만이 유럽 국가들의 분할의 바다에서 마지막까지 독립적으로 남은 섬들이었다. 그리고 나머지 아프리카는 '식민 지배' 지역이 되었다.

상대적으로 얼마 안 되는 유럽 사람들이 거의 1억 2,000만 명에 이르는 인구를 가진 대륙 전체를 폭력으로 장악하는 것이 어떻게 가능했는가?

노예 매매 시절에는 아랍과 아프리카와 유럽의 상인들 사이에 아주 분명한 공조 체제가 있었고 수많은 아프리카 지도자들도 잔혹한 이익을 함께 취했던 반면에, 이제는 이런 협동 작업이 거의 필요 없었다. 아프리카 사람들은 제국주의에서는 오로지 잃어버릴 것밖에 없었음이 아주 분명했다. 거대한 지역에 말뚝을 박고 그것을 확보하던 초기 단계에는 특히 그랬다.

　이 과정에서 유럽 사람들은 1500년 무렵에는 갖지 못했던 두 가지 이점을 확보했다. 1850년부터 의약품 키니네가 나와서 마침내 말라리아를 예방할 수 있게 되었다. 그것은 사망자 수를 80퍼센트나 감소시켰고, 이어서 열대 지방에서 군사 작전을 수행할 수 있게 해주었다. 그 밖에도 새로운 무기들이(예를 들면 1884년 이후에 나타난 기관총 같은) 개발되었다. 이런 무기들을 아프리카 사람들에게는 팔지 않기로 1890년 브뤼셀에서 대부분의 유럽 국가들이 합의를 보았다. 기관총은 초당 11발을 쏠 수가 있었다. 수단의 영국인 장교들은 단 한 번의 전투로 1만 800명의 아프리카 적군을 죽였는데, '아군의 손실은 49명뿐'이었다고 열광에 넘쳐 보고하고 있다.

　아프리카 모든 지역의 추장들과 왕들, 정치가들은 그사이에 유럽어들을 이해하게 되었고(그 반대는 오직 예외일 뿐이었고 오늘날도 그렇다) 백인들과의 이상한 경험을 많이 축적하였기에, 이번에는 그들이 유럽 사람들에 맞서 항의를 한 것도 당연한 일이다. 오늘날까지 남아 있는 (대부분의 역사책에는 지금도 등장하지 않지만) 막강한 유럽 세력에 맞선 저항의 문서들에서 수많은 아프리카 사람들이 마지막 순간까지 예의 바른 말투를 유지하는 것을 보면 매우 인상적이다. 그에 반해 유럽 사람들은 자주 '야만인들에 대한' 경멸감에서 오히려 원시적이고 평범한 말투를 감추지 못하고 있다.

1914년까지 유럽이 지배한 아프리카 식민지.

유럽의 식민 정책(1890~1895년)에 맞선 아프리카 추장들의 항의문서:
"떠나시오. 그리고 다시는 돌아오지 마시오!"

1890년에 동아프리카 야오(Yao)족의 지도자 술탄 마켐바 (Sultan Machemba)는 독일 사람들에게 이렇게 말한다 : "나는 당신의 말을 들었지만 내가 어째서 그 말에 복종해야 하는지 이유를 모르겠소. 차라리 죽는 편이 났겠소. …… 당신의 발치에 몸을 던지지는 않을 테요. 당신도 나처럼 신의 피조물이니 말이오. 나는 이곳 내 나라의 술탄이고, 당신은 당신 나라의 술탄이오. 나는 당신더러 내 말에 복종하라고 말하지 않았소. 당신이 자유로운 사람이라는 것을 알기 때문이오. 그것은 나한테도 해당되오. 나는 당신에게로 가지 않겠소……."

1891년에 가나의 아샨티 민족의 왕 프렘프 1세(Premph I.)가 영국 사람들에게 한 말 : "아샨티가 오늘날 사는 방식대로 여왕 폐하의 보호를 받음을 기뻐하라는 제안은 매우 진지한 고려의 대상이었습니다. 그리고 아샨티 왕국이 절대로 그와 같은 정책에 굴복하지 않을 것이라는 결정에 도달했음을 당신에게 말할 수 있게 되어 기쁩니다. 우리 아샨티가 모든 백인에게 친절한 태도를 유지하기 위해서는 지금까지 살았던 그대로 남아 있어야 합니다."

1895년에 모잠비크의 바루에(Barue)족의 추장 마콤베 항가 (Macombe Hanga)는 포르투갈 사람들에게 이렇게 알렸다 : "백인들이 점점 더 많이 아프리카로 밀려 들어오고 내 나라 모든 지역에서 사업가들이 활동하고 있음을 봅니다. 내 나라는 시대의 개혁을 받아들여야 하겠지요. 나도 당신들을 향해 개방할 준비가 되어 있습니다. 훌륭한 도로와 철도를 갖기를 간절히 바랍니다. …… 하지만 나는 내 조상들과 똑같은 마콤베로 남을 것입니다."

1895년에 서아프리카 모시(오늘날의 부르키나파소)**의 왕 워보고(Wobogo)는 프랑스 사람들에게 이렇게 대답했다 :** "나는 백인들이 내 나라를 차지하기 위해 나를 죽이고 싶어한다는 것을 압니다. 당신들은 내 나라를 더 잘 조직하도록 도움을 주려는 것뿐이라고 말하지요. 하지만 나는 이 나라가 현재 그대로 훌륭한 질서를 갖추고 있다고 여깁니다. 나는 우리에게 무엇이 좋고, 내가 무엇을 원하는지 압니다. 나는 스스로 무역을 하고 싶소. 그 밖에도 내가 당신들의 목을 자르라고 명령하지 않음을 다행으로 여기시오. 마침내 이곳을 떠나서 다시는 돌아오지 마시오!"

독일의 지배와
헤레로족의 저항

　1486년에 포르투갈 사람들이 유럽 사람으로는 처음으로 나미비아 해안에 도착했을 때, 그들이 만난 것은 주로 수천 년 전부터 그곳에 자리 잡고 있던 코이코이족과 뒷날 이쪽으로 합류한 다마라족이었다. 길게 뻗은 거대한 나미브 사막에서 나미비아라는 이름이 생겨났다. 16세기에 처음으로 반투어를 쓰는 오밤보족이 북쪽에서 이쪽으로 오고 뒤이어 헤레로(Herero)족과 나마(Nama)족이 소 떼를 몰고 이곳으로 들어왔다.

　최초의 독일 사람들은 1842년에 작은 선교 거점을 빈트회크(뒷날 나미비아의 수도)에 세웠다. 그것이 다른 독일 사람들의 호기심을 불러일으켰다. 1883년에 브레멘 상인 아돌프 뤼데리츠가 나마 사람들에게서 약 16킬로미터 길이의 해안 지대(뒷날 뤼데리츠 만)를 영국 돈 100파운드와 총기 200정을 주고 취득하였다. 1884년에 말도 안 될 정도로 적은 비용으로 '구입'을 계속한 결과, 이 지역은 해안선 100킬로미터 이상과 내륙으로 30킬로미터 이상에 이르는 거대한 땅으로 확장되었고, 베를린의 콩고 회의 이전에 이미 '독일령 서아프리카'라는 이름으로 '독일 제국의 보호구역'으로 선포되었다. 1892년에 마침내 독일 식민 지배자들은 구입 따위에 더 이상 신경을 쓰지 않고 해안선 길이 1,600킬로미터에 이르는 총 80만 제곱킬로미터의 땅을 합병하였다. 오늘날 나미비아 영토 거의 전부에 해당하는 땅이다. 1878년부터 영국인들이 점령하고 있던 이른바 '고래해안'만 예외였다.

이어지는 기간에 나마 사람들은 — 독일 사람들은 그들을 경멸하는 뜻으로 '호텐토트'라 불렀다 — 강제로 정복되고, 많은 헤레로 사람들은 그들의 목초지에서 쫓겨났다. 여기 덧붙여서 가축 페스트까지 발병하면서 아주 짧은 시간에 나마와 헤레로의 가축 25만 마리가 죽었다. 그러자 두 민족은 더욱더 독일 사람들에게 의존하게 되었다.

헤레로의 작은 추장 다니엘 카리코(Daniel Kariko)는 당시 독일 식민 지배자들에게서 겪은 경험을 서술한다 : "우리 민족은 독일 상인들에게 철저히 빼앗기고 속고 가축도 강제로 빼앗겼다. 우리는 두들겨 맞고 구박을 당하고 어떤 보상도 받지 못했다. 독일 경찰은 우리를 보호하지 않고 상인들의 뒤만 봐주었다.

상인들은 계속 찾아와서 물건들을 내놓았다. 소 페스트가 많은 가축들을 앗아갔기 때문에 이제 내놓을 소가 없다고 말하면 그들은 우리에게 외상을 주겠다고 했다. 우리가 물건을 안 사겠다고 거부하면 상인들은 물건을 내려놓고 가면서 언제든 우리가 원할 때 돈을 내면 된다고 했다.

그리고 나서 몇 주가 지나면 상인이 다시 와서 돈이나 가축을 요구하였다. 그런 다음 가장 좋은 소를 골랐다. 이따금 어떤 사람의 빚을 대신해서 남의 소를 가져가기도 했다. 우리가 이의를 제기하면 경찰이 와서 매질과 총질로 위협하였다."

많은 수의 헤레로와 나마 사람들이 완전히 가난해져서 독일 사람들의 농장이나 공장, 나중에는 광산에서 싸구려 노동자로 일하는 수밖에 없었다. 그리고 해안에서 수도인 빈트회크에 이르는 철도 건설 같은, 큰돈을 들인 공공부문 건설을 위해 일을 해야만 했다. '독일령 남서 아프리카'의 총독 테오도르 폰 로이트바인(Teodor von Leutwein)은 "헤레로 사람들이 새로운 식민지 질서에 놀라울 정도로 훌륭하게 적응하고 있다."고 베를린에 보고하였다. 1896년에 독일인 거주자는 2,000명 정도였는데, 이렇게 좋은 소식을 들은 후인 1903년에는 이 숫자가 4,700명으로 껑충 뛰었다.

나마와 헤레로 사람들이 그를 '특별히 공손하게' 대했음을 알려주는 폰 로이트바인 총독의 증언이 여럿 남아 있다. 그에 반해 독일 주민들이 나마와 헤레로 사람들에게 행한 고문과 폭행의 보고는 헤아릴 수 없을 만큼 많다. 이런 폭행에 대해 독일 사람들이 책임을 지는 경우는 아주 드물었다. 폰 로이트바인 총독은 개인적인 자리에서 이 나라 사람들의 '야만적인 행동 방식'을 말하곤 했지만 총독으로서 그런 행동을 막을 아무런 조치도 취하지 않았다. 1904년 1월 12일에 헤레로 사람들은 독일 사람들이 전혀 예상치 못했던 폭력적인 항거를 시작하였다. 겨우 며칠 만에 작은 헤레로 무리들이 아주 멀리 띄엄띄엄 떨어져 있던 독일 농장들을 습격하여 약 100명의 독일 거주민을 죽였다. 사망자 중에는 가장 많은 미움을 받던 사람들이 포함되어 있었다.

1904년 '독일령 남서 아프리카'에서 식민 지배자들에 맞서 항거를 호소한
헤레로족의 추장 사무엘 마하레로.

그때까지 당했던 온갖 모욕이 이 기습사건에서 밖으로 터져 나왔다. 독일 남자들은 칼에 찔리거나 몸을 이리저리 찢기고 심한 고문을 받은 다음에야 죽임을 당하곤 하였다. 그러나 어린이나 여자가 살해된 경우는 단 한 건도 없었다. 선교사나 다른 유럽 사람들도 한 명도 죽지 않았다.

헤레로의 대추장 사무엘 마하레로
(Samuel Maharero, 1854~1923년)가 1904년 궐기에 앞서
나마족과 다른 아프리카 민족 무리의 지도자들에게 호소하다 :
"차라리 우리 함께 모여 죽자. 압박과 감옥과 온갖 다른 방법을 통해 죽지는 말자. …… 그 밖에 나의 소원은, 우리 약한 민족이 독일 사람들에게 맞서 일어서는 것임을 …… 여기서 알리는 바이다. …… 다른 것은 그 무엇도 우리에게 소용이 없다."

헤레로의 작은 추장 다니엘 카리코가 뒷날 서술한 내용 : "우리 추장들은 비밀 집회에서 독일의 모든 여자와 어린이의 목숨을 보호하기로 결정하였다. 선교사도 보호를 받아야 한다. …… 오직 독일 남자들만 우리의 적으로 간주하였다."

궐기는 겨우 몇 달 동안만 계속되었는데도 많은 독일인들에게 충격을 주었고, 그들 중 일부는 임시로 농장을 떠나 독일 군대의 보호를 받았다. 폰 로트바인 총독이 협상을 제안하고 있었지만 몇몇 독일인 거주자들은 이미 개인적인 처형을 시작하여 '검둥이들을 어디서 만나

든지 무조건' 죽였다. 1904년 6월에 독일에서 로타르 폰 트로타(Lothar von Trotha) 장군이 지휘하는 지원부대가 도착하였다. 그는 '강경 진압'으로 유명한 사람이었다. 그는 짧은 전투를 한 다음 병사들을 동원하여 약 8,000명의 남자들과 1만 6,000명의 어린이와 여자들이 모여 있는 워터버그 근처의 가장 큰 헤레로 진영을 포위하였다. 그리고 그들을 물도 없는 오마헤케 광야로 내쫓았다. 250킬로미터 이상에 걸쳐서 군대의 포위망이 펼쳐졌다. 사막에서 밖으로 도망칠 길은 거의 없었다. 이렇게 민족 살해가 자행되었다.

로타르 폰 트로타 장군은 1904년에 다음과 같은 명령을 내렸다. "독일군 대장인 나는 이 편지를 헤레로 민족에게 보낸다. 헤레로 사람들은 이제는 독일의 신하가 아니다. 그들은 병사들을 죽이고 훔치고, 상처 입은 병사들에서 귀와 코와 다른 신체 부위를 잘라갔다. 그리고 비겁한 탓에 이제는 싸우려고도 하지 않는다……

헤레로 민족은 이제 이 나라를 떠나야 한다. 만일 헤레로 민족이 그렇게 하지 않으면 나는 무력을 동원하여 그것을 강요할 것이다. 무기를 가졌든 안 가졌든, 소 떼를 가졌든 안 가졌든 독일 국경선 안에 있는 헤레로 민족은 누구든지 총격을 받을 것이다. 나는 여자들이나 어린이들을 받아들이지 않을 것이며, 그들을 자기 민족에게로 돌려보내거나 아니면 그들에게도 총격을 명할 것이다.

서명: 강력한 황제의 장군, 폰 트로타"

이러한 민족 살해의 명령이 내려지고 두 달이 지난 다음 베를린에서는 이 명령을 취소하였지만 이미 헤레로 사람들에게 미친 결과는 끔찍한 것이었다. 대부분의 헤레로 사람들이 독일 장군이 내린 이 명령과 또 다른 민족 살해 전략으로 살아남지 못했다.

독일 군대를 위해 발자국 추적자로 일하던 아프리카 사람 잔 클로에테(Jan Cloete)가 워터버그의 헤레로 추방을 목격한 것을 증언한다 : "나는 헤레로 사람들이 죽임을 당하던 워터버그 근처 하마카리에 있었다. 전투가 끝난 다음 독일군 손에 떨어진 모든 남자와 여자와 어린이는 상처를 입었거나 그렇지 않거나에 상관없이 무자비하게 살해되었다. 독일군은 다른 사람들을 추적하였다. …… 헤레로 남자들 대부분은 무기가 없었고, 더 이상 싸울 능력도 없었다. 그들은 오직 가축을 끌고 도망칠 생각뿐이었다.

하마카리에서 멀지 않은 물 웅덩이 근처에서 우리는 야영을 하였다. 독일 병사 한 사람이 덤불숲에서 약 9개월쯤 되는 사내아이를 발견하였다. 아기는 소리를 지르며 울었다. 병사는 아기를 우리가 있는 진영으로 데려왔다. 병사들은 원을 이루더니 마치 아기가 공인 것처럼 서로 던지고 받는 놀이를 하였다. 아기는 두려움에 사로잡히고 상처를 입어서 점점 더 큰 소리로 울었다. 얼마 지나자 병사들은 지쳤고 그러자 한 병사가 검을 총에 꽂으면서 자기가 아기를 받겠노라고 말했다. 아기는 높이 던져졌고 아기가 떨어질 때 그가 총검으로 아기를 받았다. 아기 몸에 총검이 꽂혔다. 아기는 몇 분 만에 죽었다. 이 사건이 일어나는 동안 독일 병사들은 큰 소리로 웃으면서 재미있는 구경거리라도 되는 것처럼 그 광경을 바라보았다. 나는 너무나 비참한 기분과 역겨움에 머리를 돌렸다. 물론 나는 그들이 모두를 죽이라는 명령을 받고 있음을 알고 있었다."

워터버그 사건이 있고 나서도 한참이나 망설인 다음에 나마족은 당시 거의 여든 살이 다 된 추장 헨드릭 위트부이(Hendrik Witbooi, 1825~1905년)의 지휘 아래 독일군에 맞서 일어났다. 1,500명도 안 되는 사람들 중에 절반 정도만 총으로 무장을 하였는데도 헨드릭 위트부이 추장은 계속 새로운 게릴라 기습으로 1만 5,000명이 넘는 독일 군대를 긴장시켰다. 나미비아 남쪽 넓은 지역은 거의 1년 동안이나 독일 사람들에게는 '안전하지 않은 지역'이었다. 1905년 10월에 늙은 추장은 독일 보급부대의 기습 공격을 지휘하다가 치명적인 상처를 입었다. 나마족의 게릴라 공격은 그후로도 거의 2년 동안이나 계속되었지만 트로타 장군은 1905년 11월에 '승리하고' 독일로 돌아가서 황제에게 훈장을 받았다. 헤레로족과 나마족의 궐기는 독일 정부에 상당한 재산 손실을 가져왔고 1만 7,000명의 병사를 투입하게 하였다.

살아남은 헤레로족과 나마족 수천 명은 1905년부터 이른바 노동 수용소에 감금되었으며, 그곳에서 많은 사람들이 죽었다. 1911년에 인구 조사를 해본 결과 (전에 약 10만 명이던 사람들 중에서) 7만 5,000명 이상의 헤레로와 나마 사람들이 독일의 민족 살해 정책으로 목숨을 잃었음이 밝혀졌다.

1998년 독일 대통령 로만 헤르초크(Roman Herzog, 1934년~)가 1990년부터 독립한 나미비아에 국빈으로 방문했을 때, 헤레로족과 나마족에 대한 민족 살해를 근거로 오늘날 살아 있는 사람들에게 보상하라는 요구를 받고서 이렇게 말했다. "독일 식민지 정부와 헤레로 민족 사이의 대립이 정상적인 것이 아니었음을 우리는 알고 있다." 하지만 헤레로족에 대한 재정적 보상은 생각할 수 없는 일이라고 말했다.

오늘날 독립한 나미비아 정부도 — 삼 누조마(Sam Nujoma, 1929년~) 대통령 — 헤레로족의 요구를 후원하지 않는다. "그들이 당시 고통을 받은 유일한 사람들이 아니기 때문"이라고 한다. 헤레로족 대변인이 말한 것처럼 이런 정책 뒤에는 오늘날 독일 정부를 고려한 것이 아니라, "삼 누조마가 헤레로족에 대한 거리 두기 정책을 펼치는 것과, 그밖에도 전통적으로 자기를 추종하는, 이 나라 북부의 다른 민족 무리를 선호하는 탓"이다.

두 번째 파도:
선교사와 원조자

맨 먼저 상인과 모험가들이 왔다. 이어서 기독교의 영혼의 구원자와 가난한 이들을 돕는 사람들이 찾아왔다. 한동안은 그 반대도 있었다. 어쨌든 핵심은, 극소수의 예외를 제외하고는 아프리카의 세속 지배자와 정신적 지배자 사이에서 아주 훌륭한 협동 작업이 이루어졌다는 점이다. 아프리카 사람들이 나라를 빼앗기고 가난해지고 권리를 잃어버리면, 선교사가 와서 유럽 사람들의 양심의 가책을 달래주고 동시에 아프리카 사람들이 지속적으로 가난할 뿐만 아니라 가난함 속에서도 평화를 지니고 살도록 도움을 주었다. 아프리카의 많은 지역에 널리 알려진 속담은 다음과 같다. "백인들이 이곳에 왔을 때 그들은 《성서》를 갖고 있었고 우리는 땅을 가졌다. 그런데 지금은 우리가 《성서》를 갖고 그들이 땅을 가졌다."

물론 현실은 그보다 복잡하다. 아프리카 사람들을 착취하는 것을 비판하는 교회 단체와 선교사들이 있었고 지금도 있다. 그리고 적지 않은 아프리카 사람들에게는 선교사 학교를 다니는 것이 사회적 출세를 위한 유일한 가능성이었다. 하지만 그 대가는 너무 비쌌다. 사회적으로 문제가 없는 공동체들이 서로 대립하는 결과를 가져오는 경우가 드물지 않았다.

　나이지리아의 역사가 돈 오하디케(Don C. Ohadike)는 이보족(Igbo)과 유럽의 기독교도들의 만남을 다음과 같이 서술한다. "이보 사람들은 최초의 선교사들에게 화해적인 입장을 취하였다. 이보 사람들의 종교는 평화주의이고 다른 민족들의 종교적 관점을 존중하는 것이었기 때문이다. 이보 사람들은 기독교도들의 말을 참을성 있게 경청하고, 선교사들도 자기들의 관점에 대해 똑같은 존경심을 보여주리라 기대하였다. …… 아주 오랜 세월이 지나서야 이보 사람들은 선교사들이 겉으로 보이는 것보다 더 위험하다는 사실을 깨달았다."

나이지리아의 작가 치누아 아체베(Chinua Achebe, 1930년~)**는 현재 미국에서 아프리카 문학을 가르치는 교수로 일하는데, 1958년 발표한 소설 《모두 뿔뿔이》에서 최초의 백인 선교사 브라운 신부가 주인공 오콘쿼**(Okonkwo)**의 고향 마을인 이보 마을 우무오피아에 온 이야기를 서술한다 :** "이런 방법으로 브라운 신부는 이 종족의 종교에 대해 많은 것을 배웠다. 그리고 정면 공격으로는 아무것도 이룰 수 없다는 결론에 도달하였다. 그래서 그는 우무오피아에 학교와 작은 병원을 세웠다. 그리고는 집집마다 돌아다니면서 사람들에게 자녀들을 학교에 보내라고 간곡히 청했다. 하지만 처음에 사람들은 하인이나 게으른 아이들만 보냈다. 브라운 신부는 간청하고 논박하고 예언하였다. 그는 읽고 쓰는 법을 배운 남자와 여자들이 미래의 지도자들이 될 것이라고 말했다. 우무오피아의

나이지리아의 치누아 아체베는 세계적으로 위대한 작가이다.

자녀들을 학교에 보내지 않는다면 낯선 사람들이 와서 그들을 통치하게 될 것이다…….

마침내 브라운 신부의 말이 먹히기 시작하였다. 점점 더 많은 사람들이 학교에 와서 배우기 시작하였다. 그리고 신부는 러닝셔츠나 손수건 따위를 선물해서 그들을 격려해주었다. 배우러 오는 사람 모두가 젊은 사람은 아니었다. 어떤 사람은 서른 살이나 되었고, 그보다 더 나이든 사람도 있었다. 그들은 오전에는 농장에서 일을 하고 오후에는 학교에 왔다. 그리고 오래지 않아서 사람은 이 백인의 약이 효과가 더 빠르다고 말하게 되었다. …… 겨우 몇 달 만에 누구든 심부름꾼이나 서기로 만들 수 있었다. 학교에 오래 남은 사람들은 교사가 되었다…….

처음 우기(雨期)가 닥쳤을 때 오콘퀴는 우무오피아로 돌아왔다. …… 그가 멀리 떠나 있는 동안 부족이 너무나 변해서 그는 알아볼 수가 없을 정도였다. 사람들의 눈에는 새로운 종교와 정부, 사업뿐이었다. …… 오콘퀴는 깊은 슬픔을 느꼈다. 그것은 개인적인 슬픔이 아니었다. 그의 눈에 이제 뿔뿔이 흩어지는 것처럼 보이는 부족 때문에 슬펐다…….''

베를린에서 콩고 회의가 열리던 1884년에 교황은 프랑스 추기경 샤를 라비주리(Charles Lavigerie, 1825~1892년)를 아프리카 대륙 총주교로 임명하였다. 그는 1867년부터 이미 알제의 대주교였지만 머지않아 그것이 이름뿐인 자리임이 드러났다. 북부 아프리카의 이슬람 국가들은 기독교로 개종시키려는 노력에 매우 완강하게 저항하였기 때문이다. 아프리카의 교황 대리인은 대부분의 신앙의 동지들과 마찬가지로 머지않아 사하라 남쪽 아프리카, 곧 '신이 없는 이교도'의 아프리카, '검은 아프리카'로 관심을 집중하였다.

기독교 선교사들이 좋은 의도로 왔든 나쁜 의도로 왔든 간에, 아프리카 전통 종교에 대해 무지하다는 점에서는 모두 똑같았다. 그들은 그것이 '우상 숭배', '유치한 신앙'이고 진지하게 여길 필요가 없다고 생각했다. 극소수의 수도사들과 수녀들만이 약초 지식을 알아보고 그것을 자기들이 만난 아프리카 사람들에게서 배웠다. 일부 선교사들은 언어학자들이 관심을 갖기 전에 아프리카의 언어들을 서술하여 그것을 이해할 준비를 하였다. 그들의 동기가 기독교 신앙을 더욱더 전파하기 위해서라 하더라도, 이때까지 알려지지 않았던 문화에 관심을 갖고 열중하는 일은 드물지만 양측에 긍정적인 결과를 가져왔다. 갈등이 생기면 무조건 백인 편만 들지 않고 중재자로 나서는 선교사들도 있었다.

아프리카에서 기독교의 전파는 많은 아프리카 사람들의 자화상뿐만 아니라 아프리카와 아프리카 사람에 대한 유럽의 생각에도 지속적인 영향을 미쳤다. 기독교 색채를 지닌 어휘들은—완강한 인종주의자들의 기독교적 색채를 띤 선언만 빼고는—언제나 선량한 의미를 지닌 것이고, 또한 도움을 주고자 하는 사람의 우월한 입장에서 나온 것이었다.

아프리카에서 처음 기독교를 전파할 때 나타난 다양한 사고방식을 이해하게 되면, 지금도 아프리카에서 많은 문제를 불러일으키는 원조 형식을 깨닫게 된다. 이웃 사랑의 정신에도 불구하고 이런 원조 형식은 흔히 대화나 동반자 관계를 뜻하는 것이 아니라, 원하건 원치 않건 간에 구원자라는 태도와 의존을 장기적인 것으로 만든다는 뜻이기 때문이다.

유럽 사람들이 아프리카 사람들에게 좋은 일을 했다는 확실한 예가 바로 '밀림의 의사' 알베르트 슈바이처(Albert Schweitzer, 1875~1965년)이다. 그는 서아프리카 가봉에 세운 랑바레네 진료소에서 활동한 공로를 인정받아 1954년에 노벨 평화상을 받았다. 독일과 다른 유럽 국가의 많은 학교들이 그의 이름을 지니고 있다. 그의 공로를 줄이려는 생각은 없지만, 이제는 그의 행동의 관점을 더욱 정밀하게 관찰해야 할 시기가 되었다. 그에게 아프리카 사람들은 대등한 동반자가 아니었다. "나는 너의 형제다. 그러나 너의 형이다."라는 것이 그가 아프리카 사람들에 대한 자신의 태도를 설명할 때 쓴 말이었다. 그는 '검둥이들'이 일을 끝까지 마무리하게 하려면 그들을 감독해야 한다고 말했다. "최근에 나는 일당 노동자를 고용하여 병원 옆에 오두막을 한 채 짓도록 하였다. 내가 저녁때 와보면 전혀 아무 일도 진행되어 있지 않았다. 사흘짼가 나흘째 되는 날에 내가 화를 내자 한 검둥이가 내게 말했다. '박사님, 우리한테 소리치지 마십시오. 당신 책임입니다. 당신이 우리 옆에 있으면 일을 할 겁니다. 하지만 당신이 병원에서 환자들 곁에 있으면 우리끼리는 아무 일도 되지 않습니다.'" 이것은 알베르트 슈바이처가 1920년에 쓴 글이다. 그의 전기를 쓴 사람은 2001년에 이 전기의 15판을 내면서 이렇게 설명하였다. "그것은 자연의 아들이 지닌 정신적 태도 탓이다……"

아프리카 사람들은 신체적인 약탈을 통해서 뿐만이 아니라 — 자기

의식의 발전에는 더욱더 나쁜 일이지만—언제나 똑같은 유럽의 주제, 곧 "우리가 너보다 더 가치 있고 더 배웠고 영리하고 문명화되었다!"라는 태도를 통해 얼마나 많은 굴종을 겪었던가. 공개적인 만남에서 이런 건방진 태도가 나타나는 경우 반항심이 자라날 수 있다. 하지만 이런 건방진 태도가 도움과 원조의 제안으로 가려지게 되면 알아보기가 어렵다. 굶주림과 질병으로 정말 고통받는 사람들의 입장에서는 더욱더 그렇다.

그래서 1883년에 젊은 독일 사람 하나는 나마족에 대해 일기장에 이렇게 기록하였다. "이 민족은 진지한 노동을 결심하기 전에 굶어 죽는다. 최근에 어떤 선교사가 이 종족과 일을 하려면 최선의 의지를 가진 경우 욕설을 내뱉지 않는 정도라고 말했다."

또 다른 사람은 1904년에 헤레로족의 궐기에 대한 보고서를 읽은 다음 빌헬름 2세 황제에게 보낸 편지에서 이렇게 말했다. "우리는 절대로 검둥이들이 승리하게 놓아두어서는 안 됩니다. 그들은 지금도 아프리카가 사랑하는 신의 것이 아니라 자기들 것이라고 생각하는데 승리한다면 대체 어디로 가겠습니까."

2002년 11월에 가나의 수도 아크라에서 아프리카 도서 전시회가 열렸을 때 아마 아타 아이두(Ama Ata Aidoo)가 의장으로 있는 아프리카 여성 작가들의 회의도 열렸다. 그녀는 가나의 전직 교육부 장관이기도 하다. 현재 그녀는 아프리카 여성 작가들 중 가장 유명한 사람의 하나로 아프리카와 미국의 대학에서 문학 강의를 한다. 여성들을 격려하여 그들이 자기들의 생각과 느낌을 표현하도록 만드는 것이 그녀의 관심사이다. "옛날에 우리의 것이었다가 식민 지배에 의해서 산산

아마 아타 아이두는 현대 아프리카 문학의 어머니 중 한 명으로 여겨진다.

이 부서지고 기독교에 의해 약화되었다가 이제 천천히 다시 우리 것으로 만들어나가는" 문화를 위해서 말이다. 아마 아타 아이두는 회의의 휴식 시간에 나한테 이렇게 말했다. "식민 지배자와 거짓 선교사를 쫓아내는 것이 곧 자유롭게 된다는 뜻이 아니라는 것은 정말 힘든 교훈이다. 우리의 일상생활에서 아프리카의 다양성이야말로 가치 있는 것임을 다시 깨닫는 것, 독립과 자유를 통합하는 것이 여자와 남자에게 아주 의미가 있는 것이라는 사실을 깨닫는 일이 아직도 과제로 남아 있다."

아프리카 대륙에서 일어난 온갖 억압에도 불구하고 아프리카 사람들이 기독교의 가르침을 인간의 생명에 대한 가장 큰 존경의 가르침으로 바꾸는 것에 성공했음을, 남아프리카의 성공회 소속 데스먼드 음필로 투투 주교(Desmond Mpilo Tuto, 1931년~)보다 더 잘 보여주는 사람은 드물다. 1984년에 그는 노벨 평화상을 받으면서 이렇게 말했다.

"우리는 서로를 배부르게 먹이고도 남을 만큼 충분히 먹을 것이 있다. 그러나 우리는 세계의 구호단체들이 너무 조금 너무 늦게 내놓는 것을 양철그릇에 받으려고 끝도 없이 길게 줄서서 지나가는 바싹 야윈 인간들의 모습을 매일 본다. 우리는 언제나 배우게 될까, 이 지구상의 인간들은 언제쯤이나 일어나 외치게 될까, 이제 충분하다고. …… 인간이 신의 형상에 따라 만들어졌기 때문에 무한히 가치가 있는 존재라는 것을 우리는 언제나 배우게 될까, 그리고 인간을 그보다 못한 것으로 취급하는 것은 신을 모독하는 일이며, 이런 모독이 그렇게 행동하는 사람 자신에게로 되돌아온다는 것을 언제나 배우게 될까?

 다른 사람을 비인간적으로 대하는 사람은 스스로 인간성을 잃어버린다. 억압은 억압받는 사람보다 더 많지는 않더라도 그와 똑같이, 억압하는 사람의 인간성도 없애고 만다. 양쪽이 다 정말로 자유로워지기 위해 서로를 필요로 한다."

 아프리카의 종교적 관용(=톨레랑스)의 모범은 유럽에는 거의 알려져 있지 않다. 가장 인상적인 예 하나는 1960년에 독립한 서아프리카 세네갈에서 이루어진 일이다. 세네갈 국민의 90퍼센트가 이슬람교도지만 그곳에는 20년 동안이나 아프리카 사회주의를 신봉하는 가톨릭 대통령 레오폴드 세다르 셍고르의 행정부가 있었다. 1981년 이후로 그의 후계자가 된 아브두 디우프(Abdou Diouf, 1935년~)는 가톨릭 여성과 결혼한 이슬람교도이다. 2000년까지 계속된 그의 통치 기간에 기독교도와 이슬람교도 장관들이 있었다. 다른 종교에 대한 이해와 존경의 몸짓으로 이슬람교도 축제에는 기독교 장관들이 파견되었다. 프랑스에서 열리는 기독교 축제에는 디우프 대통령 자신도 여러 번 참석하였다.

아프리카와
두 번의 세계 대전

두 번의 세계 대전은 유럽에서 시작되었지만 나중에는 아프리카에서도 전투가 벌어졌다. 유럽 사람들은 수많은 아프리카 사람들을 전쟁에 끌어들였다. 이들에게는 권리에 대해서는 아예 말하지 않더라도 전쟁을 피할 기회조차 주어지지 않았다. 오늘날에도 여전히 아프리카가 수많은 갈등과 전쟁의 대륙이라고 말을 하지만 인류 역사에서 가장 많은 희생자를 낸 전쟁들은 유럽에서 시작되었음을 잊어서는 안 된다. 물론 그렇다고 아프리카에서 너무나도 많은 끔찍한 전쟁의 고통이 줄어드는 것은 아니지만, 어쨌든 '옛날부터 문명화되어' 있었다는 유럽의 자기 정당화는 고쳐야만 한다.

여기서 특별히 고통스러운 것은 유럽의 식민주의와 인종 차별적 태도가 보수주의나 자본주의 혹은 극우 그룹에만 국한된 것이 아니라는 사실이다. 유럽의 사회주의자들이 1904년 암스테르담에서 '제2차 국제' 집회를 열었을 때 그들은 자본주의를 비판하고 자기 나라 노동자들을 위해 모든 일을 다 하기로 약속하였지만, 노골적으로 드러나 있던 가난한 나라들에 대한 약탈에 대해서는 거의 아무런 비판도 없이 인정하였다. 폐회 선언문에는 다음과 같은 말도 들어 있다. "우리 회의는 문명 국가의 주민들이 저급한 개발 단계에 있는 나라들에 정착할 권리를 인정한다."

1917년 10월의 러시아 혁명이 성공한 다음, 혁명가 블라디미르 일리치 레닌(Wladimir Iljitsch Lenin, 1870~1924년)은 식민 정책에 반대하였다. 그리고 소련 차르 제국에 승리를 거둔 다음 아프리카, 라틴 아메리카, 아시아의 식민지들의 해방을 새로운 공산주의 소련의 공식적인 정책으로 만들었다. 이러한 호소는 뒷날 젊은 아프리카 자유 투사들에게 영감을 주었지만, 나중에는 새로운 후원자 태도의 원천이 되었다. 물질적인 지원이 이기심 없이 이루어질 수는 없는 일이기 때문이다.

제1차 세계 대전에서 식민지 경영 국가들은 ─ 특히 영국과 프랑스에 맞선 독일 ─ 아프리카에 있는 '자신들의' 소유를 지키기 위해서도 싸워야 한다는 것이 처음부터 분명하였다. 1914년 8월에 이미 영국 외무부는 다음과 같은 비밀 지령을 내렸다. "우리는 할 수 있는 한 많이 독일 식민지를 접수한다. 평화 협상이 진행될 때 담보로 삼기 위해서이다." 전쟁 첫해에 벌써 대부분의 독일 식민지에서 이 계획이 성공하였다. 다만 '독일령 동아프리카'만 예외였다. 그 지역만 상대적으로 적은 독일 군대가 약 1만 3,000명의 고용된 아프리카 사람들의 지원을 받아 전쟁 마지막까지 대략 16만 명의 영국군을 계속 새로운 싸움에 끌어들이면서도 결정적으로 패배하지 않았다.

병사나 짐꾼이나 아니면 다른 어떤 기능을 맡아서든지 약 200만 명의 아프리카 사람들이 유럽 사람들의 전투 행위에 직접 끌려 들어갔던 것으로 추정된다. 그들 중 약 20만 명이 유럽의 주인들을 위해 이 전쟁에서 목숨을 잃었다. 처음에는 약간이라도 더 많은 수입을 얻기 위해 무기를 잡기로 자원한 아프리카 사람들만 전투에 참가하였지만, 1915년 이후로 유럽 사람들은 수많은 아프리카 남자들을 강제로 동원하였다.

전쟁이 끝날 무렵 유럽 사람들이 끔찍한 인명 손실을 한탄하였을 때 그들은 유럽에서 아프리카 병사들을 적군에 마주 세워 싸우게 하면 어떨까 고려하였다. 영국 참모총장의 이런 질문에 대해, 경우에 따라 "중동 지방에서 생각할 수 있는 일"이긴 해도 "유럽에서 독일군에 맞서게 해서는 안 된다."는 답변이 나왔다. 프랑스 사람들은 그런 고려를 하지 않았다. 그들은 동아프리카와 서아프리카의 식민지에서 45만 명의 아프리카 병사들을 데려다가 독일 전선으로 보냈다. 그리고 일부 소대는 전쟁이 끝난 다음 — 독일 사람들이 몹시 화를 내는데도 — 라인란트 점령에 참가하였다.

**아프리카계 미국 학자이자 범아프리카주의 창시자의
한 사람인 윌리엄 에드워드 버거트 두 보이스**
(William Edward Burghardt Du Bois, 1868~1963년)는 1920년에
제1차 세계 대전의 잔인함을 이렇게 서술하였다 : "그것은 미쳐버린 유럽이 아니다. 그것은 궤도에서 벗어남이나 광기가 아니다. 그것은 바로 유럽이다. …… 오늘날 세계는 무역이다. 세계는 가게로 변해버렸다. …… 삶이라는 것은 생활비를 번다는 뜻이다. …… 세계 전쟁이라는 끔찍한 촉매로 인해 백인들은 우리를 때리고 비방하고 죽이는 일에

서 임시로 등을 돌리고 자기들끼리 서로 죽이는 데 열중하였다."

1919년에 패전국이 된 독일은 아프리카의 모든 식민지를 포기해야만 했다. 국제연맹(오늘날 UN의 전신)은 처음에 독일 식민지의 통치를 형식적으로만 떠맡았다가 실질적으로는 승전국인 영국·프랑스·벨기에 등지에 나눠주었다. 국제연맹은 이 기회에 유럽 사람들에게 식민지 지역이 '현대 세계의 경쟁적인 조건 아래서 자기 발로 설 수 있게' 될 때까지 식민지를 통치하라고 위탁하였다.

선교 사업의 이념이던 것이 이제는 정치적인 의도가 된 것이다. 아프리카 사람들은 어린이이기 때문에 '현대 민족들의 공동체의 완전한 구성원이 되기 위해서는' 우선 교육을 받아야 한다는 것이다. 그래서 정말로 국가적인 차원에서 교육적인 노력이 이루어졌다. 많은 식민지 행정부들은 특별히 선택된 소수의 아프리카 사람들에게(이런 특혜는 아프리카의 여자들에게는 거의 예외적으로만 주어졌다) 장기적인 학교 교육을 받을 길을 열어주었다. 1930년대 말까지 1억 6,500만 인구 중 대략 1만 1,000명의 아프리카 사람들이 고등 교육을 받았다.

초기에 독립 전쟁에 참가하고 서른여섯 살이 되던
1958년에 기니의 초대 대통령이 된
아메드 세쿠 투레(Ahmed Sékou Touré, 1922~1984년)는
자신의 학창 시절을 이렇게 말한다 : "식민지 학교에서 우리가 사용한 교과서는 우리에게 드골 장군의 전투에 대해 알려주었다. 우리는 잔 다르크와 나폴레옹의 생애와 프랑스 백화점의 목록, 라마르

틴의 시와 몰리에르의 희곡 등을 배웠다. 마치 아프리카는 한 번도 역사란 것을 가져본 적이 없고, 과거도 없고, 지리적인 존재나 문화적인 삶도 없었던 것 같았다. 우리 학생들은 얼마나 완벽하게 문화적으로 적응하느냐에 따라서만 인정을 받았다."

제2차 세계 대전이 일어나기 이전에 유럽은 여러 번 경제 위기로 흔들렸다. 그 결과 높은 실업률이 나타났다. 1929년 세계 경제 공황 이후로는 아프리카의 많은 지역에서 농부들에 대한 약탈이 얼마나 심해졌는지(유럽에서의 곤궁을 극복하기 위해서 말이다!) 많은 사람들이 농업을 포기하고 빠르게 성장하는 도시에서 해결책을 찾으려 하였다. 아프리카 역사상 처음으로 뿌리 뽑힌 수백만 명의 사람들이 도시 근처에 거대한 빈민 지구를 형성하였다.

독일에서 전쟁을 준비하면서 부여한 동기 가운데 하나는 '독일 식민지를 되찾자'는 희망에 불을 붙이는 것이었다. 1939년 9월 1일에 독재자 아돌프 히틀러(Adolf Hitler, 1889~1945년)가 통치하는 독일이 이웃에 있는 훨씬 작은 폴란드를 기습함으로써 제2차 세계 대전이 시작되었다. 1936년에 이미 이탈리아 독재자 베니토 무솔리니(Benito Mussolini, 1883~1945년)는 또다시 에티오피아를 점령하려고 시도하였다. 그것이 성공하여 이탈리아는 1943년 영국 사람들에게 쫓겨나기까지 8년 동안 에티오피아를 차지하였다.

제2차 세계 대전은 상당 부분이 북부 아프리카에서 영국, 프랑스 그리고 나중에 미국이 합세한 연합군이 독일과 이탈리아에 맞서 치른 전쟁이기도 하다. 여기서 아프리카는 지리적으로만 관심의 대상이 되었던 것이 아니다. 제1차 세계 대전 이후로 식민지에 건설된 인프라 덕분에, 이제는 전보다도 훨씬 더 많은 원자재가 전쟁 수행에 가장 중요한 요소가 되었다. 1940년에 벨기에가 독일에 점령된 다음 런던에 본부를 둔 벨기에 망명 정부는 벨기에령 콩고에서 가져온 재원으로 수입의 86퍼센트까지를 충당하여 겨우 명맥을 유지하였다.

서로 적이 된 유럽 '주인'들의 명령에 따라 다시금 수십만 아프리카 사람들이 서로에게 총질을 하였다. 그러나 유럽 사람들이 아프리카에서 짓밟고 있는 가치를 자기들의 땅에서는 수호하려고 하는 전쟁에 동원되고 있다는 사실을 비판적으로 깨닫는 아프리카 사람들도 점점 더 많아졌다.

여기 덧붙여 새로운 세계적 강대국 둘이 나타났다. 아메리카 합중국과 소련이었다. 이들은 서로 완전히 다른 동기에서이긴 했지만, 히틀러 독일과 맞서 싸우는 전쟁에서 영국과 프랑스 동맹국들의 식민지 이해를 후원해줄 생각은 조금도 없었다. 1941년에 독일 독재자 히틀러가 거의 유럽 전체를 장악하고 영국을 점령하려고 위협하고 있을 때 영국 총리 윈스턴 처칠은 미국 대통령 프랭클린 루스벨트를 만나 지원을 요청하였다. 그들은 당시 이른바 '대서양 협정'을 체결하였다. 전쟁이 끝난 다음 '새로운 세계 질서'에 대한 약속을 포함하는 문서였다. 아프리카를 위해서는 두 가지 점이 중요하였다. '지금까지는 억지로 (권리를) 유보당했던 민족들까지' 모든 민족이 자기 결정권을 가질 것과 미국이 세계에서 '원료의 원천에 동일하게 접근'하는 것을 허용한다는 약속이었다. 줄여 말하면 미국은 영국이 장기적으로 식민지를 포기하고, 미국도 아프리카의 원료를 거래하는 데 동등하게 참가한다

두 번의 세계 전쟁에서 아프리카 사람들은 각각의 식민지 주인들의 편에 서서 싸웠다.
위 그림은 제2차 세계 대전 중에 한 아프리카 병사가 영국 전함을 떠나는 모습이다.

는 약속을 받으면 히틀러 독일에 맞서 영국 편을 들어 싸우겠다는 것이다.

런던의 프랑스 망명 정부는 자기들이 배제된 것을 분하게 여기고 1944년에 샤를 드골(Charles de Gaulle, 1890~1970년) 장군을 — 뒷날 프랑스 대통령이 되는 인물 — 서아프리카 브라자빌로 파견하였다. 그곳에서 그는 모든 프랑스 식민지의 고위 관료들에게 "식민지에서 자율 통치의 이념이나 …… 아니면 독립 정부는 먼 미래에도" 배제된 일이라고 선언하였다.

하지만 독일과 그 동맹국들의 무조건 항복으로 끝난 제2차 세계 대전 마지막에 세계는 이미 이전의 세계가 아니었다. 처음에는 유럽의 언론이 거의 주목하지 않는 가운데 아프리카의 젊은 세대가 한데 모여 자신들의 목소리를 내게 되었다. 1912년에 이미 남아프리카에서 아프리카 민족회의(ANC)가 결성되었다. 이것은 뒷날 젊은 넬슨 만델라의 정치적 기반이 된다. 1919년 이후로 처음에는 주로 아프리카계 미국인들에 의해 생명을 얻은 범아프리카주의 운동이 생겨났다. 이것은 새로운 아프리카의 자기 의식을 위해서 강력한 힘을 발휘하였다.

"우리는 자유롭게 되기로 결정하였다!"

1945년 10월에 영국 맨체스터에서 열린 제5차
범아프리카 회의에는 주로 젊은 아프리카 사람들이 모였다.
이들 중 많은 사람들이 뒷날 독립한 아프리카 국가들의
초대 대통령이 된다. 예를 들면

은남디 아지키웨(Nnamdi Azikiwe, 1904~1996년, 나이지리아), 케네스 카운다(Kenneth Kaunda, 1924년~, 잠비아), 조모 케냐타 (Jomo Kenyatta, 약 1894~1978년, 케냐), 콰메 은크루마(가나), 줄리어스 니에레레(탄자니아), 아메드 세쿠 투레(기니) 등이 그들이다. 이들은 다음과 같은 결정을 내렸다 : "우리 대표들은 평화를 믿는다. 아프리카 민족들이 수백 년 동안 폭력과 노예 제도에 희생된 이 마당에 어떻게 다른 것이 있을 수 있겠는가? 하지만 서방 세계가 아직도 인류를 폭력으로 통치하려고 결심하고 있다면, 아프리카 사람들도 자유를 쟁취할 마지막 수단으로 폭력을 사용하는 수밖에 다른 도리가 없는 경우도 있을 수 있다. 이런 폭력이 그들 자신과 세계를 파괴하는 한이 있더라도 말이다.

우리는 자유롭게 되기로 결정하였다. 우리는 교육을 원한다. 우리는 소박한 수입의 권리를 원한다. 우리의 생각과 느낌을 표현할 권리, 아름다움을 받아들이고 만들어나갈 권리를…….

우리는 수백 년 동안이나 참아온 것을 부끄럽게 여기지 않는다. 우리는 더 많은 희생과 노력을 할 각오가 되어 있다. 하지만 우리는 굶주리면서 세계의 짐꾼 노릇을 할 각오는 이제 되어 있지 않다. 우리의 빈곤과 무지를 통해 거짓된 귀족주의와 이미 시대에 뒤떨어진 제국주의를 후원할 생각은 없다…….

우리는 우리에게 주어진 모든 수단을 동원하여 자유와 민주주의를 위해 그리고 사회의 개선을 위해 싸울 것이다."

chapter 4

아프리카의 해방
자유에 이르는 길은 왜 그리도 먼가?

1946 ~ 현재

그리고 독립

피 흐르는, 끝도 없이 피가 흐르는. 고문, 폭탄, 총에 맞은 아이들과 여자들. 1954년 이후로 북부 아프리카 알제리에서 100만 명 이상의 사람이 목숨을 잃었다. 그러다가 프랑스 사람들이 1962년에 마침내 이렇게 말했다. "이제 끝이다. 더는 계속할 수가 없다. 우린 가겠다."

동부 아프리카에서 1952~1956년에 키쿠유족의 '마우마우' 궐기는 엉뚱한 방향으로 진행되었다. …… 그것은 원래 영국의 식민 지배 세력에 항거하는 것이었다. 하지만 케냐가 자유를 찾는 과정에는 자기 진영에서 너무나 많은 배신자들이 나타났다. 진짜 배신자와 그보다 훨씬 더 많은 배신자라고 생각되는 사람들이었다. '마우마우'란 영국 사람들이 경멸의 뜻으로 만들어낸 말로 '자기들끼리의 테러'라는 말과 동의어였다. 사망자가 1만 명이었던가, 아니면 심지어 4만 명이었던가? 어쨌든 그들은 모두 아프리카 사람들이었다. 같은 기간 영국 측 사망자는 32명뿐이었다. 정확하게 헤아려서 말이다. 1963년 케냐가 독립하기까지 약 8만 명의 키쿠유 사람들이 감옥에 갇혔다.

서부 아프리카와 중부 아프리카의 몽상가들은 처음에는 소수의 무리였다. 그들은 주로 미국, 영국, 프랑스 등지에서 훌륭한 교육을 받은 사람들이었다. 잘 말하고 쓸 줄 알았고, 그것을 잘 이용할 줄도 알았다. "이제는 독립을! 내일 우리는 USA가 된다. 곧 아프리카 합중국!"이라고 콰메 은크루마는 1957년 가나에서 외쳤다.

젊은 몽상가들: 뿔뿔이 흩어진 종족들 사이에 존재하는 모든 적대감을 넘어서, 식민 지배자들이 경멸하는 뜻으로 '부족'이라고 부르는

이들 사이의 적대감을 넘어서 파트리스 루뭄바는 1960년 콩고에서 선언하였다. "우리는 하나의 강력한 국민으로 가는 과정에 있다!" 하지만 겨우 몇 달 뒤에 그의 안경은 깨지고, 그는 화물차에 머리카락이 묶인 채 끌려갔다. 사진 속의 젊은 대통령은 놀라서 카메라를 응시하고 있었다. 바로 뒤이어 그는 카탕가에서 고문을 당해 죽었다. 유럽의 기자들은 이렇게 보도한다. "해묵은 부족 간의 갈등으로 실패하다……." 하지만 그들은, 그가 옛날 식민지 주인인 벨기에의 분노를 샀고, 충분히 고분고분한 모습을 보이지 않았기 때문에 그런 일이 생길 수 있었다는 것을 아주 잘 안다.

맨 먼저 온 사람들이 맨 마지막으로 떠났다. 포르투갈 사람들이다. 그들은 마지막 순간까지 아프리카에 있는 '자기들의' 땅은 식민지가 아니라 포르투갈 바깥에 있는 포르투갈 영토의 일부인 것처럼 행동하였다. 국방의 의무를 진 젊은 포르투갈 사람의 4분의 3이 앙골라, 기니비사우, 모잠비크 등지로 파견되었다. 검은 '신하들'에 맞선 전쟁이 10년 이상이나 계속되고, 마지막에는 국가 재정의 절반이나 들어갔다. 1974년에 리스본에서 쿠데타가 일어나 마침내 마지막 식민주의자의 고집을 꺾었다.

남부에는 백인 거주자들의 중심지가 있었다. 그들은 이 땅에서 거저 주워가질 수 있는 것이 무엇인지 아는 사람들이었다. 남아프리카의 인종 분리 백인 정부에 의해 불법적으로 점거되어 있는 예전의 '독일령 남서 아프리카' 나미비아, 자본가 세실 로데스의 이름을 딴 로디지아와 남아프리카, 이곳에서는 네덜란드계 백인들이 이미 오래전에 영국 사람들을 수세로 몰아넣었다. 영국인들은 거의 모두가 안전을 위해서 여분의 영국 여권을 지니고 있었고, 그래서 네덜란드계 백인들은 이들이 '약골'이고 '진짜 아프리카 사람이 아니라'고 여겼다. 네덜란드계 백인들은 자기들이 식민 지배자라고 생각하지 않았다. 이 땅은 그냥 자기들의 땅이다. 그들은 여기서 태어났다. 흑인들은 백인들이 이곳에 건설한 모든 것을 고맙게 여겨야 한다. 하지만 흑인들은 그렇게 하지 않는다. 남아프리카의 백인들은 마지막에 영국에 대해 '독립'을 선언한다.

먼저 로디지아의 백인들이 깨달았다. 여러 해 동안이나 피 흐르는 전쟁을 치른 다음 1980년에 그들의 지배를 끝낸 것이다. 새로운 나라는 짐바브웨라는 이름이 되었다. 새 대통령인 로버트 무가베는 민주주의와 화해를 말하고 경제를 안정시키는 데 성공하였다. 하지만 유감스럽게도 그는 계속 대통령 자리에 남아 있으려고 했다. 20년 이상이 흐르자 이제 더는 평화롭지 않고 경제는 바닥으로 떨어지고 대부분의 사람들은 굶주리게 되었다…….

남아프리카의 백인들은 극소수를 제외하고는 오랫동안 국제 사회에서의 고립을 아무렇지도 않게 여겼다. "그들이 우리를 인종주의자라고 욕을 할 테면 하라지!" 그들은 스스로 강하다고 느꼈다. 그들은 넉넉한 금과 다이아몬드를 가졌다. 흑인 해방 전사들은 모조리 감옥에 갇히거나 망명하거나 살해되었다……. 하지만 갑자기 세계가 무너졌다. 소련이 붕괴되고 아프리카에서도 힘이 이동하였다. 궁지에 몰린 상태에서 1990년에, 백인의 경제적 특권은 전혀 건드리지 않은 채 정치적인 차원에서 흑백 분리를 없애는 길이 시작되었다. 새로운 대통령 넬슨 만델라는 민주주의와 화해를 말하고 정말로 경제를 안정시키는 데 성공하였다. 하지만 그는 영원히 대통령 자리를 차지할 생각이 없었다. 그는 민주주의와 화해를 진지하게 생각하였다.

숨을 돌리기 위한 휴식. 모든 것이 너무 빨리 진행되었다. 착취와 노예 매매와 식민지의 500년이 흐른 다음 겨우 50년 만에 모든 것을 갑자기 정상으로 만들어야 하다니. 웃기는 일이다. 자유에 이르는 길은 멀다. 역사의 발전이 500년 이상이나 억지로 중단되었다. 대체 어디서 시작을 해야 할까?

'옛날 아프리카 전통'에서 시작하라고? 말이야 멋지지만 대체 그게 정확히 무슨 뜻인가. 노인의 말을 듣는 건가? 헛소리하는 사람의 말을? 아니면 남자들 말을? 한때 그것이 전통이었다는 이유로 여전히 여자를 억누르고 그들의 사지를 절단하고 괴롭히는 남자들? 대체 그것은 어떤 전통이어야만 하나? 동부에 있는 마사이족의 전통인가, 남부에 있는 코이코이나 산족의 전통인가, 중앙 아프리카에 있는 '피그미'의 전통인가, 아니면 북부에 있는 베르베르의 전통인가?

한 발자국 거리를 두어보자. 사막으로 또는 빽빽한 숲 속으로 또는 높은 산으로 달려가 침묵하자. 조용히 있자. 모든 것이 조용해지고 마침내 안개가 사라지고 나서 시야에 뭔가가 다시 나타날 때까지. 무엇이 보이지?

수백만, 수천만, 수억의 어린이와 청소년들, 여자와 남자들, 이념과 꿈과 희망으로 가득 찬 사람들, 기다리고 굶주리고 어딘가 수용소에 웅크리고 있거나 여러 주 동안이나 먼지 자욱한 길을 걷는, 언제나 어딘가 훨씬 더 고약한 곳에서 떠나 돌아다니는 사람들, 아무도 필요로 할 것 같아 보이지 않는 사람들, 가난에 찌들어 치료가 가능한 병으로 죽어가는 사람들.

그들 모두가 더 나은 삶을 위해 일을 하려고 한다. 어디에나 할 일이 많다. 사막에는 물을 끌어들여 관개를 해야 하고, 지하자원은 땅에서 캐내어 가공되어야 하며, 비옥한 땅은 경작되어야 하고, 태양은 이용되어야 한다. 아프리카의 태양. 그것은 아주 많이 내리쬔다. 많은 나라들에서 하루 열 시간씩 1년 내내 내리쬔다. 그런데도 에너지가 충분치 못하다고?

위대한 이데올로기의 시대는 지나갔다. 그리고 그것이 좋다. 여기서 제대로 작동하는 것은 저기서도 작동할 것이다. 아마도, 당신이 귀를 기울이고 함께 생각할 경우에 말이다. 독자적으로 생각하고, 무조건 다른 사람을 끌어들이지 않는다면. 다른 사람을 기다리지 않고 스스로 작은 문제를 위한 해결책을 찾는다면. 그래야만 당신은 강해지고 더 큰 문제를 해결할 수 있다. 그 반대는 아니다.

다시 안개가 덮이면 인내심을 보일 것. 당신 자신에 대해서(가장 어려운 일) 그리고 다른 사람들에 대해서도. 다시 안개가 걷히면 그리고 그것이 어디서 오는지 누가 또는 무엇이 거기에 책임이 있는지를 당신이 이해하게 된다면.

생각은 독립적일 수 있다. 다르게 되기가 어렵다.

우리는 인간으로서 서로에게서 독립적이고 또 독립적으로 남는다. 전보다 더욱 많이. 아프리카와 유럽에서, 그리고 온 세계에서.

꿈과 나쁜 꿈:
과도기의 첫 단계

그렇게 가까이 있었다. 더 나은 미래에 대한 희망, 삶과 나라와 공동생활이 어떤 모습을 가질지 마침내 스스로 결정하려는 소망. 그리고 그와 나란히 아직도 입을 벌린 채 남아 있는 과거의 상처. 많은 사람들이 아직도 옛날의 부당함에 얽혀들어 있고, 활기로 가려져 있긴 해도 경험해보지 못한 것의 불확실함이 있었다. 도대체 갑자기 모든 것이 어떻게 달라져야만 하나? 누가 어떤 자격을 가질 수 있나? 그리고 우리는 대체 어떤 언어로 말을 해야 하나?

아프리카에는 옛날의 것이 단순히 멈추고 새것이 시작되는 영(Zero)의 시간이라는 것이 없었다. 식민지 경영자도, 나라의 해방을 쟁취한 사람도 확고하게 입증된 과도기의 개념을 갖지 못했다.

물론 옛날 식민 지배자는 '품위 있게' 퇴장하고자 하였다. 그들이 그것을 어떤 뜻으로 이해했든 간에 말이다. 그들은 '어린 나라들'에게 기꺼이 독립을 '주려' 하였고, 마지막 말을 갖고 있었으며, 이제 자기들이 뒤에 남긴 '문명의 성취'에 대해 고마움이 담긴 작별 인사를 받기 원했다. 식민 지배라는 모험이 너무 값비싸고, 이미 오래전부터 비용이 많이 드는 식민 지배와 군사 기구를 동원한 것보다 더 쉽게 경제적인 의존(종속)을 통해 새로운 약탈을 할 수 있다는 생각을 갖게 되었음을 정직하게 인정하는 일만은 가능한 한 피하였다. "검둥이들, 이제 스스로 머리를 써보라지……." 적지 않은 영국과 프랑스의 장교들이 마지막으로 국기를 내리면서 꽉 깨문 이 사이로 저주를 퍼부었다.

그에 비해 대부분의 독립 투사들은 독립의 날을 열광적으로 축하하였다. 대부분은 그날을 국경일로 만들었다. 그러면 쉽게 전체를 개관할 수 있다. 영웅들 몇이 있고, 분명한 종지선이 있으며, 또 새로운 시작이 있다. 물론 유감스럽게도 현실은 그와는 전혀 다른 모습이지만. 자기들끼리 그리고 적들과도 이미 오래전부터 협상이 이루어져야 했다. 하지만 그렇게 많은 사망자들이 있었고, 또 그 오랜 감옥 생활을 겪었음에도 불구하고 옛날 압제자가 퇴장하는 방식에 대해 거의 영향을 미칠 수 없었다. 오로지 유럽 사람들에 의해 남겨진 '국가'라는 것을 받아들일 수밖에 없었다. 그들이 멋대로 그어놓은 국경선 안에는 보통 서로 다른 20개 이상의 민족들이, 이따금은 50개 이상의 민족들이 살고 있었다. 또 일부 민족들은 국경선 때문에 서로 뿔뿔이 흩어졌다. 많은 유럽 사람들에게 그들은 마지막 순간까지도 '꿰뚫어볼 길이 없는 부족들'로 남았다. 수십 년이 넘는 세월 동안 유럽 사람들에게 이 민족들의 특징이란 오로지 그들이 노동을 잘하는 사람이냐 못하는 사람이냐 하는 것으로만 남아 있었다.

그렇게 많은 것이 하루아침에 변화될 수는 없다. 예를 들어 언어만 해도 그렇다. 아랍어를 사용하는 이슬람의 북부 아프리카만 빼고 서부와 남부와 동부 대부분의 지역 국가들에서 유일하게 공통된 언어는 옛날 압제자의 말뿐이었다. 나라마다 제각기 독립을 쟁취해야만 했기 때문에 전체적으로 종족과 문화적 특수성을 더욱 많이 고려한 새 국경선을 미리 생각하기란 불가능한 일이었다. 나중에서야 사소한 국경선 조정이 있었다.

모범도 거의 없었다. 어쩌면 멀리 있는 인도 정도가 모범이라 할 수 있었다. 그곳에는 마하트마 간디(Mahatma Gandhi, 1869~1948년)가 있었다. 그는 젊은 시절 변호사로 몇 해 동안 남아프리카에 살면서 정치 활동을 하였다. 그러다가 비폭력 저항 운동을 펼쳐서 1947년에 영국인들에 맞서 고국의 독립을 이루는 데 성공하였다.

하지만 아프리카 안에는? 서부 아프리카에 있는 작은 나라 라이베리아는 한 번도 유럽 사람들의 식민 지배를 받지 않았는데, 이 나라의 역사는 아마도 가장 고약한 경험에 속할 것이다. 그것은 억압으로 고통을 받았으면서도 나중에 다른 사람들을 억압하는 구조를 스스로 깨뜨리는 일이 얼마나 불가능한 일인가에 대한 비유처럼 읽힌다.

**라이베리아 — 자유의 악몽, 또는
옛날의 노예가 어떻게 스스로 노예 주인이 되는가 :** 아메리카의 노예 반대자들은 1816년에 모임을 만들고 — 휴머니즘의 생각에서만은 아니었지만 — '해방된 노예의 문제를 해결하는' 방법으로는 해방된 노예를 아프리카로 돌려보내는 것이 가장 낫다는 결론을 내렸다. 그런데 정확하게 어디로 가야 하나? 알 수가 없었다. 하지만 이들은 흑인이므로 아프리카 어딘가로 가면 된다.

어쨌든 뱃삯과 땅 살 돈이 모였다. 1821년에 한 백인 선교사가 최초의 해방 노예 무리를 데리고 서부 아프리카의 시에라리온 남쪽 해안에 도착하였다. 이곳은 영국 사람들이 비슷한 의도로 자유 도시를 시작한 적이 있는 곳이었다. 이곳 해안에는 배 만드는 사람 겸 어부로 생활하는 크루(Kru) 민족이 살고 있었는데, 이들은 땅을 팔 생각이 조금도 없었다. 선교사도 해방된 노예들도 생각하지 못한 일이었다. 그들은 협상을 하지 않고 자기들이 지금까지 평생 고통스럽게 경험했던 방법, 곧 폭력을 사용하였다. 그들은 총과 대포와 그 밖에도 아메리카에서 가져온 다른 수단을 동원해서 원주민을 쫓아내고 바닷가에 세운 첫 도시에 미국 대통령인 제임스 먼로의 이름을 따서 먼로비아라는 이름을 붙였다. 더 많은 사람들을 쫓아내서 더욱 커진 이 해안 지역은 1822년에 '라이베리아' 라는 이름을 갖게 됐고, 미국 총독이 지배하였다. 그 사이에 1만 8,000명 정도가 된 해방 노예들은 1847년에 북아메리카의 후견에 지쳐서 독립을 선언하였다. 그러면서 많은 점에서, 심지어는 국기까지도 미국을 그대로 모방하였다.

　옛날 노예와 그들의 후손은 라이베리아 국경선에 살고 있던 다른 16개 민족들에 대해 스스로 노예 주인처럼 행동하였다. 커피 농장과 고급 목재를 생산하는 과정에서 이들 민족은 아무런 권리도 없는 노동자가 되어 가장 고약한 착취를 당하였다. 이제는 자신들을 미국계 라이베리아 사람이라고 부르는, 이들 옛날 아프리카계 아메리카 사람들은 전체 인구의 3퍼센트를 넘지 않는데도 불구하고 자기들이 모든 권리를 장악하는 것을 매우 중요하게 여겼다. 모든 궐기는 잔인하게 진압되었다.

　제1차 세계 대전 이후 세계 시장에서 커피와 목재 가격이 바닥을 치게 되자 라이베리아 정부는 미국의 자동차 타이어 제조회사 파이어스톤이 1926년부터 이 나라에 세계에서 가장 큰 고무농장을 만드는 것을 허가해주었다. 이와 더불어 염가 대매출 방식이 시작되었다. 제2차 세계 대전이 끝난 뒤에 철광석이 발견되면서 이런 일은 더욱 심해졌다. 그 어떤 정치적 이념도 없이 권력을 쥔 사람들은 가장 짧은 시간에 더욱 부자가 될 생각만 하면서 나라의 복지에 대해서는 전혀 신경을 쓰지 않았다. 라이베리아는 지하자원이 풍부한 나라이지만, 가난해진 주민을 전혀 고려하지 않는 부패한 정치가 때문에 혼란에 빠졌으며, 최근까지도 범죄 단체가 주민의 생활을 좌우하고 있다. 1990~2000년에만 폭력으로 사망한 시민의 숫자가 20만 명을 넘는 것으로 추정된다."

유럽 식민 세력으로부터의 실질적인 해방은 제2차 세계 대전의 직접적인 결과로 북부 아프리카에서 시작되었다. 1943년에 벌써 이탈리아 사람들이 리비아에서 쫓겨났다(하지만 유엔은 이 나라의 독립을 1951년에야 인정한다). 1946년에 영국 사람들이 이집트를 떠나고, 1956년에는 모로코와 튀니지와 수단이 독립한다. 프랑스는 1954년에서 1962년까지 심각한 유혈 전쟁을 겪은 후에야 알제리에서 물러났다.

**마르티니크 출신, 옛날 노예의 후손 프란츠 파농은
젊은 의사로서 알제리 독립 전쟁에 참가하였다 :** "프란츠 파농(Frantz Fanon, 1925~1961년)은 청소년 시절에 카리브 해의 섬 마르티니크를 떠나 프랑스로 가서 나치 독일과 프랑스의 나치 협력자에 맞

카리브 해안에서 태어난 의사 프란츠 파농은 1954년에 알제리로 가서
프랑스 사람들의 식민 지배에서 나라를 해방시키기 위해 지하 운동을 벌였다.

서 싸웠다. 전쟁이 끝난 다음 그는 파리에서 의학 공부를 시작하였지만, 자신이 직접 경험한 인종주의의 원인에 대해서도 계속 탐색하였다.

스물일곱 살에 알제리 병원에서 처음으로 의사 자리를 얻었다. 1년 뒤에는 젊은 백인 프랑스 여인과 결혼하였다. 식민주의와 아직도 살아 있는 인종주의를 분석한 그의 첫 저서 《검은 피부 하얀 가면》이 프랑스에서 격렬한 논쟁을 불러일으켰다. 1954년에 알제리에서 프랑스 식민 통치자에 맞선 독립 전쟁이 시작되었을 때 프란츠 파농은 그 싸움에 동조하였다. 당국의 추적을 받는 해방 투사들을 자기 집에 숨겨 주고 간호사들을 훈련시켜 독립 투사 진영에서 일하게 했다. 마침내 그는 병원 일을 그만두고 무기를 들고 싸움터에 나섰다. 하지만 의사로서의 직분도 이어나갔다. 그는 매일같이 이 잔혹한 전쟁의 끔찍한 희생자들을 보았다. 어린이와 부인들에 대해서도 전혀 배려를 모르는 전쟁이었다. 정치적 반대자를 고문하는 것은 양측 모두에서 이루어지고 있었다.

1959년에 서른네 살이 된 파농은 모로코 국경에서 심각한 부상을 입었다. 부상이 완치된 다음 그는 한동안 가나에서 미래의 독립 알제리의 임시 대사 노릇을 하면서 이미 해방된 튀니지에 아프리카 최초의 정신과 클리닉을 세웠다. 프란츠 파농은 자신을 노린 여러 번의 암살 기도를 모면하고 살아남았지만 1960년에 백혈병에 걸렸다. 그는 미국에서 치료를 받았지만 아무런 소용도 없이 1961년 12월에 죽었다. 같은 해에 간행된 그의 책 《대지의 저주받은 사람들》은 전 세계의 흑인 해방 운동에 중요한 영감이 되었다. 프란츠 파농은 알제리의 독립을 보지 못했다. 그것은 그가 죽고 1년 뒤에야 이루어졌다."

프랑스 언론이 알제리의 게릴라 전쟁을 충격으로 보도했던 것처럼, 영국 언론도 케냐의 '마우마우' 궐기에 나타난 잔인성을 지치지도 않고 세부 사항까지 거듭 보도하였다. 이것은 알제리 독립 전쟁보다 2년 앞선 1952년에 시작된 일이었다. '마우마우'란 영국 사람들이 만들어낸 말로 '매우 혼란스런 아프리카 방식'이라는 뜻을 풍기는데, 1950년대 유럽에서는 테러를 뜻하는 유행어가 되었다. 물론 많은 사람들은 키쿠유족에 대해 상세한 것을 알지 못했으며, 그때까지는 케냐에서 영국인들에게 고용되어 아무 말 없이 일 잘하는 사람들로 알려져 있었다.

케냐에 있던 약 100만 명의 키쿠유 사람들이 여러 달에 걸쳐 영국 식민 세력에 맞선 비밀 궐기를 계획하였는데, 그 과정에서 비밀 엄수 맹세를 깨뜨릴 경우 누구든 죽이는 것이 옳다는 합의를 보았다. 궐기가 진짜로 시작되기도 전에 키쿠유 사람들은 자기들 내부의 배신자들을 처형하기 시작하였다. 진짜 배신자도 있었지만 그냥 배신자로 의심을 받은 사람들이 점점 더 많이 처형을 당했다. 영국 사람들은 처음에 화가 나서 그냥 방관만 하다가 마침내 폭력적으로 개입하였다. 3년 동안의 궐기 끝에 적어도 1만 1,000명의 키쿠유 반란자와 32명의 영국 사람이 죽었다. 주로 젊은 남자들 약 8만 명이 여러 해 동안이나 노동 수용소에 수감되었다. 키쿠유족으로서 뒷날 케냐의 대통령이 된 조모 케냐타는 이 궐기를 비판만 했는데도 1953년에 7년 징역형을 선고받았다. 1963년에 그는 독립된 케냐의 초대 대통령으로 선출되었다.

벨기에에게 억압을 당하던 중부 아프리카 콩고에 젊은 파트리스 루뭄바(Patrice Lumumba, 1925~1961년)가 있었는데, 그의 이야기는 처음에 평화적인 정권 이양에 대한 희망을 만들어냈다. 그는 1958년에 서른세 살의 나이로 콩고의 모든 민족을 하나로 통합하려는 새로운 운동을 시작하였다.

"우리는 흑인들이 자유로워지면
어떤 일을 이룰 수 있는지 온 세상에 보여줄 것이다……."

1960년 6월 30일 콩고에서 파트리스 루뭄바: "파트리스 루뭄바는 영향력이 있는 집안 출신은 아니었다. 그는 젊은 시절에 스탠리빌(오늘날의 키상가니)의 우체국에서 일하면서 노조 운동에 참여하였다. 1956년에 그는 작은 횡령죄를 범했다는 이유로 1년 동안 감옥에 갇혔다. 이 기회를 이용하여 그는 콩고의 미래에 대한 책을 쓰고 더 많은 정치적 활동을 위한 준비를 하였다.

파트리스 루뭄바 혼자만 자유 콩고의 통합이라는 이념을 가졌다. 그에 비해 그의 경쟁자들은 특별한 민족 무리만 후원하였다. 조제프 카사부부(Joseph Kasavubu)는 바콩고 민족을, 모이스 촘베(Moise Tschombé)는 지하자원이 풍부한 카탕가 지방을 지지하였다. 1959년 초에 벨기에 식민 정부는 콩고에서 일어나는 심각한 소요 사태에 놀랐다. 처음으로 유럽 사람들도 공격을 받았다. 이런 소요 사태의 배후에는 어떤 목적을 가진 조직이 따로 없었고, 각각의 무리가 이 나라의 지속적인 착취에 대한 불만을 폭발시키고 있었다. 벨기에 정부는 연말에 자유 선거를 하겠다고 약속하였다. 그리고 여러 해가 걸리는 이양 과정의 계획을 몰래 세웠다. 식민 정부 없이도 벨기에 사람들이 경제적 이익을 확보할 시간을 벌기 위해서였다. 하지만 모든 것이 전혀 다르게 결말이 났다.

1959년이 흐르는 동안 콩고의 소요 사태는 점점 심각해졌다. 동시에 벨기에 여론은 콩고에 더 많은 병력을 보내는 것에 반대하였다. 12월에 벨기에 사람들이 감시하는 가운데 투표가 이루어졌지만 그것은 코미디가 되고 말았다. 120개가 넘는 정당의 후보들이 난립하였고 많은 지역들이 투표를 거부하였다. 이런 대실패를 겪은 다음에 식민 정부는 처음으로 아프리카 사람들과 협상 테이블에 앉았다. 13개 정당의 대표자들이 브뤼셀로 초대를 받았다. 그들 중에는 루뭄바와 카사부부와 촘베가 있었다. 여기서 1960년 5월에 새로 투표를 하고, 투표가 끝난 직후인 6월 말에 독립을 인정해주기로 합의를 보았다. 벨기에는 이제 가능한 한 빨리 '화약통 벨기에령 콩고'에서 벗어나기로 굳게 결심하였다. 콩고 사람들은 이 역사적인 순간을 그냥 흘려보내서는 안 된다고 생각하였다. 이 선거에서 파트리스 루뭄바가 승리하였다. 그는 콩고의 초대 총리가 되고, 카사부부가 대통령이, 촘베는 겨우 카탕가의 주지사가 되었는데 그 때문에 그는 몹시 화가 났다.

1960년 6월 30일 독립 기념식에 참석하기 위해 젊은 벨기에 국왕 보두앵(Baudouin, 1930~1993년)이 콩고에 왔다. 그의 축하 연설은 너무나 단순해서 그 자리에 참석한 콩고 사람들은 그것을 도발이라고 여기지 않을 수가 없었다. 그는 '레오폴 2세의 업적'을 찬양하는 말로

파트리스 루뭄바는 1960년에 콩고에서 모든 콩고 사람의 통합을 지지하는
유일한 정당을 설립하였다.

시작하여 "벨기에가 콩고를 위해 바친 모든 희생"이라는 말도 했다. 그리고 이제 벨기에가 콩고 사람들에게 준 신뢰가 정당했다는 것을 콩고 사람들이 보여줄 차례라는 말로 연설을 끝냈다.

대통령 카사부부는 예의 바르게 답변하였지만 왕을 위해 준비했던 감사 인사를 생략하였다. 그에 반해 루뭄바는 분노를 감추기가 힘들었고 그래서 오랜 세월에 걸쳐 콩고 사람들이 벨기에 사람들에게서 받은 치욕이라는 말을 했다. 그리고 흑인들이 자유롭게 되면 어떤 일을 할 수 있는지 온 세상에 보여줄 것이라고 말을 이었다. 그 자리에 있던 콩고 사람들은 오랫동안 박수를 쳤고 벨기에 사람들은 충격을 받았다. 벨기에 대표들이 그냥 떠나려고 했기 때문에 공식적인 오찬이 두 시간이나 미루어졌다. 그러나 마침내 추문을 더욱 키우지 않기 위해 그들은 오찬에 참석하였다.

새로운 콩고 정부는 처음부터 엄청난 어려움에 직면하였다. 기념일이 지나고 겨우 나흘 만에 병사들이 항의를 하기 시작하였다. 콩고 사람들의 장교 훈련을 마칠 때까지 과도기 동안 콩고에 남기로 한 합의에 따라 남아 있던 백인 장교들에게 콩고 병사들이 치욕을 당하기를 원치 않았기 때문이다. 루뭄바는 병사들에게 과도기 동안 자제해달라고 호소하였지만 소용이 없었다. 최초의 폭동의 기미가 보이자 루뭄바는 양보하고 당시 아직 남아 있던 약 1,100명의 벨기에 장교들을 모조리 해임하였다. 이렇게 생긴 빈자리는 경험 없는 사람들로 서둘러 채워졌다. 참모총장에는 루뭄바의 개인 비서로 당시 스물다섯 살이던 조제프 모부투(Joseph Mobutu, 1930~1997년)가 임명되었다.

많은 병영에서 혼란이 일어나고 그때까지 콩고에 남아 있던 벨기에 사람들에 대한 기습이 매일 일어났다. 사제들도 강도를 당하고 수녀들이 겁탈을 당하는 판이었다. 겨우 며칠 만에 콩고에 남아 있던 대략 2만 5,000명의 벨기에 사람들이 콩고를 떠났다. 곧이어 벨기에는 새로운 군대를 콩고에 파견하였다. 7월에 모이스 촘베는 이런 상황을 이용하여 '자신의' 카탕가 주의 독립을 선언하였다. 루뭄바는 유엔에 원조를 요청하였고, 유엔은 곧바로 군대를 파견하였다. 하지만 루뭄바의 생각으로는 너무나 부족한 인원이었기에 그는 소련에도 군사 원조를 요청하였다. 벨기에에 주둔한 미국 대사는 워싱턴에 이렇게 보고하였다. '루뭄바는 콩고와 아프리카 전체에서 우리의 본질적인 이해를 위험하게 하고 있다. …… 루뭄바 정권을 해체하고 동시에 아프리카 나머지 지역에서도 문제 없이 받아들일 수 있는 또 다른 신하를 …… 찾아내는 것을 목표로 삼아야 한다.'

당시 루뭄바의 개인 비서로 루뭄바가 군대의 지휘권을 맡겼던 조제프 모부투가 이런 '또 다른 신하'가 되었다. 1960년 9월 14일에 그는 스스로 임시 정부의 수반이 되고 소련 대사에게 48시간 이내에 이 나라를 떠나라고 명령하였다. 루뭄바는 가택에 연금되었다. 대통령 카사부부는 모이스 촘베를 새로운 총리로 제안하였다. 유엔 병사들이 루뭄바의 가택연금을 감시하면서, 암살 시도와 그의 도주를 막으려는 모부투의 군대로부터 그를 보호하였다.

그런데도 1960년 11월 말에 루뭄바는 매우 대담한 탈출에 성공하였다. 하지만 겨우 며칠 만에 두 명의 심복과 함께 모부투의 병사들에게 붙잡혔다. 전 세계로 전해진 사진들은 파트리스 루뭄바가 카메라 앞에서, 모부투가 있는 자리에서 머리를 쥐어뜯기고 매를 맞는 모습

루뭄바는 옛날 식민지 주인인 벨기에의 묵인 아래 살해되었다.
그보다 앞서 공개적으로 두들겨 맞고 모욕을 당하였다. 전 세계로 전달된 그의 마지막 모습이다.

을 보여준다. 한동안 그의 운명은 불확실하였다. 마지막에 모부투는 자신의 옛 상관을 카탕가에 있는 그의 철천지원수인 촘베에게 보냈다. 1961년 1월 17일에 파트리스 루뭄바와 그의 두 심복은 끔찍한 고문을 당한 끝에 벨기에 장교들이 지켜보는 가운데 총살당하였다. 그들의 시신은 발견되지 않았다.

그후 조제프 모부투는 여러 해 동안 미국의 후원을 받아 체계적으로 군대를 조직하고, 권력 싸움을 마친 다음 1965년에는 카사부부와 촘베를 제거하고 마침내 종신 독재자가 되었다. 바로 뒤이어 그는 파트리스 루뭄바를 '국민 영웅'으로 선포하였다. 1967년에 그는 '아프리카가 되기' 캠페인을 시작하였다. 그래서 나라 이름은 자이르로 바뀌고, 모든 시민은 아프리카 이름을 가져야만 했다. 그는 자기 자신을 '모부투 세세 세코 은쿠쿠 은벤두 와 자 방가(Mobutu Sese Seko Nkuku Ngbendu wa za Banga)'라고 고쳤는데 번역하면 다음과 같은 뜻이다. '굽히지 않는 용기로 승리에 승리를 거듭한 강력한 전사'. 모부투 세세 세코는 다음 30년 동안 아프리카에서 가장 부유하고 가장 부패한 남자의 하나였다. 그리고 가장 고약한 폭군의 한 사람이었다. 1997년 5월에 비로소 그를 궁전에서 쫓아낼 수가 있었다. 자이르는 다시 '콩고 민주 공화국'으로 이름을 바꾸었다. 이 나라는 아직도 수많은 소요 사태로 흔들리고 있다. 모부투는 1997년 9월에 모로코에서 망명 중에 사망했다."

1957년에 사하라 이남 아프리카에서 영국령 '황금해안'이 처음으로 독립하였다. 공식적으로는 3월 6일에 역사적인 서아프리카 왕국의 이름을 따서 가나라는 명칭을 얻었다. 당시 가나에 주어진 기회는 다른 많은 식민지 국가들의 경우보다 훨씬 더 나은 것이었다. 권력 이동은 폭동을 통해 이루어지지 않았고, 농업도 상대적으로 안정되어 있었다. 물론 아주 많은 수의 학교와 병원들이 필요하기는 했지만.

"아프리카 전체가 자유를 얻어야 한다, 그것도 우리가 살아 있는 동안에!"

1958년 12월 8일 가나에서 콰메 은크루마 : "1909년에 가나의 남서부에 있는 작은 마을에서 금세공사 아버지와 평범한 농부 어머니 사이의 아들로 태어난 콰메 은크루마(Kwame Nkrumah, 1909~1972년)는 전혀 문제가 없는 지도자로 여겨졌다. 그의 부모는 가난하였지만, 그는 가톨릭 선교사 학교에 다닐 수 있었다. 그런 다음 몇 년 동안 교사로 일을 하던 그는 아프리카와 세계에 대하여 더 많은 것을 알고 싶었다. 또한 미국 대학에서 정치학을 공부할 것을 꿈꾸었다. 배표를 살 돈이 없던 그는 스물여섯 살 때 장님 승객으로 위장하여 해외로 가는 증기선에 오를 수 있었다. 그리고 엄청난 고생 끝에 미국에 도착하였다. 콰메 은크루마는 이곳에서 10년 동안 살면서 대학에 다니고 일을 하였다. 자기보다 마흔 살이나 위인 W. E. B. 두 보이스처럼 흑인들의 권익을 위해 일하는 유명한 선구자들도 만났다. 뿐만 아니라 마지막에는 박사학위도 받았다.

그는 1945년에 런던으로 건너가서 2년 동안 통합된 강한 아프리카를 지향한다는 범아프리카 이념을 위하여 일하였다. 당시 이미 서부 아프리카에서 정치적으로 활동하던 동지들이 1947년에 그에게 황금해안으로 돌아오라고 초대하였다. 당시 대부분의 무리와 정당들이 너무 얌전하다고 생각했던 은크루마는 파업과 태업을 조직하였고 그 때문에 한동안 감옥에 갇히기도 했다. 그 후에는 '지금 당장 독립을!'이라는 슬로건을 내걸고 더욱 과격한 정당을 설립하였다. 1951년 최초의 선거 결과 그의 정당이 다수표를 얻었다.

1952년부터 영국 사람들은 '자기들의' 황금해안에 최초의 정부를 허용하였다. 은크루마가 이 정부의 총리가 되었고 대부분의 장관은 아프리카 사람들이었다. 하지만 영국 총독이 최종 결정권을 가졌다. 불안하지만 양측이 많은 것을 배운 6년이 지난 다음 1957년에 유혈사태 없이 정권 이양이 이루어졌다. 가나는 훌륭하게 경영되는 카카오 농장들과 풍부한 황금과 다이아몬드 광산 덕분에 상당히 안정된 국가로 여겨졌다. 콰메 은크루마는 가나의 독립이 모든 식민지의 해방을 위한 시작이 되어야 하며, 새로운 'USA', 곧 '아프리카 합중국'을 이루어야 한다는 자신의 비전에 충실히 머물렀다. 그 밖에도 확고한 사회주의자였던 그는 수많은 국영 기업체들을 만들어서 산업을 촉진시키고, 많은 대학들과 학교들을 건설하고 거대한 댐 건설을 시작하였으며, 그 밖에도 다른 식민지 지역의 해방 운동을 지원하였다.

대부분의 가나 사람들, 특히 가난한 사람들에게 그는 영웅이었다. 그는 지치지 않고 수많은 여행을 하면서 하나의 의회를 가진 통합된 아프리카라는 이념을 위하여 사람들을 설득하였다. 유럽 사람들도 자기들의 대륙에서 아직까지 생각지 못하던 꿈이었다. 이러한 이념을 위한 첫걸음으로서 그는 기니와 말리와 더불어 최초의 경제 공동체를 만들었다.

하지만 이러한 가나의 열광은 그때까지 식민 정권에서 해방된 모든 나라에서 똑같은 공감을 얻지는 못했다. 1963년 5월에 정말로 '아프리카 통합 기구(Organisation of African Unity/OAU)'가 결성되기에 이르렀을 때, 아프리카의 모든 독립 국가가 여기 참석하였지만 은크루마의 핵심적인 이념은 거부되었다. 공동의 의회가 생겨난 것이 아니라 대부분 식민지를 경영한 세력에 의해 그어진 국경선 안에 개별적인 국가를 만들기로 한 것이다. 콰메 은크루마를 견제하기 위해 첫 회의 장소도 은크루마가 제안했던 가나의 수도 아크라가 아니라 에티오피아의 아디스아바바가 선택되었다.

조국 가나에서는 수많은 시도가 이루어졌지만, 산업 생산이 자금을 가져다주는 것보다 국고가 바닥나는 쪽이 더 빨랐다. 물가는 오르고 생활 수준은 떨어지자, 총리에 대한 비판의 소리가 커졌다. 최초의 폭탄 공격과 태업이 나타나자 은크루마는 갑자기 강경한 입장으로 돌아섰다. 1963년에는 이미 3,000명의 정권 반대자들이 감옥에 있었다. 총리는 점점 더 독재자가 되어서 자신이 소속된 정당만 허용하였다. 1966년 콰메 은크루마가 외국에 있을 때 군사 쿠데타가 일어났다. 그는 1972년에 기니에서 망명 중에 죽었다.

그후 20년 동안은 앞선 정권을 뒤집어엎고 권력을 잡는 정권들이 연이어 등장했다. 나라는 점점 곤두박질쳤다. 1981년의 마지막 날에 젊은 공군 소위 제리 존 롤링스(Jerry John Rawlings, 1947년~)가 두 번이나 군사 쿠데타를 일으킨 끝에 권력을 잡았다. 처음에는 그다지 좋은 모습을 보여주지 않았다. 그는 의회를 해산하고 모든 정당을 금지하였다. 그런 다음 나라 전체에 급격한 절약 정책을 명령하고 억지로

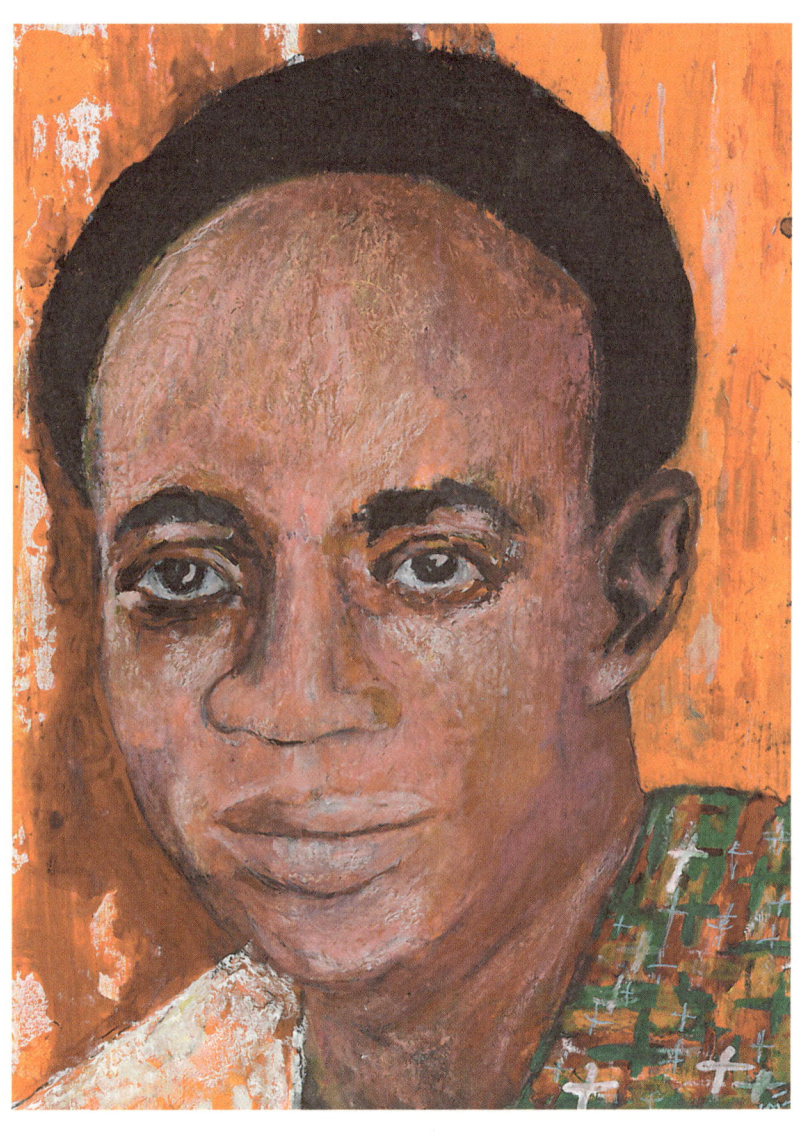

가나의 초대 총리인 콰메 은크루마는 아프리카 합중국을 꿈꾸었다.

지만 어쨌든 지속적으로 국제통화기금과 세계 은행의 여러 조건을 이행하였다. 이곳에서는(모든 곳에서 그런 것은 아니다) 이런 조치가 효과를 발휘하였다. 나라는 점차 똑바로 서고 투자 계획을 통해 새로운 일자리가 만들어졌으며, 마침내 생활 수준이 차츰 올라가기 시작하였다. 사치는 아니라도 어쨌든 이전의 곤궁은 사라졌다.

1992년에 두 번째로 민주주의를 시행하려는 시도가 이루어졌다. 가나에서는 그냥 '제이제이(J. J.)'라고 불리는 제리 존 롤링스는 정당을 설립하고 조심스럽게 준비하여 선거에 나섰다. 외국의 개입이 없이 모든 가나 사람이 선거가 자기들의 일이라고 여겼다. 군복을 벗은 시민 롤링스는 자유 선거에서 58퍼센트의 표를 얻어 민주적인 대통령이 되었다. 이제부터 그는 모든 민주적 규칙을 지켰으며, 헌법에 정해진 대로 두 번의 임기를 끝내고 다시는 취임하지 않았다. 2001년부터 존 아제쿰 쿠퍼(John Agyekum Kufuor, 1938년~)가 가나의 새 대통령이다. 아직도 할 일이 많고 경제는 바라는 만큼 꾸준히 안정된 것은 아니지만, 가나는 자기만의 길을 가고 그렇게 해서 이미 이룩한 것을 자랑스럽게 여길 수 있을 정도로 성공한 아프리카 국가의 예로 꼽힌다. 1997년에 이 나라 사람들의 커다란 환호 속에서 가나 사람 코피 아난(Kofi Annan, 1938년~)이 유엔 총재로 선출되었다. 뉴욕의 유엔 본부에서 성공적으로 일을 한 덕분에 그는 2001년에 노벨 평화상을 받았다."

권력과 권력의 남용:
해방 투사와 폭군

　권력을 한 번 얻으면 개인의 이익을 위해 그것을 이용하고 그러면서 자기를 가로막으려는 사람들에게 온갖 잔인한 행동을 마다하지 않는 사람들이 있다는 것은 아프리카만의 특성이 아니다. 누군가가 합법적으로, 예를 들면 자유 선거를 통해 권력을 얻었는지 아니면 이전의 권력자를 폭력으로 몰아내거나 살해하는 등의 불법적인 방식으로 권력을 차지하였는지 하는 것은 부수적인 문제일 뿐이다. 누군가가 '위에서' 꼭 필요한 경찰력이나 군사력을 얻게 되면 '아래로부터' 제대로 작동하는 통제만이 독재 정치나 권력 남용을 막을 수 있다.

　거의 모든 문화의 역사는 권력과 부유함을 차지하려는 욕망에서 자신의 민족을 극히 고약한 방식으로 착취했던 남자들의 이야기를 갖고 있다. 식민 지배에서 해방되고 처음 10년 동안 아프리카에는 다음의 세 가지 조건을 충족시키는 지배자들이 압도적이었다. 첫째, 그들은 이전의 식민 지배 세력의 적극적인 후원이나 적어도 묵인 아래서 권력을 차지하였다. 둘째, 적어도 처음에는 각 국민의 보수적 엘리트 계층의 지원을 받거나 묵인되었다. 셋째, 모두가 남자들이었다.

세 번째 조건만은 진짜 해방 투사나 휴머니스트로 여겨지는 사람이나 관계없이 모두에게 해당된다. 남자, 남자, 남자……. 폭군이거나 해방자이거나 상관없이 해방 후 처음 몇십 년 동안 아프리카의 역사에는 오로지 남자만 등장하였다. 몇몇 아프리카 나라들에서는 그 이후 여성 장관이 나타나기는 했지만 여성 대통령이나 총리는 아직도 등장한 적이 없다. 그들은 앞으로 나타나게 될 것이다. 아프리카의 여성들은 전통적인 남성 중심 사회에서 자기들에게 주어진 침묵을 깨뜨리기 시작하였다. 여성에 대해서는 다음 장에서 더 상세히 다루기로 한다.

유럽에서 중앙 아프리카 공화국의 보카사 황제나 우간다의 이디 아민 같은 미친 독재자들의 잔학 행위는 아프리카 정치 지도자의 '끔찍한 미숙함'의 일반적인 증거라고 쉽사리 여겨지곤 하였다. 그러면서 유럽이 배후에서 행한 역할에 대해서는 제대로 조명하지 않았다. 아프리카에서는 국내의 보수적 엘리트층이 자기들의 공동 책임을 자주 부인하였다. 특히 독재 정권이 무너지고 나면 누구든 가리지 않고 모두가 '전부터 이미' 이 독재자에게 맞서왔던 것처럼 굴었다. 반대로 ─ 그리고 어쩌면 이것은 더욱 불행한 일이었는데 ─ 아프리카 정부 지도자들에게서 보이는 인간적으로 정직하고 정치적으로 영리하고 개인적으로 겸손한 태도는 제대로 분석되지도 않았고, 제대로 알려지거나 자유를 향한 먼 길에서 꼭 필요한 노선으로 인정받지도 못했다.

장 베델 보카사와 이디 아민은 인간적인 권력 남용의 극단적인 예를 보여준다. 그에 반해 레오폴드 셍고르와 줄리어스 니에레레는 그와는 대비되는 인물들이고, 토마 상카라는 오류가 없지는 않았지만 많은 사람들을 위한 더 나은 정의를 찾는 과정에서 정직한 모습을 보여준 잊을 수 없는 인물이다.

"나는 검은 아프리카에서 사회적 진화를 직접 실현한 사람이다. 중앙 아프리카 제국의 통치자인 나 보카사 1세 황제는."

1977년 12월 4일 장 베델 보카사 : "장 베델 보카사(Jean Bédel Bokassa, 1921~1996년)는 아프리카의 나폴레옹으로 역사에 등장하려고 하였다. 1977년 12월 4일 황제 대관식은 그의 소원에 따라 나폴레옹의 대관식 이후 정확하게 173년 만에 거행되었다. 이것은 그로테스크한 생각이었다. 노예 제도와 그 결과로 가장 많은 타격을 입은, 아프리카에서 가장 가난한 나라에 예전 식민지 주인인 프랑스가 대관식에 어울리는 장식품을 공급해주었다. 금도금을 한 독수리 모양의 옥좌(무게가 2톤), 황제 관(다이아몬드 2,000개가 박힌) 그리고 물론 강물처럼 많은 샴페인도 공급하였다. 이렇듯 품위 없는 구경거리를 위해 사용된 경비는 미국 달러로 약 2,000만 달러에 이르렀을 것으로 추정된다.

프랑스가 이런 연극 무대 같은 일에 말려든 것은 아마도 이 시기에는 자신들이 지배하던 아프리카에 대한 새로운 개념이 없었기 때문일 것이다. 1960년부터 독립한 이 나라에서, 1965년에서 1966년으로 넘어가는 마지막 날 밤에 정부를 뒤집어엎고 통치권을 차지한 이 강한 남자에 대한 열광은 처음부터 벌써 몇 가지 상처를 지닌 것이었기 때문이다.

장 베델 보카사는 프랑스 군대에서 일반 병사로 경력을 시작하여 차근차근 위로 올라갔다. 중앙 아프리카 공화국이 독립한 지 4년 만

197

인 1964년에야 보카사는 프랑스에서 고국의 군대로 자리를 옮겼다. 보카사의 사촌이던 초대 대통령은 곧바로 그를 참모총장에 임명하였다. 그것은 치명적인 오류였다. 1965년에서 1966년으로 넘어가던 마지막 날 보카사는 공격을 시작하여 사촌을 쫓아냈을 뿐만 아니라 1959년에 제정된 헌법을 곧바로 효력 정지시켰다. 이제 아무도 그를 통제할 수 없게 되었다. 수백 명의 정치적 적들이 긴 재판 과정 없이 곧바로 처형되었다.

그는 수도인 방기 바깥에 궁전을 지었는데, 오늘날에는 거의 다 무너져서 무성한 잡초로 뒤덮였지만, 그가 자신의 개인적인 원수들을 사자 먹이로 던져주곤 하던 사자 우리와 독사들을 길렀던 공간의 잔재만은 아직도 남아 있다.

보카사가 중앙 아프리카에서 프랑스의 이익을 존중하는 한 — 그것은 주로 이 나라의 전략적 위치 때문에 중요하였다 — 프랑스 정부는 10년 이상에 걸쳐 가장 고약한 인권 침해의 수많은 사례들을 묵인하였다. 비판의 목소리가 있었지만 어쨌든 그는 제2차 세계 대전 동안 프랑스 편에 서서 나치 독일에 맞서 싸웠다는 것이다.

1972년에 스스로 종신 대통령이 된 보카사는 두 번의 쿠데타 시도와 한 번의 암살 시도를 무사히 넘기고 살아남았다. 그때마다 광란적인 학살이 뒤따랐다. 새로 독립한 리비아의 원수 무아마르 알 가다피(Muammar al-Gaddafi, 1942년~)가 그를 설득하여 이슬람교로 개종시켰지만 그는 대관식을 하기 전에 가톨릭으로 되돌아왔다.

1979년 초의 소요 사태를 그는 전과 똑같이 시민들에 대한 잔인한 학살을 통해 진압하였다. 1979년 4월에 초·중·고 학생들의 시위가

옛날 식민지 주인인 프랑스는 아프리카의 가장 가난한 나라에서 거행된 보카사의 우스꽝스러운 황제 대관식을 위해 장식품을 공급해주었다.

있었는데 이때 100명의 학생들이 몽둥이에 맞아 죽었다. 기자들은 보카사가 스스로 몽둥이를 들고 어린이 학살에 참가한 모습을 보도하였다. 전 세계를 경악하게 만든 이 사건은 도를 넘는 것이었다. 마침내 프랑스는 보카사를 쫓아내는 것에 동의하였고, 그가 1979년 9월에 리비아의 가다피를 방문하고 있는 동안에 피를 흘리지 않고 이 일을 처리하였다.

보카사는 프랑스에서 안전한 망명 생활을 하였다. 그런데도 1986년에 그는 중앙 아프리카 공화국으로 돌아와서 체포되어 대단히 감정적인 재판을 받았다. 재판 과정에서 계속 새로운 잔혹 행위가 폭로되었고 그의 정권 아래서 살해된 사람의 숫자가 20만 명 이상에 이르는 것으로 추정되었다. 1987년에 그는 사형을 언도받았다. 1년 뒤에 당시 대통령 앙드레 콜링바(André Kolingba, 1935년생)가 사형을 종신형으로 바꾸었다. 보카사는 1993년에 일반 사면을 받아 석방되었고 1996년에 심장병으로 사망하였다."

**"우간다의 암소에게 먹을 것을 주지 않고
그 젖을 짜려는 사람은 우간다에서 얻을 것이 없다."**

1972년 우간다에서 약 5만 명의 아시아 사람을 쫓아내기 전날 밤에 이디아민 : "이디 아민(Idi Amin, 1925~2003년)은 독재자로서 권좌에 오른 지 1년이 지났을 때 (꿈에서 신이 나타나 알려주었다고 하는데) 이 나라에 있던 소수 민족에 대한 조치가 자신의 권력을 안정시켜줄 것이라고 생각하였다. 그래서 그는 이들 소수 민족을 경제 문제의 희생양으로 만들었다. 영국이 식민 지배를 하던 시절에 이 나라로 데려온 인도 사람과 파키스

탄 사람들은 상대적으로 안정된 중산층 상인 계층을 형성하고 있었는데, 그들이 힌두교도이거나 이슬람교도이거나 상관하지 않고 모두 90일 이내에 이 나라를 떠나라고 명령하였다. 그들은 트렁크 두 개에 50파운드까지 들고 나갈 수 있었다.

이디 아민은 1925년 이 나라의 북서부에 있는 소수 민족의 하나인 카콰(KaKwa)족으로 태어났다. 젊은 시절에는 '동아프리카 라이플'이라는 영국 식민지 군대에서 근무하였다. 병사 시절 그는 헤비급 권투선수로서 뛰어난 능력을 보였다. 읽기와 쓰기를 겨우 할 수 있는 정도였는데도 일찍부터 이렇게 강력한 체력으로 사람들의 존경을 얻었다. 상관들은 그가 '특히 양순한' 사람이라고 서술하였다.

1962년 우간다가 영국에서 독립을 얻었을 때 이 나라는 — 2년 전 루뭄바의 콩고와 비슷하게 — 매우 다양한 종족 무리들이 뒤섞여서 폭발 직전의 상태에 있었다. 영국 사람들은 마지막 순간까지 일부러 이들이 서로 대립하게 만들었다. '간접 통치'라는 식민지 정책에 따라 가장 큰 종족인 간다(Ganda) 민족을 세금 징수인, 경찰, 관리 등으로 삼아 다른 모든 민족보다 우대하였다. 그래서 최초의 정부는 간다 민족인 카바카(왕) 무테사(Kabaka Mutesa) 1세를 대통령으로, 랑고 민족에 속하며 간다 민족을 미워하는 정당 정치인 밀턴 오보테(Milton Obote, 1924년~)를 총리로 삼았다. 독립한 지 4년 만에 오보테가 공격을 개시해서 간다 왕의 권리를 뺏고 그를 영국으로 쫓아냈다. 그는 1969년 죽을 때까지 영국에 머물렀다.

이 과정에서 이디 아민은 개인적으로 왕궁을 폭파하여 핵심적인 역할을 하였다. 오보테와 아민의 병사들은 우간다 시민들을 끔찍하게 학살하였다. 오보테는 얼마 뒤에 아민을 군대의 명령권자로 임명하였다. 영국 사람들은 점점 커지는 원한을 품고 이 사태를 지켜보았다. 오보테는 거듭 부패 행위로 고발을 받았을 뿐만 아니라 수많은 테러를 통해 단독 정당 정권을 수립하였다. 영국 정부를 더욱 화나게 만든 것은 그가 영국 소유의 회사 몇 개를 국유화하고 인종 정책을 쓰는 로디지아와 남아프리카에 대한 불매 운동을 조직한 일이었다. 육군소장 이디 아민은 자신의 시간이 오는 것을 보았다.

그는 이슬람교도였는데도 불구하고 오보테의 배후에서 영국과 이스라엘의 외교적 후원을 얻었다. 이스라엘은 우간다를 거점으로 삼고 수단에서 정치적 불안을 일으키려 하였다. 1971년에 오보테가 외국 여행을 하고 있을 때 아민이 공격을 개시하여 오보테의 심복들을 죽인 다음 스스로 군사 정권의 수반이 되었다. 오보테의 공포 정치가 대부분의 우간다 국민에게 대단히 미움을 샀고 이디 아민은 정치가로서는 거의 알려지지 않았기 때문에 수도 캄팔라 사람들은 처음에 아민을 '곤궁에서 구원해준 사람'이라 여겨 환영하였다.

영국 정부는 우간다의 쿠데타에 개입한 것을 드러내지 않기 위해서 케냐와 이스라엘을 부추겨 그들이 먼저 아민을 국가 수반으로 인정하게 한 다음 영국도 그를 국제적으로 인정해주었다. 오보테의 추종자들을 제외하고, 하나의 독재가 더욱 나쁜 또 다른 독재로 대체되었다는 사실을 맨 먼저 알아챈 사람들은 아시아 사람들이었다. 아민은 처음에 영국과 이스라엘 측에 임시로만 권력을 가질 것이라고 약속했지만, 머지않아 그들이 필요 없으며, 이제부터는 이슬람 세계와 결속을 가질 것이라는 소식으로 자신을 후원해준 이들을 깜짝 놀라게 만들었다. 다시 리비아의 가다피가 아민을 설득하여 주민의 6퍼센트만이 이슬람교도인 우간다를 이슬람 국가로 만들었다. 사우디아라비아의 파이잘 왕은 손수 우간다로 여행하여 전국적으로 이슬람교 성당을 건축할 비용으로 수백만 달러의 자금을 대주었다.

아랍 세계의 후원을 얻은 아민은 이제 유럽 국가들의 개입을 두려워하지 않고 자기가 하고 싶은 대로 할 수 있게 되었다. 미처 도망치지 못한 오보테의 심복들을 죽인 다음 아민은 다른 종족 무리에 속하는 사람들을 체계적으로 파괴하기 시작하였다. 그의 '죽음의 기병대'는 전국에 공포를 퍼뜨리고 판사와 주교들을 보고도 물러서지 않았다. 수많은 사람들이 실종되었고, 고문으로 사지가 절단된 시체들이 강에 둥둥 떠다녔다. 사람들은 아민이 '우간다의 학살자'라고 뒤에서 수군댔다. 8년 동안의 공포 정치 동안 적어도 30만 명, 아마도 50만 명이 폭력으로 죽음을 맞이했을 것이라고 전문가들은 추측한다.

이전의 식민지 주인 그 누구도 이런 살상 행위를 끝내기 위해 손가락 하나 까딱하지 않았고, 그가 권력을 잡도록 도움을 주었던 영국과 이스라엘은 더욱더 움직이지 않았다. 아프리카 사람이 아프리카 사람을 죽이고 영국의 옛날 회사들은 어차피 잃어버린 것인데 무엇 때문에 나선단 말인가? 결국 젊은 요웨리 무세베니(Yoweri Museveni, 1944년~)의 지휘를 받는 우간다의 저항 투사들이, 줄리어스 니에레레가 통치하던 탄자니아 정부와 군대의 도움을 받아 1979년에 우간다에서 이디 아민을 쫓아냈다. 그는 사우디아라비아로 도망쳐서 2003년에 죽을 때까지 재판을 받지 않고 그곳에 살았다.

요웨리 무세베니는 이어지는 짧은 과도 정부에서 국방장관을 지냈다. 망명지에서 돌아온 오보테는 1980년에 선거 부정을 통해 다시 권좌에 올랐다. 요웨리 무세베니는 덤불숲으로 돌아가서 오보테의 두 번째 테러 정권에 맞서 6년 동안이나 게릴라전을 펼쳤다. 오보테는 다시 적어도 30만 명의 시민들을 죽였다.

1986년 1월에 요웨리 무세베니는 자신이 거느린 국민 저항군과 더불어 캄팔라로 진입하여 얼마 뒤에 우간다의 새 대통령에 취임하였다. 게릴라전은 양측의 끝도 없는 폭력으로 이루어진 것이었지만—그래서 무세베니는 어린이 병사를 투입했다는 비난을 받는다—그래도 그는 우간다 사람들을 안정시키는 데 성공하였다. 처음으로 병사들은 기율을 갖게 되었고, 돈을 내고 식량을 샀으며, 곤궁으로 고통받는 시민들을 돌보았다. 무세베니 정부는 오늘날까지도 독자적인 길을 가려고 노력하는데, 그것은 비난과 인정을 동시에 받는다. 비판자들은 우간다에 다수 정당이 없으므로 실제로는 민주주의가 없다고 말한다. 그의 정책에 찬성하는 사람들은 우간다가 독립한 이후 처음으로 다수의 주민을 위해서도 병원과 학교들이 생겨났으며, 언론의 자유가 있고, 각 지역별로 주민들이 직접 선출하는 위원들로 이루어진 풀뿌리 민주주의의 '저항 위원회'가 있음을 찬양한다. 요웨리 무세베니는 이것을 '아프리카 방식의 민주주의 모델'이라고 말한다."

장 베델 보카사와 이디 아민은 옛날 식민지 세력을 직접 경험하였지만 명령을 받는 입장이었다. 프랑스와 영국 사람들은 이들을—비록 '괴상한 특성을' 갖기는 했어도—'잘 다룰 수 있다'고 확신하였다. 그에 비해 레오폴드 셍고르와 줄리어스 니에레레의 이야기는 새로운 유형의 아프리카 정치가를 보여준다. 그들은 처음으로 독자적인 정치 문화 이념을 가진 사람들이다. 그리고 그보다 훨씬 더 늦게 젊은 토마 상카라도 '정직한 인간'을 위한 나라라는 자신의 꿈을 위해 노력하였다. 옛날 식민 지배 세력은 여기서 새로운 동반자가 되거나, 프랑스가 세네갈의 셍고르에 대해 했던 것처럼 가장 좋은 의미에서 무관하게 되고, 동시에 다른 나라들과 그런 것처럼 독립적인 국제 관계를 맺었다.

"우리의 확신은 프랑스 사람들이 우리에게 신뢰할 만한 태도를 보여야 한다는 것이다……."

1959년 6월에 세네갈에서 레오폴드 셍고르 : "레오폴드 세다르 셍고르(Léopold Sédar Senghor, 1906~2001년)는 1906년 다카르 남쪽 작은 어촌에서 귀족 출신의 부유한 상인 아버지와 유목민인 페울 종족에 속하는 어머니 사이에서 태어났다. 세네갈에서 고등학교를 졸업한 다음 그는 장학금을 받아 스물두 살 때 공부하러 파리로 떠났다. 뒷날 프랑스의 총리(1962~1968년)와 대통령(1969~1974년)이 되는 조르주 퐁피두(Georges Pompidou, 1911~1974년)가 젊은 날 그의 대학 친구 중 하나이다. 1932년에 셍고르는 프랑스 국적을 얻고 1935년부터 고등학교 교사로 일하였다. 제2차 세계 대전이 시작되었을 때 프랑스군에 입대한 그는 전쟁 중에 포로로 붙잡혀 18개월 동안 독일 포로수용소에서 지냈다. 여기서 그는 독일어를 배우고 시를 쓰기 시작하였다. 석방된 다음 그는 아프리카 언어 교수직을 얻었다.

1945년에서 1958년 사이에 셍고르는 프랑스 국회에서 세네갈을 대표하는 국회의원 노릇을 하였다. 1947년에 그는 세네갈에 '민주 세네갈 블록당(BDS)'을 설립하였는데, 처음으로 다양한 민족 무리와 가난한 주민 대표가 여기 모였다. 그 밖에도 그는 새로운 아프리카의 자의식 이념을 주장하는 '아프리카 문화 전통주의' 소속 작가 겸 동인으로 활동하면서 작품들도 인정을 받게 되었다. 그는 앙드레 지드, 알베르 카뮈, 장 폴 사르트르 등 당대의 대표적인 프랑스 문인들과 함께 활동하였다. 1958년에 그의 당은 사회주의자와 연합하여 '세네갈 국민 연합' 정당을 이루었다. 세네갈의 독립은 조심스럽게 준비되었고, 1959년에 말리와 연방을 형성하였다. 1960년 4월 4일에 말리(옛날 프랑스령 수단)와 세네갈(이 나라에 있는 가장 큰 강의 이름을 따서 붙인 이름)은 프랑스에서 독립하였다. 1960년 8월에 평화적으로 독립을 이룬 세네갈은 그 이후로 독자적인 길을 성공적으로 가고 있다. 레오폴드 셍고르는 1980년까지 대통령을 지냈다. 그의 뒤를 이어 아브드 디우프가 다음 20년 동안 관용(톨레랑스)과 민주주의 정책을 계속 이어갔다.

　세네갈은 아프리카에서 가장 평화로운 나라 중 하나로 꼽힌다. 물론 여기에도 다양한 종족 무리와 종교들이 있다. 세네갈은 대서양 연안에서부터 300킬로미터나 길게 세네갈 내륙으로 자리 잡은 감비아와 한 번도 갈등을 겪지 않았다. 오히려 1982년 이후로 두 나라에 경제적 이익이 되면서도 각자의 독자성을 확보해주는 연방을 이루었다. 가톨릭교도인 셍고르는 처음부터 주민의 90퍼센트에 달하는 이슬람교도에 대해 상호 존중의 정책을 펼쳤다. 그는 다양한 종교적·종족적 출신 장관들과의 개인적인 친분과 협동의 예를 보여주었다. 셍고르는 1968년에 독일 서적상인 협회가 주는 평화상을 받았다. 그리고

1983년에는 아프리카 사람으로서는 처음으로 명성이 높은 프랑스 아카데미 회원으로 뽑혔다.

그러면서도 그는 단 한 번도 아프리카 문화 전통주의와 아프리카 사회주의 이념을 굽히지 않았다. 그는 아프리카 사람이 다른 대륙의 문화와 대화를 해야 하지만 그래도 독자적인 길을 찾아내야 한다고 확신하였다. 또한 사회주의 기본 이념이 아프리카에는 매우 소중한 것이라 여겼다. 언젠가 그가 말한 것처럼 '옛날부터 나눔의 이념이 아프리카의 역사에서 중요한 것이었기' 때문이다.

프랑스 사회에 대한 정확한 지식을 바탕으로 그는 자의식을 지니고 비판을 할 수도 있었다. 세네갈이 독립하기 전인 1959년 7월에 그는 프랑스가 독립 이후의 시기에 세네갈과 결실이 풍부한 협조를 할 책임감을 가질 것을 촉구하였다. '우리는 프랑스에 대한 우리의 신뢰가 우리에 대한 프랑스의 신뢰를 전제로 한다는 생각을 감추고 싶지 않다.' 그리고 이렇게 말을 계속한다. '나는 프랑스 사람들이 오류를 범한다는 것을 잘 안다. 하지만 그들은 훌륭한 자질도 가지고 있다. 이얼마나 경탄할 만한, 그러면서도 실망을 주는 민족인가. 얼마나 유혹적이면서도 화나게 만드는 사람들인가! …… 그들은 이익보다 존경심을 더 중요하게 여긴다. 그들은 남들이 자기들을 사랑한다고 말해야 할 만큼 사랑받기를 원하는 것은 아니다. 하지만 사실에 근거한 확고한 비판을 하면 그들은 이성과 인간성의 이유에서 진실에 고개를 숙인다.'

레오폴드 셍고르는 프랑스 여성과 재혼하였고, 2001년에 아흔다섯 살의 나이로 프랑스에서 세상을 떠났다."

세네갈의 대통령 레오폴드 셍고르는 아프리카 사람들이 자신들의 문제를 해결할
독자적인 방법을 찾아내야 한다고 믿었다.

"인류 전체를 끌어안을 능력을 가질 것."

1964년 11월 탄자니아에서 줄리어스 니에레레 : "줄리어스 니에레레(Julius Nyerere, 1922~1999년)도 귀족 집안 출신이다. 그의 아버지는 탄자니아 북서부에 있는 민족인 자나키의 족장이다. 그는 이곳 빅토리아 호숫가 마을에서 1922년에 태어났다. 셍고르처럼 줄리어스 니에레레도 고등학교를 마치고 교사 교육과 3년 간의 실습을 마친 다음, 장학금을 받아 유럽에서 공부할 수 있었다. 그의 경우는 영국이었다. 영국은 제1차 세계 대전이 끝난 다음 옛날 독일 식민지였던 이 지역을 넘겨받았다. 니에레레는 1954년에 서른두 살의 나이로 당시 탕가니카로 돌아와서 타누당(탕가니카 아프리카 국민 연합)이라는 정치적인 정당을 설립하였다. 타누의 이념은 사회주의의 방향을 취하고, 다양한 민족들이 통합을 이루도록 해주는 독자적인 아프리카 노선을 만드는 것이었다.

1959년과 1960년 민주적인 선거에서 타누당은 확실한 승리를 거두었다. 그 다음 1961년에 이 나라는 평화적인 정권 이양을 통하여 독립하였다. 줄리어스 니에레레는 1962년에 초대 대통령이 되었다. 탕가니카 앞쪽에 자리 잡은 잔지바르 섬은 1890년에 이미 영국 사람들이 독일 황제에게 발트 해에 있는 헬골란트 섬을 내주고 맞바꾼 곳인데, 이곳도 1963년에 독립하였다. 1년 뒤에 탕가니카와 잔지바르가 합쳐져서 니에레레 대통령이 이끄는 탄자니아 공화국이 되었다.

줄리어스 니에레레는 아프리카 사회주의 이념을 갖고서 지치지 않고 용감하게 이상(理想)을 위하여 노력한 결과 아프리카 전체에서, 또한 국제적으로도 많은 인정을 받았다. 불행하게도 경제적으로는 오랫동안 그다지 성공을 거두지 못했다. 새로운 탄자니아에서 가장 중요한 이념은 '우야마'(Ujamaa, 스와힐리어로 '가족 공동체')였다. 탄자니아에 있던 120개(!)의 서로 다른 민족들은 종족이나 그 밖의 사회적인 출신 성분과는 무관하게 농업을 위해 만든 우야미에서 평화롭게 함께 사는 법을 배우게 되었다. 정치적으로 독립적일 뿐만 아니라 경제적으로도 독립적인 공정한 사회를 만드는 것이 목적이었다.

그는 1964년에 '우야마 이념'을 이렇게 설명하였다. '우야마는 우리의 사회주의를 나타내는 말이다. 이것은 인간에 의한 인간의 착취를 바탕으로 재미(Fun) 사회를 만들려고 하는 자본주의와는 아무런 상관이 없다. 그리고 우야마는 인간들 사이의 갈등을 피할 수 없는 것으로 생각하면서 즐거운 사회를 만들려고 하는 제도화된 사회주의와도 아무 상관이 없다. 우리 아프리카는 그런 사회주의로 안내를 받거나 민주주의를 받아들일 필요가 없다. 사회주의와 민주주의는 오늘날의 우리를 만들어낸 우리 전통 사회에 깊이 뿌리 박혀 있는 것이기에 ······ 우리 모두에게 '가족'이란 장기적으로는 우리의 개인적인 가족을 넘어서고 종족 무리를 넘어서고 나라를 넘어서고 대륙을 넘어서서 전체 인류를 끌어안을 능력을 가져야 한다는 의미에서 중요성을 지닌다.'

탄자니아는 오늘날까지도 식민 지배자들의 언어가 아니라 아프리카 언어인 스와힐리어를 공식적인 국어로 선택한 아프리카 유일의 국가이다. 물론 영어는 공공생활에서 광범위한 역할을 하고 있다. 줄리어스 니에레레 자신이 《성서》와 윌리엄 셰익스피어의 작품을 스와힐리어로 번역하고, 스와힐리어로 된 문학의 촉진을 개인적인 중요 관심사로 여겼다. 교육을 위한 그의 활동은 이 나라에서 사랑이 넘치는

탄자니아의 초대 대통령 줄리어스 니에레레는 오늘날까지도 많은 사람들이
'음왈리무(선생님)'라고 부르면서 존경하는 인물이다.
그는 스스로 물러나서 자신의 오류를 사죄한 최초의 아프리카 지도자이다.

211

애칭인 '음왈리무'라는 이름을 그에게 주었다. 그것은 '선생님'이라는 뜻이다. 대통령으로 재직하는 동안 그는 다른 아프리카 나라의 독립 운동을 후원하였다. 그리고 1978년에서 1979년 사이에 우간다의 독재자 이디 아민을 쫓아내기 위하여 손수 무장하고 우간다의 저항 투사들을 도와주었다.

　구(舊)소련, 중국, 쿠바 등의 후원을 받아서 1967년에 과격하게 시작된 우야마 마을의 농촌 개혁은 서방의 지식인들 사이에서도 국제적으로 많은 인정을 받았다. 하지만 장기적으로 산업화를 소홀히 한 채 농업 중심의 개혁만으로는 점점 심해지는 나라의 빈곤을 막을 수 없게 되자, 니에레레는 공개적으로 이것이 잘못되었음을 시인하고 1985년 대통령 자리에서 물러났다. 그때까지 아프리카에서는 한 번도 없었던 일이다. 그가 이미 시작했던 조심스런 시장 개방은 후계자인 알리 하산 음위니(Ali Hassan Mwinyi, 1925년~)에 위해 계속 추진되고 있다. 줄리어스 니에레레는 1990년까지 타누 의장으로 있으면서 1999년 죽을 때까지 평화를 전파하는 일과 난민 문제의 해결을 위해 헌신하였다."

"우리는 미래를 고안할 것이다!'
1983년 서른세 살로 오버볼타의 새 대통령이 된 토마 상카라는
1년 뒤에 나라 이름을 부르키나파소,
곧 '정직한 사람들의 나라'라고 고쳤다 :　"실미 모시(Silmi-Mossi) 족인 그의 부모는 어린 토마(Thomas Sankara, 1949~1987년)가 장차 가톨릭 사제가 되기를 원했다. 하지만 기타 연주와 오토바이 타기를 좋

아하던 이 젊은이는 고등학교를 마친 다음 장교 훈련을 받기로 결심하였다. 그는 음악을 그만두지 않았고 초기에는 주로 '투타쿠 재즈' 밴드의 한 사람으로 인기를 얻었다.

스물일곱 살 때 훈련소 지휘관으로 승진하여 젊은 장교 블레즈 콩파오레(Blaise Compaoré, 1951년~)와 친구가 되었다. 이들은 함께 '공산주의 장교들의 그룹'을 뜻하는 비밀 조직 ROC를 결성하였다. 이것은 서부 아프리카에 인구 약 800만 명을 가진 보수적인 오버볼타에서 부패에 저항하고 정의를 위해 헌신하려는 모임이었다.

젊은 장교들은 처음에 기존의 정부 안에서 영향력을 얻으려고 하였다. 토마 상카라는 정말로 1981년에 서른 살의 나이로 정보부 차관에 임명되었다. 그는 각료 회의에 처음으로 참가하면서 도전적인 뜻으로 자전거를 타고 갔다. 반년이 지난 다음에 넌더리가 나서 정부의 일을 그만두었다. 그리고 '정부가 국민을 속박하는 꼴'을 보고 싶지 않다고 선포하였다. 그 후 몇 달 동안 여러 번이나 폭동이 일어나고 그 중 일부는 유혈 사태로 발전하였다. 새로운 군사 권력자는 빈곤층에서 인기가 있던 이 젊은이를 1983년 1월에 잠깐 동안 총리로 임명했다가 5월에 해임하고 가택에 연금시켰다. 토마 상카라를 지지하는 항의 시위가 이어졌다. 1983년 8월 초에 그의 친구인 블레즈 콩파오레가 리비아의 후원을 받아 쿠데타를 일으키고 토마 상카라를 오버볼타의 새 대통령으로 임명하였다. 그는 엄청난 기대를 받았으며, 몇 가지는 기대 이상으로 실천하였다.

처음부터 그는 말과 행동을 일치시켰다. 이런 일은 아프리카 안이나 밖의 어떤 정치가도 실천한 적이 거의 없는 일이다. 그때까지 정부에서 사용하던 모든 호화로운 리무진을 팔아버리는 것도 그가 맨 먼저 한 일에 속했다. 그는 장관들이 의무적으로 당시 오버볼타에서 가장 가격이 싼 르노 5를 관용차로 사용하게 만들었다. 그의 특별한 정치적 관심은 풀뿌리 민주주의 사회를 만드는 것과 여성과 청소년의 권리를 강화하는 것, 그리고 교육과 건강을 위한 체제를 만드는 것 등이었다.

그는 이 나라 각 지역 추장이 주민에게 부과하는 강제 세금과 노동을 금지하고 그 대신 풀뿌리 민주주의 사상에 따라 선출된 '혁명을 옹호하는 인민 위원회'를 만들었다. 이 위원회는 무장의 권리도 가졌다. 그의 정부에서는 오늘날까지 아프리카의(유럽도!) 그 어느 나라보다 많은 여성들이 활동하였다. 그리고 그는 전통적인 할례와 여러 여성과의 결혼을 금지하고 피임을 선전하였다. 오토바이를 타고 다니는 여성들로만 구성된 부대가 그의 경호대로 임명되었다.

그의 혁명 1년 만에 오버볼타는 모시와 듈라(Dyula)어로 '정직한 사람들의 나라'라는 뜻인 부르키나파소(Burkina Faso)라는 새 이름을 얻었다. 그 밖에도 새 국기와 토마 상카라가 직접 쓴 국가도 있었다. 이 나라는 처음부터 쿠바와 소련 같은 공산주의 정부의 지지와 후원을 받았지만 서방의 정치가들도 '부르키나파소의 기적'을 오래도록 모른 척할 수는 없었다. 1984년에 이 나라 역사에서 처음으로 250만 명의 어린이들이 예방 접종을 받았다. 1985년에 북쪽으로부터 사막이 점점 더 넓어지는 것을 방지하기 위하여 1,000만 그루의 나무를 심었다. 토마 상카라는 자기가 통치하는 작은 나라를 훨씬 넘어 희망의 상징이 되었다. 어떤 사람들은 그를 '아프리카의 체 게바라'라고 불렀다.

　1985년 말에 그에게 직접적인 책임이 있지 않은 불행한 사태가 발생해서 뜻밖의 결과를 가져왔다. 정부의 위임을 받고 인구 조사를 하던 사람들이 실수로 이웃 나라 말리의 마을과 진영으로 들어갔다. 말리 정부는 이것을 도발로 여겼고, 전부터 어느 정도의 갈등이 있었던 두 나라에게는 이것이 전쟁의 계기가 되었다. 1985년 크리스마스에 시작되어 며칠 동안 계속된 이 전쟁은 100명의 목숨을 앗아갔다. 오늘날에도 부르키나파소에서 '크리스마스 전쟁'이라 불리는 이 갈등을 통해 토마 상카라의 정부 내부에 있던 갈등이 불거져 나왔고, 여기에는 오랜 친구인 블레즈 콩파오레도 관련되어 있었다.

　세계는 부르키나파소에서 무슨 일이 일어나는지 점점 더 커지는 경탄으로 바라보고 있었지만 — 1987년에는 전국적인 문맹퇴치 운동이 벌어졌다 — 블레즈 콩파오레를 중심으로 한 작은 무리가 1년 반 뒤에 토마 상카라의 몰락을 준비하였다. 그가 닥쳐오는 위험을 의식하고 있었는지는 알려지지 않았다. 1987년 10월 15일에 그는 자기가 믿는 부하들 12명과 함께 잡혀서 같은 날로 총살을 당하였다. 그 살인자들은 그의 시신을 이름도 적지 않은 채 땅에 파묻었다. 블레즈 콩파오레는 스스로 부르키나파소의 새 대통령이 되어 오늘날까지도 그 자리에 있다. 쿠데타의 이유 중에는 토마 상카라가 이웃 나라들과의 관계를 위험하게 만들었다는 것도 있었다.

　전국적으로 여러 개의 '인민 위원회'가 새 정부에 반대하고 국민 다수가 존경하던 토마 상카라에 대한 유대를 나타내기 위해 무기를 들고 일어섰다. 아프리카 안팎의 수많은 나라들에서 이 젊은 이상주의

'정직한 사람들의 나라' 부르키나파소의 초대 대통령 토마 상카라.

자의 죽음을 큰 충격으로 받아들였다. 이름도 적지 않은 그의 무덤이 나중에 수도 29구역에서 발견되었다. 익명의 상카라 추종자들이 비석을 세우고 소박하게 '토마 상카라 대위'라고만 새겼다.

그의 살인자이자 후계자인 블레즈 콩파오레는 스스로를 '혁명의 구원자'라고 부르지만 상카라의 꿈은 거의 아무것도 실현되지 않았다. '정직한 사람들의 나라'의 주민들은 오늘날에도 평균 수명이 마흔네 살에 지나지 않고, 남자의 70퍼센트와 여자의 90퍼센트가 읽고 쓸 줄을 모른다.

토마 상카라의 소박한 무덤은 해마다 사람들이 새로 칠을 하고 유지하고 있다."

전통과 현대:
여성이 목소리를 높이다

옛날 아프리카에서 '역사를 만든' 여성들에 대해서는 알려진 바가 거의 없다. 많은 것이 그저 전설일 뿐이다. 전혀 기록도 없고 역사적인 여성들 자신의 진술도 거의 없다시피 하다. 고대 이집트에서는 네페르티티(Nefertiti, 기원전 14세기)와 클레오파트라(Cleopatra, 기원전 69~30년) 같은 여성들이 등장한다. 누비아에서는 티이(Tiy, 기원전 1415~1340년)가 통치에 참가하였다. 1,000년 뒤에 서부 아프리카의 여왕 둘이 식민지 세력에 맞서 싸웠다. 앙골라에서 은징가(Nzinga, 1582~1663년) 여왕이 포르투갈 사람들에 맞서 싸웠고, 아샨티의 야 아산테와(Yaa Asantewaa) 여왕이 영국 사람들에 맞서 싸웠다.

이런 것은 절대로 아프리카만의 특성이 아니다. 다른 모든 대륙에서도 매우 예외적인 경우에만, 모든 시대에 분명히 존재했던 역사적으로 중요한 여성들의 삶의 이야기가 기록되었다. 여성의 해방과 자기 결정권, 독자적인 표현 형식의 권리는 대부분의 문화에서 아주 늦게야 그리고 대개는 여성들 자신의 투쟁을 통해 얻은 것이다. 아프리카와 유럽의 여권론자들의 토론에서 아프리카 여성들이 전통에 대한 자기들의 관계를 더욱 섬세하게 표현한다는 것이 눈에 띈다. 드물지 않게 그들은 그런 전통의 부정적인 부분을 비판하지 않은 채 좋은 전통을 옹호하는 입장을 취한다.

이런 대화에서 소녀들에 대한 육체적인 학대('할례')를 옹호하는 사람은 거의 없다. 할례란 질을 꿰매 붙이거나 클리토리스(음핵)를 제거하는 시술로, 흔히 '그들 자신을 보호'하기 위해서라고 주장된다. 이것은 주로 소말리아와 수단에서 행해지는 광신적인 전통으로, 오늘날까지도 그곳에서는 90퍼센트 이상의 여성이 '할례'를 받는다. 세계보건기구(WHO)의 보고에 따르면 세계적으로 약 1억 명의 여성이 이런 시술을 받았는데, 그 중 대부분인 약 8,000만 명이 아프리카 여성들이었다. 1984년에 이미 아프리카 여성 기구들이 세네갈에 '아프리카 내부 위원회'를 만들었고, 그것은 뒷날 '아프리카 통합 기구'(OAU) 산하 상설 기구가 되어 오늘날 다양한 유엔 기구들과 함께 여성의 보호를 위해 앞장서고 있다.

그에 반해 남아프리카의 흑인 주민 대다수가 행하는 관습으로, 장래 신랑이 신부의 가족에게 치르는 로볼라(lobola)라는 신부의 몸값은 이슬람 색채가 강한 북부 아프리카 국가들에서 차도르를 쓰는 것만큼이나 자명한 것으로 여겨지고 있다. 이런 일을 당하는 여성 자신도 그것에 찬성할 경우 그에 대한 훌륭한 이유를, 또 반대하는 경우에도 역시 그에 대한 훌륭한 이유를 내놓는다. 해방이란 단 한 번만의 행동이 아니다. 그와 같은 논의는 지속적인 운동과 비판적인 검토, 공개적인 발전의 표현이다.

식민 지배가 끝난 이후로 자의식을 가진 아프리카 여성들을 막을 수가 없게 되었다. 그들은 많은 유럽 사람들의 머릿속에 오늘날까지도 남아 있는, 아프리카 여성에 대한 판에 박힌 굴욕적인 모습을 정당하게 거부한다. 그 모습이란 아프리카를 여행하는 사람의 눈에 에로틱하고 소박한 태도로 큼직한 젖가슴을 드러낸 절반쯤 벗은 젊은 여인의 모습이거나, 아니면 길게 늘어진 젖가슴에 굶주림으로 죽어가는 아이가 매달려 젖을 빨고 있는 허약한 어머니의 모습이다.

2002년에 남아프리카에서 특별한 장례식이 거행되었다. 그 장례식은 많은 사람들에게 100년 이상이나 자신들의 권리를 박탈당했던 역사의 핵심을 보여준 것이고, 또 꼭 필요한 존경심을 보여준 의식이기도 했다.

1789년에 남아프리카의 이스턴케이프에서 태어나
1815년 파리에서 죽은 사라 '사르트예' 바트만이
2002년 8월 9일 여성의 날에 남아프리카에 묻히다 : "사라 바트만(Sarah 'Sartjie' Bartmann), 뒤에는 단순히 '사르트예'라는 애칭으로 불렸던 여성의 진짜 이름은 알려지지 않았다. 그녀는 1789년에 남부 아프리카에서 가장 오래된 민족 공동체의 하나인 코이코이족의 한 사람으로 태어났다. 유럽 사람들은 이들 코이코이족을 경멸하는 뜻으로 '호텐토트'라 불렀다. 어린 시절이나 청소년 시절에 그녀는 세례를 받고 이런 기독교 이름을 얻었으며, 한 영국인 선박 의사가 그녀가 스물한 살 때 이런 이름으로 케이프타운에서 그녀를 매입하였다. 그는 1810년에 그녀를 런던으로 데려갔다. 그곳에서 그녀는 '특별히 튀어나온 엉덩이 때문에' 영국의 여러 도시에서 연시(年市)가 열릴 때마다 벌거벗겨져서 '호텐토트-비너스'라는 이름으로 사람들에게 전시되었다. 이 굴욕적인 구경거리는 점점 더 유명해졌다. 그녀가 우리에 갇혀 앉아 있는 모습으로 런던의 피카딜리에서 전시되었을 때 마침내 노예 제도 반대자들의 항의가 일어났다. 의사는 1815년에 그녀를 프랑스의 동물 상인에게 팔아버림으로써 문제를 해결했다. 이 동물 상인은 이번에는 파리에서 똑같은 구경거리를 제공하였다. 그러나 그녀는 프랑스에 도착한 지 겨우 몇 달 만에 죽었다. 그때 그녀는 스물다섯 살이었고 아마도 성병 때문에 죽었을 것이다.

하지만 그녀의 고난의 길은 이것으로 끝이 아니었다. 죽은 지 스물네 시간 만에 당시 대표적인 해부 전문가 조르주 퀴비에 남작에게 넘겨졌다. 그는 시신을 조사했을 뿐만 아니라 그녀의 성 기관에 특별한 관심을 가지고 체계적으로 시신을 해부했다. 그의 조사 목적은 사라 바트만이 인간이냐 아니면 동물이냐 하는 질문에 답을 얻기 위한 것이었다. 16쪽에 이르는 보고서에서 그는 그녀가 인간에 속한다는 결론을 밝혔다. 그리고 그는 그녀의 시신을 밀랍으로 채워서 — 두뇌와 두개골과 음순(陰脣)만 빼고 — 전시용으로 만들어 파리의 '인간 박물관'에 기증하였고, 그것은 1974년까지 일반에게 공개되었다.

민주적으로 선출된 남아프리카 정부가 들어서고 1년이 지난 1995년에 코이코이족과 산족의 소원에 따라, 남아프리카 정부는 사라의 시신의 나머지 부분을 아프리카 고향에 묻기 위해서 프랑스 정부와 협상을 시작하였다. 프랑스의 의회에까지 상정되었던 이 협상은 6년이나 걸려서 마침내 시신을 내주기로 공식적인 합의가 이루어졌다. 8,000명 이상의 사람들이 몰려들고 국제적인 통신사들이 보도하는 가운데, 기품 있는 기념식을 치르고 사라 '사르트예' 바트만은 2002년 8월 9일에 남아프리카 이스트케이프 근처의 작은 도시 한키에 묻혔다. 그녀의 무덤은 국립 기념 장소로 지정되었다."

1932년 남아프리카 요하네스버그에서 태어난 미리암 마케바는

'마마 아프리카'라고도 불린다 : "다행히도 살아서 고향으로 돌아올 수 있었던 또 다른 남아프리카 여성은 세계적으로 유명한 가수 미리암 마케바(Miriam Makeba)이다. 많은 사람들은 그녀를 단순히 '마마 아프리카'라 부른다. 1950년대 중반에 그녀의 목소리는 '맨해튼 브라더스'에 의해 발견되어 국제적으로 인정받았다. 바로 뒤이어 당시 스물다섯 살의 그녀는 솔로 가수로의 경력을 시작하여 자신이 직접 여성 트리오를 만들었다. 1959년에 그녀는 미국에서 뮤지컬 영화에 출연하게 되었다. 남아프리카에서 이미 소수 백인 정권의 흑백 분리 정책에 반대하는 목소리를 높여왔던 그녀는 미국에서 차별적인 '인종법'에 반대하는 발언을 하였지만 대중적인 인기를 잃지는 않았다. 남아프리카 정부만은 곧바로 그녀를 '받아들일 수 없는 분노'라고 느꼈다. 1960년에 그녀는 남아프리카로 돌아오는 것이 거부되었으며, 그 조치는 1990년에 흑백 차별 정책이 끝날 때까지 30년 동안이나 지속되었다.

그녀는 여러 해 동안이나 미국에 살다가 나중에는 정치적 불만이 점점 커지자 서부 아프리카로 이주하였다. 그리고 서부 아프리카 기니 대표로 뉴욕의 유엔 총회에서 두 번이나 남아프리카의 흑백 차별

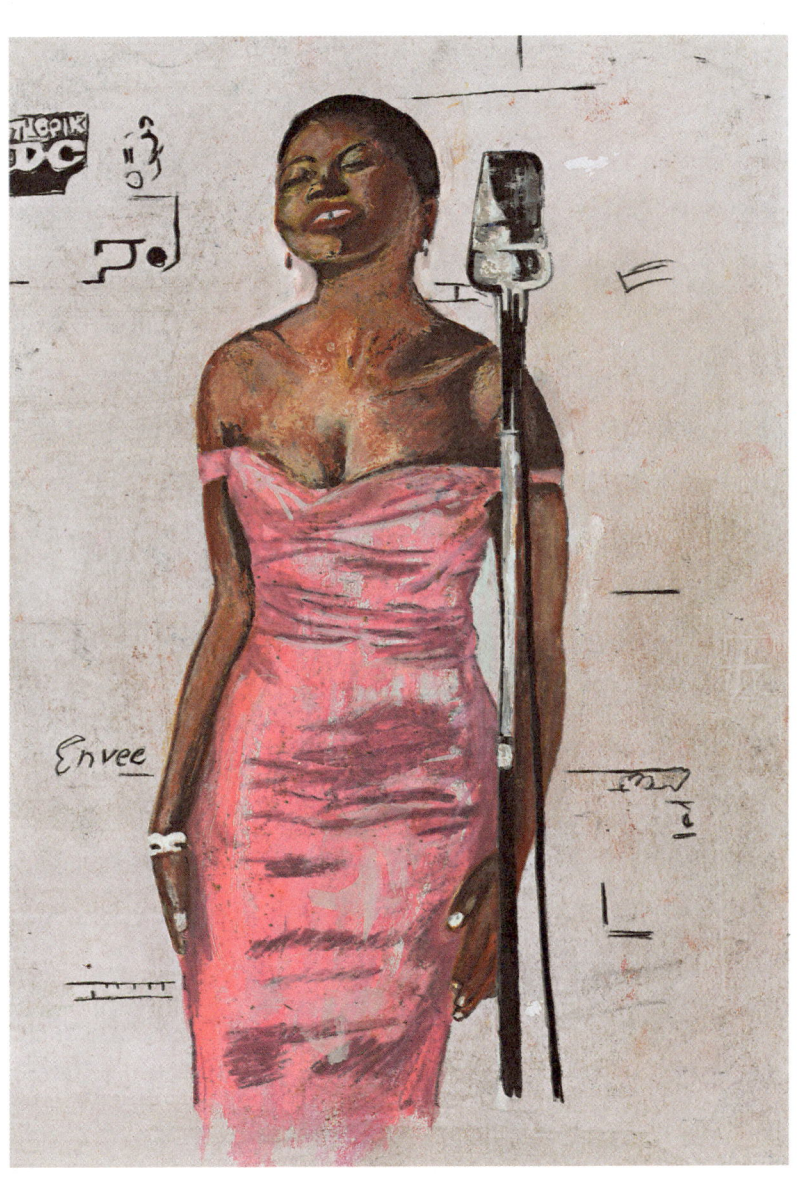

'마마 아프리카'로 알려진 여가수 미리암 마케바는 세계적인 성공을 거두었다.

정책의 부당함에 대해 연설하였다. 인권에 대한 개인적인 관심을 아프리카 음악과 결합시켰기 때문에 그녀는 국제적인 연주 여행을 할 때면 유명한 정치가들과 만나는 일이 많았다. 예를 들면 당시 미국 대통령 존 F. 케네디나 쿠바 원수 피델 카스트로 같은 사람들이다. 1990년에 그녀가 남아프리카로 돌아올 때는 넬슨 만델라가 손수 마중을 나왔다. 이제 일흔 살이 넘은 그녀는 아직도 국제적인 연주 여행을 계속하고 있고, 옛날과 마찬가지로 정치적 관심이 높다. 오늘날에는 남아프리카에 민주 사회를 건설하는 것이 주요 관심사이다. 2001년의 인터뷰에서 그녀는 이렇게 말했다. '우리는 무엇보다도 실업 문제와 에이즈에 맞서 행동을 해야 한다.'"

아프리카의 많은 풍요 신화들에서 여성은 수동적으로 받아들이는 역할뿐만 아니라 능동적이고 창조적인 역할을 맡는다. 그들은 영적인 힘을 지닌, 숭배를 받는 여신으로 나타난다. 남성 신을 믿는 유대교 · 기독교 · 이슬람교 같은 전통적인 유일신 종교들에서는 꿈도 꾸기 어려운 역할이다. 일부 반투 종교에는 여러 변이 형태를 가진 이름 중에 '위대한 어머니' 또는 '창조의 여신'을 뜻하는 니나반후-마(Ninavanhu-Ma)도 있다.

초기 아프리카 사회의 다양한 종족들에게서 나타나는 성적인 역할 분담에 대한 비판적 연구는, 그와 같은 신화가 영적인 차원에서뿐 아니라 아프리카의 넓은 지역에서 아주 분명한 사실에 근거한 것임을 알려준다. 하지만 비판적으로 읽어야만 그 점을 알 수 있다. 남성이 압도적으로 많은 민족학자 집단이 역사적 사실을 해석하면서 상투적

유형을 강화하는 방식, 즉 사냥꾼인 남자가 적대적인 영역으로 나가는 반면, 여성은 수동적으로 집에 머물러 아이들과 집안일과 채소밭을 보살핀다는 유형으로 이끄는 경향이 얼마나 강한지는 비판적으로 읽어야만 알 수 있기 때문이다.

예를 들어보자. 1966년에 시카고에서 하버드 대학교가 주관하는 민족학자들의 학회가 '사냥꾼 남성'이라는 주제로 열렸다. 참석자들의 90퍼센트가 남자였다. 그들은 최근의 연구 결과를 발표하였는데, 그 핵심은 '오늘날 우리의 지성과 감정적·사회적 능력은 사냥꾼인 남자가 인류의 역사에 가져온 특성에 근거하여 계속 발전한 것'이라는 내용이었다. 하지만 사실은 다음과 같다. 대부분의 남자들은 정말로 사냥을 나가서 자주 여러 날 동안이나 집을 멀리 떠나 있었다. 이 학회를 조직한 두 사람 중 하나인 리처드 리 교수는 다른 초기 공동체도 가졌을 것으로 추정되는 특성을 남부 아프리카 산족의 한 무리에게서 찾아내어 발표하였다. 남자들이 사냥을 나갔다가 다섯 번 중 네 번은 빈손으로 돌아왔다. 그에 비해 여자들은 매일같이 먹을 것을 채집하러 나가서 언제나 무엇인가를 가지고 돌아왔다. 전체적으로 보아 여자들이 남자들보다 평균 2.5배의 먹을 것을 가져왔다. 이런 연구 결과에도 전혀 흔들리지 않고, 얼마 뒤 출간된 학회 보고서는 '사냥꾼 남성'이라는 제목을 굳건히 지켰다.

이와 같은 역사적인 무지에 맞서 여성들이 마침내 자신들의 말을 듣게 하고·자신들의 관점을 내놓기까지 얼마나 많은 노력을 해야만 했는지, 동남 아프리카 모잠비크에서 교육부 장관을 지낸 여성 그라사 마셀(Graça Machel)의 개인적인 추억이 생생하게 보여준다.

"내가 어린 시절에 경험한 것은 오늘날까지도
수백만의 여성들이 되풀이하여 경험하는 것이다.
아프리카 대륙에서 수백만,
수천만 번이나 되풀이되는 일이다."
1945년 모잠비크에서 태어난 그라사 마셸은
2002년에 자신의 삶을 다음과 같이 보고한다 : "'지금도 나는 아버지가 죽고 20일 만에 내가 태어났다는 이야기를 하려면 마음이 슬퍼진다. 아버지는 남아프리카 광산에서 일하는 계약직 노동자였다. 어머니는 남의 집에 고용살이를 해서 가져오는 얼마 안 되는 돈으로 우리 아이들을 보살폈다. 나의 부모님은 두 분 다 읽고 쓸 줄을 몰랐다…….

여섯 살이 되었을 때 나는 집에서 멀리 떨어진 마을에서 교사로 일하던 큰언니에게 맡겨졌다. 이것은 제때에 학교에 다닐 유일한 방법이었다. 큰언니는 내게 어머니가 되어준 것이다. 언니는 좋은 어머니이자 좋은 조언자이기도 했다. 어머니에게서 멀리 떨어져 있는 내게 안전하다는 느낌을 주었다……. 또한 지식과 교육 쪽으로 내 눈을 열어주었다. 언니는 어린 동생들을 자기 자식처럼 받아들여 보살펴주는 것을 당연하다고 여기는 수많은 여성들 중 하나였다…….'

그라사 마셸은 감리교회의 장학금을 받아 고등학교에 다닐 수 있게 되었다. 자기 학년에서 가장 뛰어난 학생이었던 그녀는 미국인 여자 선교사의 도움을 받아 리스본에서 대학에 다닐 장학금을 받았다. 스물세 살인 1968년에 리스본에서 외국어를 전공하기 시작하여 마지막 학기에는 4개 언어를 유창하게 말하게 되었다.

'내 삶에서 이 세 여성이 없었다면 나는 다른 사람들에 대한 책임감을 배우지 못하고 오늘날의 내가 되지 못했을 것이다. 어머니와 큰언니 그리고 내가 대학 공부를 하도록 도와준 펜실베이니아 출신의 미국인 여자 선교사가 바로 그들이다. 옛날에 나와 함께 학교에 다닌 많은 동창생들은 지금 살아 있지 않다. 피할 수도 있는 질병에 걸려 죽거나 전쟁에서 목숨을 잃었다. 그리고 살아 있는 사람들은 대부분 아주 힘든 삶을 살았기에 아직 50대의 나이에 일흔 살처럼 보인다. 삶의 고단함에 지친 탓으로…….

포르투갈의 학교에서 나는 유일한 흑인 여학생이었는데, 그곳에 완전히 소속될 수 없다는 것을 느낄 수밖에 없었다. 뒷날 모잠비크로 돌아와서 나는 아주 가까이서 점점 더 많이 내 민족의 굴욕을 체험하였다. 그래서 무엇인가를 해야만 한다고 느꼈다…….'

스물여덟 살 때 그라사 마셸은 당시 포르투갈 병사들의 잔인한 추적을 받고 있던 저항 세력으로 사모라 마셸(Samora Machel, 1933~1986년)이 이끄는 '모잠비크 자유 전선(FRELIMO)'에 가입하였다. 포르투갈 비밀경찰이 자신의 흔적을 찾아내자 그녀는 탄자니아로 도망쳤다. 그곳에서 군사 훈련을 받은 그녀는 다시 모잠비크의 프렐리모와 연결되었다. 그리고 모잠비크로 돌아와 프렐리모 학교에서 난민 어린이들을 가르치라는 부름을 받았다. 여기서 그녀는 사모라 마셸을 만났다. '처음에는 아무 일도 없었다. 우리는 천천히 가까워졌고, 사랑에 빠지게 되었다.' 사모라 마셸의 첫 부인 조시나도 저항 운동에 동참하고 있었지만 2년 전에 죽으면서 그에게 여섯 아이들을 남겼다.

1974년에 포르투갈에서 마침내 독재 정권이 무너지고, 그로써 식민 지배의 종식을 위한 길이 활짝 열렸을 때 그라사 마셀은 스물아홉 살이었다. 그녀는 독립된 모잠비크의 초대 교육부 장관을 맡으라는 제안을 받았다. 오늘날 그녀는 이렇게 기억한다. '그 말을 들었을 때 나는 이런 도전에 깜짝 놀라 얼굴이 하얗게 질렸다. 교육은 프렐리모의 핵심적인 과제 중 하나였으며, 나는 첫 정권의 유일한 여성 장관이 될 것이기 때문에 모잠비크의 모든 여성을 대표할 수밖에 없다는 것을 느꼈다. 그래서 나는 침대로 기어 들어가 며칠 동안 울었다. 만일 내가 실패하게 되면 모든 사람이 이렇게 말할 것이다. 여자에게 책임을 맡기면 어떻게 되는지 알겠지. 그래서 나는 거절하였다. 하지만 사모라는 당연히 그것을 받아들이지 않았다. …… 내가 어떻게 할 수 있었겠나? 나는 눈물을 닦고 일하러 갔다.'

1975년에 사모라 마셀은 모잠비크의 초대 대통령이 되었다. 몇 달 뒤에 사모라와 그라사는 결혼하였다. 그녀는 그의 첫 번째 결혼에서 생겨난 여섯 아이들의 어머니가 되었고, 나중에 자기 자신의 아이들도 얻었다.

1976년부터는 주로 인종 차별 정책을 쓰던 남아프리카의 재정적 지원을 받는 지하 조직 '모잠비크 국민 저항(RENAMO)'이 새로 출범한 정권에 맞서 공격을 개시하였다. 그것은 다음 여러 해 동안 약 10만 명의 일반인을 희생시킨 공격이었다.

그라사 마셀은 교육부 장관으로서 내란으로 흔들린 모잠비크의 어린이들에게 가능한 한 최선의 교육을 받을 수 있도록 해주는 것을 자신의 개인적인 과제로 삼았다. 1975년부터 1989년까지 그녀가 장관으로 있는 동안에 초등학교와 중등학교를 다니는 학생들의 숫자가 40

그라사 마셸은 모잠비크의 교육부 장관으로 있으면서 내란으로 고통 받은 이 나라 어린이들에게
가능한 한 최선의 교육 기회를 주는 것을 개인적인 과제로 삼았다.

퍼센트에서 80퍼센트 이상으로 늘어났다. 그녀는 모잠비크의 유네스코 위원회 의장이 된 후에는 전쟁고아가 된 수천 명 어린이들의 운명에 마음을 썼다.

1986년 10월에 온 나라가 충격에 휩싸였다. 남아프리카 상공에서 비행기 사고가 일어나 대통령인 사모라 마셸이 죽었다. 이 사고에 대해 당시 흑백 분리 정책을 취하고 있던 남아프리카 정부가 어디까지 책임이 있느냐는 오늘날까지도 명백하게 밝혀지지 않았다. 대통령 말고도 잠비아 대사와 짐바브웨 대사 그리고 다른 승객 32명이 이 사고로 죽었다. 그라사 마셸은 개인적인 슬픔에도 불구하고 1989년까지 교육부 장관을 계속하였다. 비행기 사고가 있은 다음 레나모 테러리스트들은 더욱더 강력하게 움직이면서 점점 더 많은 학교와 병원들을 테러의 목표로 삼았다.

그라사 마셸은 이후 오랜 기간 동안 어린이와 여성들의 권리를 위해 국제적인 활동에 헌신하였다. 1994년에 그녀는 당시 이집트 출신 유엔 총재 부트로스 부트로스-갈리(Boutros Boutros-Ghali, 1922년~)의 위임을 받아 독립적인 전문가로서 '무력 충돌이 어린이들에게 미치는 영향에 대한 유엔 보고서'를 작성하였다. 1994년에서 1996년까지의 기간에 그녀는 전쟁 상황에 노출된 나라들의 현장에서 주로 시간을 보냈다. 그녀의 보고서는 오늘날까지 유엔 역사에서 유일한 문서이고, 전쟁과 내란을 겪은 어린이와 청소년을 위한 특별 위원회를 설립하는 계기가 되었다.

그녀의 보고서의 내용은 이러하다. '지난 세기 초기에는 민간인 희생자가 10퍼센트이고 희생자의 90퍼센트는 병사들이었다. 오늘날에는 사정이 뒤집어졌다. 희생자의 90퍼센트가 민간인이고 10퍼센트가 군인이다. 이 말은 마을과 거리와 학교에 있는 보통 사람들을 향해 전쟁이 이루어진다는 뜻이다. …… 어쩌면 당신도 지구상의 모든 난민의 절반이 어린이라는 말을 들었을 것이다. …… 내가 방문한 수많은 나라들에서 본 것에 따르면 부당함 때문에 고통 받는 모든 개인을 위하여 정의를 만들어낸다는 것은 가능하지도 않고 완전히 비현실적인 일이다. 그러기에는 피해가 너무 크기 때문이다. 그렇기 때문에 모든 사람이 느낄 수 있도록 정의감이 살아 있는 생활 태도를 발전시키는 것이 더욱 중요하게 여겨져야 한다. …… 그러니까 문제는 사람들이 정의가 지배하는 사회의 건설에 동참한다는 느낌을 갖는, 살아 있는 체제를 어떻게 만들 수 있느냐는 것이다.'

뒷날 남아프리카에서 자유 선거를 통해 대통령이 된 넬슨 만델라가 1990년 감옥에서 석방된 직후 모잠비크를 방문했을 때 그녀는 그를 처음으로 만났다. 2년 뒤에 그라사 마셸이 케이프타운에서 명예박사 학위를 받을 때도 그들은 다시 만났다. 넬슨 만델라의 부인 위니 만델라(Winnie Madikizela-Mandela, 1936년~)는 그가 감옥에 있는 오랜 세월 동안 그의 곁에 남아 있었지만, 그 다음에는 젊은 추종자들을 멋대로 이용하고 여러 가지 부패 행위를 저질렀다. 넬슨 만델라는 그녀와 이혼하였다. 그리고 그라사 마셸과 1998년 7월 80회 생일에 결혼하였다. 그라사 마셸은 어린이들을 위한 활동을 계속하고 있다."

남부의 늦은 해방 :
흑백 분리 정책의 종말

모잠비크, 앙골라, 기니비사우, 케이프버드 군도 등의 포르투갈 식민 지배가 끝난 1975년부터 아프리카에서 공식적으로 유럽 국가에 의해 통치되는 나라는 없어졌다. 이들 옛날 식민지가 독립할 때까지 그곳에 남아 있던 대부분의 백인들은 이제 떼를 지어 유럽으로 돌아갔다. 모잠비크에 있었던 약 23만 명의 백인들 중에서 95퍼센트 이상이 포르투갈로 도망쳤다. 남아 있는 약 1만 명 정도의 백인들은 새로운 정부를 지지하였고, 그곳에서 환영을 받으며 머물렀다.

남부 아프리카에서 — 로디지아, 남아프리카 그리고 남아프리카에 점령된 나미비아 — 유럽 출신 백인들은 그곳에 거주하는 다수의 주민들을 인정하지도 않으면서 자기들 쪽에서 영국에 맞서 독립을 선언한다는 일종의 속임수를 썼다. 1910년에 이미 순수 백인 국가인 '남아프리카 연합'이 만들어졌다. 이 나라는 인종 차별법과 현대적인 군대 및 경찰력의 도움을 받아, 백인 아닌 피부 색깔을 가진 다수의 주민들을 자기 나라 안에서 권리를 제한하고 억압하였다. 이러한 '인종 차별' 정책은 1948년부터는 네덜란드어와 비슷한 '아프리칸스' 어로 공식적으로 '아파르트헤이트(Apartheid)'라 불렸다.

1920년부터 남아프리카는 이런 과격한 '인종 차별' 정책을 독일 사람들이 제1차 세계 대전에 패배하면서 내놓은 옛날 '독일령 서아프리카'로도 확대하여 적용하였다. 처음에는 북부의 이웃 나라를 통치하라는 국제연맹의 위탁을 받아들인 것이었지만, 제2차 세계 대전이 끝난 다음에는 당시 새로 결성된 유엔(국제연맹의 후신)에 그 나라를 돌려주는 것도, 이 나라에서 억압받던 다수의 흑인 주민들이 원하는 독립을 인정해주는 것도 거부하였다. 유엔은 이미 1968년부터 나미비아라는 이름으로 이 나라를 공식적으로 인정한 상태였다.

오늘날의 짐바브웨는 영국계 남아프리카의 식민지 정치가이자 자본가인 세실 로데스가 상당 부분을 어이없는 가격에 사들이거나 불법적으로 몰수하여 1891년에 영국의 보호를 받는 나라가 되었다가, 1923년에는 영국 식민지 '남로디지아'라고 선포되었다. 1953년에 이 나라는 광범위한 북부 지역('북로디지아'와 '냐사랜드')과 합쳐 잠시 동안 영국 연방의 일부인 '중앙 아프리카 연방'을 이루었지만, 10년 뒤에는 다시 뿔뿔이 흩어졌다.

1964년에 '북로디지아'는 잠비아로, '냐사랜드'는 말라위라는 이름으로 독립하였다. 하지만 영국은 '남로디지아'의 독립을 인정하지 않았다. 그곳 백인이 남아프리카의 모범을 따라 백인 아닌 사람에게 투표권을 주지 않고 더구나 정부에는 참가시키지 않았기 때문이다. 1965년에 이언 스미스(Ian Smith, 1919년~)를 '총리'로 하는 소수 백인 정권이 모국인 영국으로부터 '독립'을 선언하고 1970년부터 스스로를 로디지아라고 불렀다. 남아프리카와 나미비아 그리고 로디지아의 백인은 나머지 아프리카 지역에 등을 돌리고 유럽을 지향하는 세계를 만들었다. 그들이 귀하게 여긴다는 '민주주의'와 '문명'은 자기들에게만 해당하는 것이었다. 네덜란드 출신 남아프리카의 백인은 일찌감치 모국과의 모든 연결을 끊어버렸는데, 이제는 여기서 한 걸음 더 나아가 자기들을 '백인 아프리카 사람'이라고 불렀다. 이것은 아프리카 땅에 대한 자기들의 권리를 강조하기 위한 것이기도 했다.

이 세 나라 중에서 로디지아의 백인이 정치적으로 가장 짧은 기간 동안만 견딜 수 있었다. 남아프리카 정부의 강력한 군사적 후원에도 불구하고 이곳의 해방 전사들이 점점 더 세력을 확대하였다. 처음에는 로버트 무가베(Robert Mugabe, 1924년~)가 이끄는 쇼나(Shona)족과 조슈아 은코모(Joshua Nkomo, 1917~1999년)가 이끄는 은데벨레족의 해방 전사들이 서로 경쟁을 벌이고 있었다. 백인이 충분한 땅을 남겨주지 않았기에 자신의 가족을 배불리 먹이기 위해 해방 전쟁에 동참한 많은 단순한 사람들이 이 전쟁에서 목숨을 잃었다. 1978년에 이언 스미스 정권은 처음으로 '인종 혼합' 정권을 승인하였다. 뒤이어 치러진 선거는 수많은 기만으로 인해 국제적인 인정을 받지 못했다.

1980년 2월에 국제 선거 감시단의 활동 아래 선거가 이루어지면서 새로운 시작이 나타나고, 마침내 진정한 출발이 가능해졌다. 로버트 무가베의 자누당이 가장 많은 표를 얻었고, 조슈아 은코모의 자푸당이 두 번째를 차지하였다. 이런 결과를 놓고 두 정당 지도자는 자기들끼리의 경쟁을 조정하고, 로버트 무가베를 총리로 조슈아 은코모를 내무장관으로 하는 공동 정권을 만들기로 합의하였다.

선거 직후에 일부 백인들은 남아프리카나 나미비아, 또는 영국으로 도망쳤다. 수십 년 동안 계속한 착취라는 못된 행동이 이제 자기들에게로 거꾸로 돌아올까 두려웠기 때문이다. 로버트 무가베는 백인과의 화해를 말했고 그것을 진지하게 생각하였다(이 점에서 그는 조슈아 은코모와 새로운 갈등을 빚었다. 1983년 초에 무가베는 마타벨렐란드의 은코모 추종자들을 학살하고 그를 내무장관 직에서 해임하면서 실질적으로 단독 정당 국가를 만들었다). 이 사태를 보고 대부분의 백인 대지주들이 그냥 그곳에 머무르거나 아니면 떠났던 사람들도 되돌아와 '토지 문제'를 과격하게 해결하지 않는다는 조건 아래서 독립 정부의 경제적 안정에 도움을 주었다. 짐바브웨는 1980년대에 독립하고 성공적인 과도기를 거친 모범의 하나로 꼽혔다. 무가베는 국제적으로도 많은 인정을 받았다.

하지만 해결되지 않고 남아 있던 토지 문제가 시한폭탄처럼 속으로 타고 있었다. 이언 스미스도 포함된 약 4만 명의 백인이 쓸모 있는 땅의 절반 이상을 소유하였고 1,300만 명 이상의 흑인 주민 다수가 나머지를 나누어 가졌다. 여기에는 백인 통치 시대 때 쫓겨난 흑인들이 할 수 없이 자리 잡은 볼품없는 땅도 많았다. 1981년에 독립적인 조사위원회가 꼭 필요한 토지 개혁을 위해서는 적어도 14만 흑인 가구에 그보다 나은 땅을 즉시 다시 분배해야 한다는 권고를 하였지만, 그것은 지금까지도 실현되지 않았다. 무엇보다도 새로운 헌법이 백인에게 보장해준 사유재산권 조항에 걸려서 토지 개혁이 실패하였다. 이들 백인은 더욱 공정한 새로운 분배만이 지속적인 평화와 안정을 보장해준다는 장기적인 생각을 갖지 못하였다.

로버트 무가베도 지난 세월 동안 나이가 들어 고집스런 독재자로

변함으로써 이와 같은 재앙에 한몫 단단히 거들었다. 그는 반대파에 대한 테러를 통해 자신의 권리를 확보하였고, 2000년부터는 갑자기 폭력적으로 백인 농장주의 땅을 몰수해서는 흑인 토지 노동자 다수가 아니라 자기 정당의 추종자들에게 나누어주어 극히 짧은 시간 만에 짐바브웨를 파괴로 이끌었다. 독립한 이후 처음으로 다시 굶주림이 나라를 뒤덮었다. 일시적으로 많은 농장들이 경작되지 않았기 때문이다. 하지만 모간 츠방기라이(Morgan Tsvangirai, 1952년~)가 이끄는 '민주화 운동'(MDC)처럼 매일 커지고 있는 정치적 반대파를 지속적으로 억압할 수는 없을 것이다.

로디지아에서 백인 통치가 몰락한 1980년 이후로 남아프리카와 남아프리카 소수 정권이 불법적으로 점거한 나미비아만 백인들 최후의 보루로 남았다. 남아프리카에서 저항의 역사는 길다. 영국에 독립을 선언한 소수 백인들에 의하여 통치되는 '남아프리카 연합'이 만들어지고 2년 만인 1912년에 반대파는 '아프리카 국민회의(ANC)' 아래 통합되었다. 이 단체의 목표는 처음부터 인종 차별이 없는 민주적인 사회 건설이었다. 이런 목표를 달성하기 위하여 거의 80년에 이르는 아프리카 국민회의와 그 추종자들의 싸움에서 언제나 거듭 극복할 수 없을 것처럼 보이는 어려움을 이겨내야만 했다. 여러 세대가 가난함과 굴종 속에서 죽었고, 새로운 세대는 언제나 새로운 이념을 가져왔다.

1976년 6월에 요하네스버그 근처 흑인 거주 구역 소웨토에서 일어난 초·중·고 학생의 봉기는 백인의 억압의 마지막 국면을 알렸다. 1976년 6월 16일 총을 맞고 죽은 소년의 시신을 한 젊은이가 안고 있고 그 옆에서 누이가 절망적으로 울면서 따라가는 사진이 전 세계로 전해졌다.

"걘 정치 자체에는 관심이 없었어요……."
남아프리카 요하네스버그 근처 흑인 거주 구역 소웨토의
헥터 졸릴 피터슨 : "'헥터 피터슨(Hector Zolile Pietersen)은 축구를 제일 좋아하는 극히 평범한 소년이었다.'고 그의 누이는 회고한다. '어느 날 대규모 시위가 예고되었다. 친구들이 모두 그곳으로 갔기 때문에 그도 함께 갔다. 며칠 전부터 마을은 뒤숭숭했다. 대부분의 부모들은 우리가 입을 열기를 원치 않았다.

하지만 우리는 정말이지 지겨웠다. 흑인 학생들은 70명이나 80명, 또는 그 이상이 한 교실에 있는 것이 보통이었다. 겨울에 난방도 안 되었고 창문이 부서진 경우도 많았다. 책은 거의 없다시피 했다. 우리 선생님이 받는 보수는 백인 어린이가 다니는 학교 선생님이 받는 것의 극히 일부였다.

그러던 중에 네덜란드계 백인 정권의 어미말이 아프리칸스어였기 때문에 갑자기 이 나라 모든 곳에서 오로지 아프리칸스어로만 수업을 해야 한다는 못된 조치까지 도입되었다. 도대체 어떻게 그런 일이 가능하단 말인가? 우리의 어미말은 코사어이다. 일부 애들은 영어를 잘하였지만, 아프리칸스어를 잘하는 아이는 거의 없었다. 우리 선생님들도 대부분 못했다. 그렇지 않아도 우리는 공부하기가 몹시 힘든 상태였다. 어쨌든 도가 지나쳤다.

교장 선생님이 우리에게 프레토리아 정부의 지시를 알렸을 때 마침내 우리의 분노가 터져 나왔다. 이것은 엉터리 같은 말로 우리를 속이려 하고, 우리를 정말로 멍청이로 여기는 참기 힘든 굴욕이었다. 그래서 우리는 모여서 7월 16일에 큰 시위를 하기로 약속하였다……

그리고 헥터도 함께 갔다. 중무장을 한 경찰차가 가까이 다가올 때도 우리는 도망칠 생각을 하지 않았다. 그리고 처음 총소리를 들었을 때도 우리는 경고 사격일 거라고 생각했다. …… 이어서 눈물(최루) 가스가 쏟아졌다. 그리고 그들은 실탄을 쏘았다. 경고 사격도 없이. 내 동생 헥터보다 더 어린아이들에게도 쏘았다. 하지만 헥터가 맨 처음 총을 맞은 아이들 중 하나였다. 헥터가 가장 먼저 총을 맞았는지는 나도 모르겠다.

하지만 그 아이는 이날 죽은 첫 번째 아이였다. 그렇게 의미도 없이. 자신이 쓰는 말로 수업을 받기를 원했다는 이유로 말이다. 친구들을 그대로 버려두고 싶지 않았고 그래서 함께 갔기 때문에 말이다. 그는 정치 자체에는 그다지 관심이 없었다……'

헥터의 누이는 1989년에 베를린을 방문했을 때 자신의 기억을 이렇게 설명했다. 베를린 크로이츠펠트 종합학교는 '헥터 피터슨' 학교라고 이름을 바꾸기로 결정하고 그녀와 다른 두 명의 가족을 이름 변경 행사에 초대했던 것이다. 1994년 이후 남아프리카에서 7월 16일은 '청소년의 날'로 국경일이 되었다."

1989년은 의미 깊은 한 해였다. 남아프리카에서 소수 백인 정부가 권력을 내놓기 겨우 몇 달 전에, 헥터의 누이가 방문했던 도시 베를린에서는 독일이 동쪽과 서쪽으로 갈라진 지 수십 년 만에 처음으로, 찢

헥터 피터슨. 1976년 7월 16일 흑인 학생들의 불리함에 반대하는 시위를 하다가
총에 맞아 죽은 그의 모습이 전 세계로 퍼져 나갔다.

어졌던 가족들이 서로의 품에 안겼다. 베를린 장벽이 무너지고, 동유럽과 서유럽을 갈라놓고 있던 '철의 장막'이 무너지면서 갑자기 온 세상이 변한 것 같았다.

모스크바의 공산주의 체제가 무너지면서 제2차 세계 대전 이후로 미국과 소련 사이에 있었던 '냉전'도 끝났다. 소련의 마지막 국가 서기장 미하일 고르바초프는 중요한 민주적 개혁을 통해 피를 흘리지 않고 이런 과도기를 넘긴 공로로 1990년에 노벨 평화상을 받았다.

소련만 무너진 것이 아니라 전 세계에 영향력을 가진 이 나라가 동유럽 국가들을 고삐로 죄는 일도 끝났다. 이들 국가에는 더 많은 자기 결정의 가능성이 보였다. 이것을 계기로 대부분의 나라들에서는 그때까지 알지 못했던 시민의 자유가 나타났지만, 옛 유고슬라비아 같은 일부 나라들에서는 공산당 지도자들에 의해 억지로 하나로 묶여 있던 여러 종족 무리 사이에서 전쟁이 생겨나기도 하였다.

아프리카에는 세계에서 가장 강력하던 미국과 소련의 영향을 완전히 멀리할 수 있는 나라가 거의 없었다. 이들 강대국은 이곳에서도 가능하면 많은 나라들을 자기들의 영향 아래 두려고 서로 경쟁하였기 때문이다. 새로 생겨난 아프리카의 나라들은 처음에, 식민 지배에 책임이 있는 서유럽 국가들을 동맹국으로 삼은 미국보다는 소련을 더 믿었는데, 이것은 이해가 되는 일이다. 하지만 소련 편을 들었던 아프리카 국가들은 이제 패배자 편에 서게 된 셈이었다. 그때까지 소련에서 받던 경제적·군사적 원조가 하루아침에 끊겼다. 충고를 해주던 사람들은 물러나고, 수많은 '개발 계획들'이 그대로 버림을 받았다.

물론 나미비아에서 이것은 한 번뿐인 기회였다. 소련 편에 섰던 쿠바 군인이 철수 준비를 하면서, 오래전부터 나미비아 북부와 국경선을 맞댄 앙골라에 주둔한 5만 명의 쿠바 군인의 철수를 요구하던 남아프리카 정부의 요구가 마침내 실현되었다. 그 대신 남아프리카는 나미비아에서 자국 군대를 철수함으로써 나미비아에 선거를 위한 길을 열어주었다. 그리고 1989년 말의 선거에서 나미비아의 해방 운동 스와포(SWAPO)가 다수표를 얻었고, 해방 운동을 지휘하던 삼 누조마(Sam Nujoma, 1929년~)가 1990년 3월에 통일 나미비아의 초대 대통령이 되었다. 약 7만 명의 백인들 대부분이 ― 그 중 독일 사람과 독일계 혈통은 3만 명 ― 그대로 남았다.

세계 정치의 이와 같은 급변은 마침내 남아프리카의 소수 백인 정권에도 종말을 가져왔다. '잃어버린' 로디지아를 보면서 남아프리카의 백인 정권은 1980년대 초에 처음으로 남아프리카의 흑인들을 달래기 위해 어느 정도 규제를 풀어주었다. 1976년에 전 세계의 주목을 받은 학생 시위 사건이 있었고, 그 결과 남아프리카에 대한 국제적인 불매 운동이 강화되자 처음으로 흑인의 학교와 병원을 위한 지출이 늘어나고 흑인과 백인 사이의 성관계에 대한 징역형이 없어진 것이다. 그래도 여전히 흑인은 참정권이나 투표권이 없었다. 다만 예외적으로 줄루족의 추장이자 인카타당의 대표인 몬고수투 부텔레지(Mongosuthu Buthelezi, 1928년~) 같은 '더욱 개화된' 몇몇 흑인들에게 단계적으로 일정한 특권을 약속해주었다. 그것은 물론 흑인의 공동 저항을 갈라놓기 위한 일이기도 했다.

이때쯤 남아프리카와 나미비아의 흑인 주민 다수는 이런 기만 작전에 놀아나지 않게 되었다. 나라 안의 정치적 혼란은 점점 더 커졌다.

흑인 지하 전사들의 폭탄 공격이 죄 없는 백인 시민들을 죽이는 사태로까지 번지면서 백인 사회는 가장 현대적인 비밀경찰을 동원하고 또 경찰과 군대를 유지하기 위한 경비를 꾸준히 늘려도, 자기들이 이미 벽에 부딪힌 것을 분명히 알게 되었다.

유명한 흑인 정치 지도자들이 모두 스티브 비코(Steve Biko, 1946~1977년)처럼 이미 살해되었거나, 아니면 올리버 탐보(Oliver Tambo, 1917~1993년)나 크리스 하니(Chris Hani, 1942~1993년), 타보 음베키(Thabo Mbeki, 1942년~)처럼 도망을 쳤거나, 아니면 고반 음베키(Govan Mbeki, 1910~2001년), 월터 시술루(Walter Sisulu, 1912~2003년), 넬슨 만델라(Nelson Mandela, 1918년~)처럼 수십 년 전부터 감옥에 갇혀 있는데도 그랬다. 성공회 주교인 데스먼드 투투 같은 사람들은 고위 성직자라는 지위의 보호를 받아 암살이나 체포되는 것을 면하고 있었다. 이런 사람들은 평화로운 방법으로 흑백 분리 정책의 종말을 마련하기 위해 끊임없이 애쓰고 있었다. 그 덕분에 데스먼드 투투는 1984년에 ― 아파르트헤이트 정부가 못마땅해하는데도 ― 노벨 평화상을 받았다.

1980년대 중반 이후 소수 백인 정권은 폭력으로 다수인 흑인 주민을 억압하기 위해 모든 수단을 다 동원하였다. 전에는 한 번도 그렇게 많은 사람들이 재판도 받지 않고 감옥에 갇힌 적이 없었다. 이들 중에는 청소년도 많았다. 많은 경우 심지어 초등학교도 '사회 불안을 일으킨다'는 이유로 며칠씩이나 문을 닫곤 하였다. 수많은 사람들이 사라졌다가 고문을 받은 시체의 모습으로 다시 나타나거나 아니면 아예 나타나지도 않았다. 남아프리카 군대는 공식적으로는 부인하지만, 남

남아프리카 의회에서 오랜 기간 공개적으로 아파르트헤이트에 반대하고
모든 정치범의 석방을 위해 노력한 유일한 백인 의원 헬렌 수즈먼.

아프리카에서 도망친 사람들을 보호하고 있는 앙골라 등 이웃 나라의 난민촌을 국제법을 위반하면서 공습하였다.

흑인의 편에 서서 분명한 목소리로 부당함에 항의하는 소수의 백인들이 드물기는 해도 있었다. 예를 들면 오랫동안 아파르트헤이트에 반대한 유일한 국회의원 헬렌 수즈먼(Helen Suzman, 1917년~), 공산주의자 조 슬로보(Joe Slovo, 1926~1995년), 여성 작가로 노벨 문학상을 받은 나딘 고디머(Nadine Gordimer, 1923년~), 교회 지도자들인 트레버 허들스턴(Trevor Huddleston, 1913~1998년)과 바이어스 노데(Beyers Naudé, 1915년~), 그 밖에도 1960년대에 이미 정치범의 석방을 위하여 상복과 검은 띠를 두르고 시위를 한 '검은 띠' 소속의 용감한 중산층 부인들 등이다.

소련의 갑작스런 붕괴와 더불어 양측 모두에게 기회가 되는 새로운 상황이 생겨났다. 남아프리카의 해방 전사들은 스웨덴·노르웨이·네덜란드 등 소수의 유럽 국가들에서만 분명한 지원을 받았다. 그 밖에는 주로 아프리카 이웃 국가들의 후원을 받고 있었는데, 그 나라들은 소련의 영향을 받고 있었기 때문에 장기적으로는 중요한 도움이 될 수 없음을 알았다. 흑백 분리 정책을 쓰는 남아프리카 정부는 여러 해 동안의 국제적인 고립 상태를 견뎌야 했고, 통상의 제한 말고도 국제적으로 유명한 예술가들이 이 나라를 방문하지 않았고 국제적인 스포츠 행사도 열 수 없었다. 이제 가장 잔혹한 폭력으로도 자신들의 지배권이 끝나는 것을 오래 막을 수는 없다는 사실이 분명해졌다. 모든 것이 끔찍한 피바다 속에 무너지고 모두가 실패자가 되지 않으려면 새로운 방책을 찾아내야만 했다.

정의롭지 못한 흑백 분리 정권에서 온갖 피부 색깔과 종교와 신념을 가진 모든 사람이 평화롭게 공존하는 민주 남아프리카로 '평화롭게 넘어가는 기적'을 이루기 위해서는 긴 전 단계의 역사가 있었으며, 그 세부 사항들이 이제야 하나씩 공개되고 있다. 마지막에는 고집만 남은 늙은 대통령 피터 빌렘 보타(Pieter Willem Botha, 1916년~)가 점점 폭력을 키워가고 있었지만, 1980년대 중반 이후로 여러 차원에서 백인 경제계 인사와 저널리스트, 젊은 정치가들이 현재의 체제에 대한 대안을 찾기 시작하였다. 그들은 외국에서 다양한 해방 조직들, 특히 ANC의 고위 인사들을 몰래 만났다. 비슷한 시기에 넬슨 만델라 같은 고급 정치범과의 철저한 비밀 교섭도 시작되었다. 그들이 남아프리카의 모든 백인의 안전을 보장해줄 정치적 해결책을 위해 어느 정도까지 힘을 쓸 수 있는지를 알아보기 위해서였다.

1989년에 마침내 보타 대통령이 스무 살이나 아래인 프레데릭 빌렘 데 클레르크(Frederik Willem de Klerk, 1936년~)에게 대통령 자리를 넘겨주었을 때도 밖으로는 더욱 강경하게 움직이는 것처럼 보였다. 1990년 2월에 새 대통령은 모든 정치범을 석방하고 그때까지 금지되어 있던 ANC 같은 정치적 해방 단체의 활동을 허가해주었다. 이어지는 4년 동안 다양한 측면으로부터의 폭력을 통해 거듭 위협을 받으면서도 조심스럽게 협상이 계속되었다. 이것은 1994년 4월 모든 남아프리카 주민이 참가하는 최초의 민주 선거를 위한 준비였다. 극우파 백인 단체들은 모든 협상을 거부하고 폭력적인 저항을 하겠노라고 예고하였다. 줄루와 코사족 사이의 해묵은 경쟁도 공권력에 의해 더욱 부추겨져서 유혈 사태로 발전하였다. 투표가 이루어지기 1년 전에 ANC

정치가로서 특히 젊은이들 사이에 인기가 있던 크리스 하니가 백인 극단주의자 두 명의 총에 맞아 죽었다. 흑인 극단주의자들이 교회나 음식점에 있는 백인 시민들에게 폭탄 공격을 하면서 남아프리카의 '실험'이 과연 성공할 수 있을까 하는 의심이 점점 커졌다.

1993년에 넬슨 만델라와 프레데릭 빌렘 데 클레르크는 남아프리카에 평화적인 방법으로 민주주의의 도입을 가능하게 하겠다는 단호한 결심 덕분에 공동으로 노벨 평화상을 받았다. 1994년에 세계는 숨을 죽이고 사흘 동안 계속된 투표를 지켜보았다. 그리고 기적이 일어났다. 투표가 평화롭게 진행되었을 뿐만 아니라 국제 선거 감시원들은 그것이 모범적으로 진행되었다고 칭찬하였다. 흑인, 백인, 인도 사람 그리고 전에는 남아프리카의 유색인이라 불리던 사람들이 투표소 앞에 이따금 몇 킬로미터씩이나 줄을 서서 기다렸다가 투표하였다. 여기서 많은 사람들은 처음으로 서로 대화를 하였고 공통의 정치적 이성을 보여주었다.

1994년 5월 10일에 민주적으로 선출된 남아프리카 최초의 정부가 전 세계로 중계된 취임식을 통해서 출발하였다. ANC가 압도적인 다수표를 얻었는데도 '국민 통합' 정부는 정치적 경쟁자이던 사람들과 그때까지 자기들을 억압하던 사람들에게도 정치적인 대표권을 확보해주었다. 넬슨 만델라가 남아프리카에서 민주적으로 선출된 초대 대통령이 되었다. 그리고 부통령으로는 프레데릭 빌렘 데 클레르크와 타보 음베키(Thabo Mbeki: 1999년 만델라의 뒤를 이어 대통령이 된 사람)가 지명되었다. 내무부 장관 직은 줄루족 지도자 몬고수투 부텔레지가 맡았다. 그가 이끄는 인카타 정당은 투표가 있기 겨우 며칠 전에야 거

1994년 5월 10일에 민주적으로 선출된 남아프리카의 초대 대통령 넬슨 만델라.

부 운동을 중단하고 과도 정부에 참가하였다.

전 세계의 언론은 1994년 4월의 선거에서 5월에 새 정부가 들어서기까지의 기간에 보여준 것처럼 그렇게 오랫동안 그리고 그렇게 긍정적으로 아프리카의 사건을 보도한 적이 없었다. 지금까지 친숙했던 온갖 비참함과 전쟁의 모습에 대해 겸손하면서도 섬세하고 자의식을 갖춘 아프리카 사람들의 모습이 대비되면서, 최근에 있었던 미움과 억압에도 불구하고 온갖 피부 색깔과 신념을 가진 사람들이 함께 살면서 일할 수도 있고, 그것이 성공하기만 한다면 그들이 더욱 강하고 인간적이 된다는 사실을 온 세계에 보여주었던 것이다.

"인류 전체가 자랑스러워하는 사회가 태어나야 합니다……"

1994년 5월 10일 남아프리카에서 넬슨 만델라 :   "지나치게 오래 계속된 특별한 인간적인 재앙의 경험으로부터 인류 전체가 자랑스러워하는 사회가 태어나야 합니다…….

얼마 전까지만 해도 법을 위반하는 사람들로 여겨지던 우리가 오늘 우리 자신의 나라에서 전 세계의 국민들을 맞아들이는 주인 노릇을 한다는 아주 드문 특권을 갖게 되었습니다. 존경하는 손님 여러분이 우리 국민과 더불어, 정의와 평화와 인간의 존엄성의 승리라고 자랑스럽게 말할 수 있는 그것을 함께 나누기 위하여 이곳에 와주신 것을 감사드립니다.

마침내 우리는 우리의 정치적 해방을 이루었습니다. 아직도 여전히 존재하는 가난함과 불리함과 고통과 온갖 차별의 굴레에서 우리 같은 다른 모든 시민을 해방시키는 것을 우리의 의무로 여깁니다.

데스먼드 투투 대주교가 케이프타운 근처의 흑인 거주 지역을 방문하였다.

이렇게 아름다운 나라가 인간에 의한 인간의 억압을 경험하는 일이 다시는 절대로, 절대로, 절대로 가능하게 되어서는 안 됩니다……. 자유가 지배해야 합니다. 신께서 아프리카를 보호해주십시오!"

새로운 남아프리카를 위하여 의회가 통과시킨 헌법은 세계에서 가장 진보적인 헌법에 속한다. 여기에는 모든 소수 무리의 권리가 확고히 뿌리를 내리고 있다. 여러 개의 공식적인 국어(國語)들은 주민의 문화적 다양성을 인정한다. 남아프리카는 그 밖에도 동성애가 공식적으로 인정을 받고 차별에서 보호받는 아프리카 유일의 국가이다. 남아프리카에서 만들어진 웹사이트 하나는 성적 소수자들에 대한 억압에 대하여 정기적으로 정보를 전하고 또 아프리카 대륙에서 이루어지는 그들의 해방을 위한 노력도 상세히 전한다(www.mask.org.za).

흑백 분리 정책의 두려움이 완전히 없어지지는 않았다. 1996~1998년에 전국적으로 데스먼드 투투 대주교를 의장으로 하는 '화해와 진리 위원회'가 열렸는데, 여기서는 희생자들이 와서 자기들의 고통을 보고하고 배상을 청구할 수 있을뿐더러 가해자들도 과거의 범죄를 사실대로 보고하면 사면을 받을 수 있었다. 1999년에 넬슨 만델라는 임기를 마치고 예고했던 대로 대통령 선거에 다시 입후보하지 않았다. 타보 음베키가 그의 뒤를 이어 대통령이 되었다.

새로운 세대:
어린이 병사만은 절대로 안 된다

 아프리카 전체가 자유를 얻었다. 착취와 억압의 극복은 피를 흘리지 않고 이루어졌을 뿐만 아니라 인간적인 지혜와 따뜻함과 겸손함에서 세계적인 모범이 되는 아프리카의 정치가와 더불어 이루어졌다. 그리고 그것은 아프리카 역사에 대한 이 책의 아름다운 종결부가 되었을 것이다.
 하지만 유감스럽게도 역사는 그리고 우리의 세계와 아프리카도 절대로 좋기만 하거나 나쁘기만 한 것이 아니다. 그것은 모순으로 가득 찬 것이다. 우리가 그것을 견디고 바라보고 또한 이해하려고 노력한다면, 우리는 단순한 것만 좋아하고 모순을 견디지 못하는 선입견에 어쩌면 덜 전염될 수도 있을 것이다.
 세계의 여론이 열광하고 점점 더 커지는 경탄으로 남아프리카를 바라보고 있던 저 1994년 4월과 5월 두 달 동안 같은 대륙 아프리카의 심장부에서, 인류 역사에 나타난 끔찍한 많은 사건들을 능가하는 비극이 일어났다. 이 끔찍한 사건은 처음에 국제적인 텔레비전 제작 팀의 카메라 앞에서 이루어진 것이 아니었기 때문에, 나중에야 비극의 완전한 규모가 드러나게 되었다. 그것은 가장 고약한 두려움조차도 넘어서는 것이었다.

　게다가 유엔과 다른 많은 서방 국가들, 특히 프랑스·벨기에·미국 등이 민족 학살이 다가오는 것을 잘 알고 있었다. 그러나 그들은 아무 일도 하지 않았다. 유엔 총재 코피 아난은 나중에 이 점에 대해 공개적으로 사과하였다. 프랑스 대통령 프랑수아 미테랑(François Maurice Mitterrand)은 1990~1994년에 르완다에 대한 무기 공급을 36번이나 승인한 일을 덮으려고 애썼다. 그리고 당시 막 미국 대통령으로 당선된 빌 클린턴(Bill Clinton, 1946년~)은 동아프리카 소말리아에서 그보다 1년 전에 미국의 평화 임무가 실패한 일로 무거운 부담을 안고 있었다.

　1992년 12월에 그의 전임자인 아버지 조지 부시(George Bush, 1924년~) 대통령은 미국 병사들에게 소말리아에서 계속되는 내란을 끝내도록 항구 도시 모가디슈에 상륙하라고 명령하였다. 이 전쟁은 이미 민간인에게 엄청난 굶주림을 가져왔고 당시 미군의 작전은 명백하게 유엔의 지지를 받는 것이었다. 하지만 미국은 내란을 치르고 있는 종족 무리에 대해 정확한 지식이 없었고, 병사들은 이 상황을 이겨낼 수가 없었다. 대부분의 주민들에게 미군은 해방군으로 여겨지지 않고 오히려 억압하는 사람들로 여겨졌다. 미군 단위 부대가 매복에 걸려 들면서 이 군사 작전은 1993년 10월 3일에 비극적인 종말에 이르렀다. 전투용 헬리콥터 두 대가 추락하였고, 조종사 한 명이 붙잡히고 젊은 미군 18명이 전사했다. 이것은 베트남 전쟁 이후 미국이 단일 전투에서 얻은 가장 큰 패배였다. 그것도 변변치 않은 무장을 하고 있어서 미군 장군들 중 어느 누구도 진지하게 여기지 않던 소말리아 '폭도들'에게서 얻은 패배였다.

몇 달 뒤에 르완다 사태가 위험하게 되자 미국은 오로지 자국민을 대피시키는 것에만 관심을 가졌다. 워싱턴에서 르완다 주재 미국 대사에게 보낸 지시 하나는, 이 중앙 아프리카 국가에서 눈앞에 전개되는 것에 대하여 어떤 경우라도 '민족 살해'라는 말을 사용하지 말라는 것이었다.

르완다는 작은 나라이지만 산악 지대를 이루며 극히 비옥하여 아프리카에서 가장 인구 밀도가 높은 나라이다. 정확히 대륙의 중앙부에 자리 잡고 있는 르완다에 관한 사실은 유럽에는 오랫동안 거의 아무것도 알려지지 않았다. 험악한 산악 지형과 그곳 주민이 고립되어서 다른 어떤 나라와도 무역을 하지 않는 탓에, 이 나라는 중앙 아프리카에서 유일하게 아랍과 유럽의 노예 사냥꾼을 멀리하였기 때문에 '아프리카의 티베트'라고도 불렸다.

1884년에서 1885년에 유럽 사람들이 베를린에 모여 아프리카 대륙을 자기들끼리 나누어 갖기 시작했을 때, 그들은 르완다에 강력한 왕이 있고, 그는 귀족인 툿시족(Tutsi)에 속하며, 후투(Hutu)라 불리는 다수 주민을 지배한다는 말을 들었다. 이곳의 원시림에 은둔하여 살고 있는 몇몇 '피그미'족들이 있는데, 이들은 이곳에서 트와(Twa)라 불린다고 했다. 그보다 더 작은 이웃 나라 부룬디와 더불어 르완다는 당시 동아프리카의 '독일 영향권'에 맡겨졌다. 르완다의 왕이나 신하들은 물론 그 일에 대해 알지 못했다.

1894년에 뒷날 동아프리카의 독일 총독이 최초의 유럽 사람으로 이곳을 방문하였지만 머지않아 도로 물러나고 말았다. 1907년에 독일 황제가 공식적인 '공사'를 파견하여 툿시 왕의 '상시 고문'으로 붙여 주려고 하였지만, 므와미(Mwami)라 불리던 왕은 이 사람의 취임 인사 방문조차도 받아들이지 않았다. "분명 내가 겨우 총 17정만 선물로 가져갔기 때문"이라고 독일 공사 리하르트 칸트 박사는 화가 나서 말했다. 하지만 그도 별로 할 일이 없었다. 제1차 세계 대전이 끝날 때까지 모두 합쳐 겨우 12명 정도의 독일 사람들이 이곳 '식민지'에 살았기 때문이다. 독일이 전쟁에서 패한 다음 르완다는 벨기에에게 맡겨졌고, 벨기에는 콩고에서만도 이미 할 일이 너무 많아서 이곳에서 물러나고 말았다.

1950년대 말에 해방 운동의 파도가 중앙 아프리카에 이르렀을 때에야 벨기에는 르완다에서도 무엇인가를 해야 한다는 것을 알았다. 하지만 무엇을? 독일 사람들처럼 벨기에 사람들도 지배 계급인 툿시족에 의존하고 있었는데, 그들이 주민의 다수를 이루는 가난한 후투족에게 온갖 착취를 자행해도 모든 것이 평화롭게 남아 있는 한 그들을 방해하지 않았다. 하지만 이제 툿시족이 독립을 요구하였다. 자기들의 너그러움에 대해 툿시족이 이렇게 감사할 줄 모르는 태도를 보인 것에 모욕감을 느낀 벨기에 사람들은 툿시족을 버리고, 수백 년 이상 억압을 받아 이미 속으로 원한이 쌓여 있던 후투족의 분노를 더욱 부추겼다.

이렇게 벨기에의 후원을 등에 업고 1959년에 당시 200만 명 이상의 후투족이 대략 30만 명 가량의 툿시족에 맞선 농민 반란을 일으키게 되었다. 이들 시골 농사꾼들은 단 한 번의 광적인 폭력에 휩싸여 툿시

주인들의 농장을 불태우고, 그들이 거룩하게 여기는 소 떼들을 죽이고, 어디서든 붙잡기만 하면 옛날 주인인 툿시들도 죽였다. 약 5만 명의 툿시족이 남자이든 여자이든 어린이든 간에 죽음을 당했다. 그리고 다른 5만 명은 마지막 순간에 르완다를 빠져나가 도망쳤다. 1962년에 마침내 이 나라가 독립했을 때 후투족이 결정권을 갖고서 최초의 정부를 세웠다.

그런데도 진짜 승리한 느낌은 나타나지 않았다. 나라 밖으로 도망친 툿시족이 비참한 난민 수용소에서 멀리 떨어진 르완다의 산악 지대를 바라보면서 복수를 꿈꾸고 있다는 것을 후투족은 알고 있었다. 다음 몇십 년 동안 이런 갈등은 전혀 줄어들지 않았다. 특히 국경 지대에서 툿시족 빨치산이 공격을 해서 후투 마을을 불태우곤 하였다. 후투족은 이들을 가리켜 경멸적으로 '바퀴벌레'라고 불렀다. 그리고 르완다 안에 남아 있는 툿시족이 죄가 있건 없건 상관하지 않고 복수를 하였다. 이웃 나라 부룬디에서도 똑같이 툿시족과 후투족이 살고 있었는데, 이곳에서도 비슷한 유혈 사태가 일어났다. 하지만 툿시와 후투가 차츰 서로를 인간적으로 알아가고 우정을 맺고, 두 종족의 젊은이들이 결혼을 하는 지역도 있었다.

후투족 사이에서도 하나의 의견이 지배적이었던 것은 아니라는 사실이 1973년에 주베날 하비야리마나(Juvenal Habyarimana, 1937~1994년) 장군이 쿠데타를 일으켜 스스로 대통령이 되었을 때 분명해졌다. 그는 그 뒤로 21년 동안 후투나 툿시나 가리지 않고 모든 시민이 따르지 않을 수 없는 독재 정권을 세웠다. 예를 들면 르완다의 주민은 누구나 태어나면서부터 유일한 국가 정당의 당원이었다. 그리고 정당에 충실한 툿시족은 출세를 할 수도 있었고, 정권에 비판적인 후투족은 감옥에 갈 수도 있었다. 르완다 밖에 있는 젊은 툿시족 사람들은 1980년대 초부터 우간다의 젊은 정치인 요웨리 무세베니의 빨치산 군대에서 군사 훈련을 통해 인정을 받게 되었다. 무세베니는 많은 젊은 툿시 장교들의 도움도 받아서 1986년에 마침내 우간다의 독재자 밀턴 오보테를 쫓아내고 스스로 대통령이 될 수가 있었다.

세계의 여론은 물론이고 르완다의 후투 정부도 알아채지 못하는 가운데 젊은 툿시 장교들은 전력이 극히 막강한 군대를 양성하여 1990년 9월 30일 밤에 이웃 우간다를 출발하여 150킬로미터 떨어진 르완다의 수도 키갈리 방향으로 향했다. 겨우 며칠만 행군하면 되었다. 이번 침공은 하비야리마나 대통령에게 큰 충격이었다. 전혀 대비가 되어 있지 않았던 그의 군대는 여기에 저항할 수가 없었다. 마지막 순간에 그는 프랑스 대통령 미테랑에게 군사 원조를 청해야겠다는 생각이 났다. 그는 프랑스 대통령이 아프리카에서 '프랑스의 이익'을 지키기 위해 군대를 보내줄 것을 희망하였다. 하지만 사정이 그렇게 확실하지가 않았다. 독재자 하비야리마나는 모든 경우에 대비해서 미리 짐을 싸놓았다. 마지막 순간에 프랑스 낙하산 부대가 수도의 공항에 착륙하였다. 독재자에게는 숨이 트이는 일이었지만 툿시 군대에게는 분노와 실망이었다. 그들은 독재자에게는 분명 승리를 거두겠지만 프랑스와의 전쟁에는 힘이 못 미쳤다. 그들은 르완다 북동부에서 행군을 멈추고 이 지역을 점거하였다. 그때부터 작은 르완다는 분단 국가가 되었다. 이것은 대체 어떻게 끝이 날까?

오직 두 가지 가능성만이 보였다. 타협 아니면 정면 대결이었다. 르완다 대통령은 오랫동안 망설였지만 극우파 후투 민족주의자들이 그를 앞섰다. '최종 해결'만이 확실한 결과를 만들어낼 것이라고 믿었던 그들은 모든 툿시족과 노선에서 벗어난 후투족을 죽이거나, 아니면 적어도 르완다에서 쫓아내려 했다. 3년 반 동안이나 대학교수, 언론인, 교사, 그 밖에도 '교육을 받은 사람들'이, 문맹이 절반이나 되는 르완다의 단순한 주민들에게 '툿시족의 위험'을 경고하는 선전에 열을 올렸다. 다른 한편 1993년 중반부터 독재자 하비야리마나에게, 평화적인 타협의 해결책을 찾고 빨치산에 대해서도 정부에 참여할 길을 열어주라는 다른 아프리카 국가들의 외교적 압력이 점차 커졌다. 그 결과는 르완다 극우파들의 절규로 나타났다. 화약통이 채워지고 도화선도 연결되었다. 불씨 하나만 있으면 모든 것이 폭발할 참이었다.

불씨가 저절로 나타나지 않았기 때문에 약간의 도움이 필요하였다. 1994년 4월 6일에 하비야리마나가 외국 여행에서 돌아왔다. 그는 외국에서 원칙적으로 타협의 해결책을 추진하기로 동의한 참이었고, 그 때문에 르완다의 모든 극우파에게는 '배신자'가 되어 있었다. 그가 탄 비행기가 키갈리 공항에 착륙하자 '알려지지 않은 범죄자들'이 총알을 퍼부었다. 그리고 대통령의 죽음이 폭발 신호가 되었다.

이제부터 르완다의 라디오 방송은 쉬지 않고 선동적인 연설을 내보냈다. 하루에도 여러 번이나 구호가 울려 나왔다. "죽음! 죽음! 모든 무덤의 절반만 툿시족의 시체로 채워져 있다. 서둘러서 무덤을 가득 채우자!" 단순한 사람들에게 또 다른 단순한 사람들을 잔인하게 죽이라는 부추김이었다. 어디에도 빠져나갈 구멍이 없었다. 교회로 도망친 사람들도 그곳에 갇힌 채 교회와 함께 불에 태워졌다. 가장 자주 쓰인 살인 무기 하나는 팡가(panga)라는, 길이가 긴 덤불 칼이었다. 이것으로 팔이나 다리나 머리를 겨누어 잘라버리곤 하였다. 군대는 배후 지원만 하고는 언제나 뒤로 물러나서 모든 사람이 이런 학살에 동참하도록 격려하는 일에만 열중하였다. 이것은 끔찍한 계획이었다. 그 때문에 아무도 나중에 자기는 아무것도 몰랐다거나 아니면 전혀 죄가 없다고 말할 수 없게 되었다. 나중에 국제 조사 위원회는 약 100일 동안의 민족 살해에서 죽음을 당한 툿시족 사람들이 80만 명에 이른다고 추정하였다. 북동부에 있던 툿시족 빨치산 군대가 르완다 전국을 장악하고 그 지휘자인 폴 카가메(Paul Kagame, 1957년~)가 르완다의 새 대통령이 될 때까지 이런 학살이 계속되었다. 이번에는 수백만의 후투족 사람들이 죄가 있거나 없거나 이웃 나라 자이르(오늘날의 콩고 민주 공화국)로 도망쳤다.

폴 카가메 정권은 그 이후로 이 나라에 어느 정도의 안정을 되찾고 툿시와 후투족의 공동 작업을 위한 기초를 닦았다. 2003년 8월에 처음으로 민주 선거가 실시되었고, 여기서 폴 카가메는 많은 후투족의 표도 얻었다. 인기가 있다기보다는 그가 이 나라에 9년 동안이나 평화를 가져왔다는 것을 인정한 것이다. 새로운 르완다 의회는 여성 의원이 49퍼센트로 세계에서 가장 많이 진출해 있다. 지금까지 45퍼센트로 세계에서 여성의 참여가 가장 높았던 스웨덴보다도 더 많은 숫자이다.

하지만 민족 살해의 깊은 상처를 치유하는 일은 하루아침에 이루어질 수가 없다. 나이지리아의 작가이며 노벨 문학상을 받은 월레 소잉카(Wole Soyinka, 1934년~)는 1994년에 이렇게 썼다. "르완다는 우리의 악몽이 되었고, 남아프리카는 우리의 꿈으로 남았다."

**가나에서 자란 BBC 아프리카 통신원
조지 알라가이아**(George Alagiah)**는 아프리카의
르완다 난민 어린이들의 상황을 1994년에 다음과 같이 말한다 :**
"고마(Goma)에 있는 것은 마치《구약 성서》의 장면으로 되돌려진 것 같은 일이었다. 일주일도 안 되는 기간에 100만 명 이상의 사람들이 르완다 국경을 넘어 자이르로 들어왔다. 아이들이 한 손으로 어머니의 옷자락을 붙잡고 다른 한 손에는 더러운 물이 절반쯤 채워진 플라스틱 병을 들고 있었다. 남자들은 어깨에 짊어진 마지막 재산의 무게로 걸음이 비틀거렸다. 우리는 부모를 잃은 아이들을 거듭 만났다. 그들은 흘러넘치는 사람들의 물결에 밀려 모래알처럼 함께 떠밀려왔다. 대탈출이 지나고 났을 때 이곳 구호 단체들은 가족과 헤어진 아이들이 4만 명 이상이라고 집계하였다."

난민 어린이, 전쟁고아, 병든 어린이. 세계적으로 약 700만 명에 이르는, 다섯 살이 되기 전에 죽는 어린이의 3분의 2 가량이 아프리카 어린이다. 대부분은 비위생적인 환경에서 살기 때문에 그리고 어린이 질병을 예방하기 위한 가장 값싼 예방 접종도 받지 못하기 때문이다. 아직도 아프리카에는 의사가 평균 인구 2만 명에 한 명꼴이다. 평균적으로 보면 수백만의 아프리카 사람들은 평생 의사의 얼굴을 볼 기회가 거의 없다시피하다는 말이다.

내란으로 죽음을 당하는 어린이와 또한 스스로 병사가 되어 죽음에

이를 때까지 함부로 이용되는 어린이도 있다. 전 세계적으로 어른의 전쟁에서 희생되는 민간인 희생자 중에서 어린이와 청소년 희생자가 약 절반에 이른다. 아프리카에서는 엄청난 규모의 어린이 병사의 문제가 여기 덧붙여진다. 유엔 통계에 따르면 가장 어릴 경우 일곱 살이나 여덟 살까지 포함되는 전 세계 30만 명의 어린이 병사 중 약 12만 명이 아프리카에서 싸우고 있다. 어린이 병사 문제로 국제적으로 가장 심한 비난을 받는 다섯 나라 중 네 나라가 아프리카에 있다. 시에라리온, 라이베리아, 콩고 민주 공화국, 부룬디 등이다(2003년 통계).

어린이들이 언제나 싸우도록 강요를 받는 것만은 아니다. 부모가 죽거나 실종된 다음, 아니면 자기들 눈에는 강하게 보이는 사회에서 더 나은 미래를 얻으려고 군대에 자원하는 어린이들도 적지 않다. 이들 '람보-키즈(Rambo-Kids)' 상당수는 기습 공격에서 특히 더 잔인하게 행동한다. AK 47 기관총을 겨우 들 수 있는 정도의 아이들이 기술적으로 무기를 다루는 법을 배우면서 개인적인 감정이나 어린 영혼에 대한 동경이 맨 먼저 파괴된다. 전쟁에서 살아남아 회복 프로그램 과정을 거치는 어린이들에게 장래 가장 큰 소망이 무엇이냐고 물어보면 거의 대부분이 매우 소박한 답변을 한다. "직장, 일자리, 먹을 것……."

치나 케이텟시(China Keitetsi, 1974년~)는 아홉 살 때 오늘날 우간다 대통령인 요웨리 무세베니가 이끄는 국민 저항군에 들어갔다. 그녀는 나라 밖으로 도망칠 때까지 10년 동안 어린이 병사 생활을 견뎠다.

현재 그녀는 덴마크에 살면서 자신의 경험을 책으로 쓰고,
언젠가는 우간다로 돌아가 그곳에서 자기와 비슷한 일을 겪은
다른 어린이들을 보살필 것을 꿈꾼다

(그녀의 웹사이트를 참조할 것: www.xchildsoldier.org).

그녀는 다음과 같이 기억한다 : "처음에 나는 어린이 병사들과 함께 있을 수 있는 것이 기뻤다. 나는 집에서 아버지의 괴롭힘을 피해 도망쳤다. 그리고 여기서 처음으로 많은 또래 아이들을 만났다. 행진을 배울 때면—좌로, 우로, 좌로, 우로—그것이 그냥 놀이인 것처럼 재미있었다. 나는 아홉 살이었다. 그리고 특히 내 마음에 든 것은 대부분의 아이들이 사내아이들이라는 점이었다. 머지않아 나도 사내아이처럼 될 거라고 생각하였다. 그리고 정말로 그렇게 되었다…….

그런 다음 정말로 나쁜 일들이 생겼을 때 많은 것이 이미 오래전부터 비현실적인 꿈만 같았다. 어른 지휘자들의 인정을 받기 위해서, 그들의 사랑을 받기 위해서 우리는 무엇이든 할 각오가 되어 있었다. 그러다가 나는 어떤 장교의 경호병이 되었다. 나는 그를 위해 모든 일을 해야만 했고, 머지않아 그가 원할 때면 섹스 파트너가 되어야만 했다. 열네 살 때 임신해서 첫아이를 얻었다. 내 아들은 지금 우간다 어딘가에 살고 있는데, 나는 무슨 일이 있어도 그애를 꼭 다시 만나고 싶다.

나는 내 손가락 숫자보다 더 많은 사람들을 죽인 것 같다. 그러다가 내 안에 있는 무엇인가가 망가진 것을 느꼈다. 누군가 내게 총을 쏘지 말라고 애원하면 나는 냉정하게, '나도 어쩔 수가 없어.' 하고 생각하고는 명령받은 대로 행동하였다. 총을 쏘는 것이다. 우리는 무기를 어머니처럼 존중하도록 훈련을 받았다. '네가 얼마나 작든 얼마나 약하

처음 읽는 아프리카의 역사

치나 케이텟시는 도망치기까지 10년 동안 우간다에서 어린이 병사 생활을 했다.

든 상관없이 무기만 있으면 너는 강하다.'

　내 젊은 친구들 중 한 명이 다른 사람을 죽이고 나서 무기를 자기 자신에게로 돌려 그대로 방아쇠를 당겼을 때 나는 내가 아직도 느낄 수 있음을 알았다. 나는 갑자기 그와 똑같이 느꼈다. 내가 그인 것 같았다. 같은 고통, 같은 절망을 느꼈다. 우리의 어른 지휘자들이 우리에게 많은 것을 약속하지만 오로지 자기 생각만 한다는 것이 마지막에는 분명해졌다. 내가 거의 마지막까지 믿었던 무세베니에 이르기까지 모두 마찬가지였다. 어른들은 절대로 믿을 수 없는 존재였다.

　이제는 나 자신이 어른이 되었다. 내면적으로는 아직도 많은 것을 보충해야 하지만. 나는 스물여섯 살이고 아들 하나와 어린 딸 하나가 있는데 그들은 나와 떨어져서 살아야 한다. …… 하지만 나는 그들을 찾아내서 언젠가 그들과 다른 어린이들을 위해 피난처를 만들 것이다. 그래서 지금은 덴마크에서 사회 사업을 공부한다. 여기서 많은 사람들이 지금까지 내 삶의 끔찍함을 극복하도록 나를 도와주고 있다."

　오늘날 젊은 아프리카 사람들은, 식민 지배의 결과가 분명 있기는 하지만 아프리카 국가 원수와 대통령이 책임을 지는 나라에서 성장한 첫 번째 세대이다. 그들의 꿈은 무엇이며, 그들은 자신들의 기회와 한계를 무엇이라고 보는가? 또 무엇을 비판하고 즉시 바꾸고 싶어하는가?

　공식적인 정부 발표와는 다르고, 따라서 전체를 대표하는 것은 아닌 목소리 몇 가지를 들어보자.

시릴 S.(Cyrille S.), 1985년 르완다의 수도 키갈리에서 출생, 네덜란드에 망명 신청 중 : "내가 절대로 믿지 않는 말은 이른바 아프리카 사람들끼리의 유대라는 것이다. 나는 어린 시절에 어머니와 큰누이와 함께 자이르에 있었다. 그 다음엔 짐바브웨로 갔다. 형이 먼저 그곳으로 갔기 때문에 우리도 그곳으로 간 극소수의 가족이 되었다. 마지막에 나 혼자서 가짜 신분증으로 남아프리카로 갔다. 어디나 똑같았다. '너 어디서 왔니? 르완다라고? 우린 너희가 필요 없어! 너희들은 문제만 만들어내지. 꺼져라, 안 그러면 내가 너를 망가뜨릴 테다!' 아프리카 사람들끼리 서로 외국인을 싫어하는 것이다.

언제나 똑같다. 마지막에 누가 나를 도와주었나? 네덜란드 선교사였다. 그를 통해서 나는 유럽으로 왔다. 르완다로 돌아가야만 한다면 나는 목숨을 끊겠다. 난 너무 많은 것을 보았다. …… 아프리카가 지겹다."

메리 R.(Mary R.), 아크라 북쪽에 있는 마을에서 1980년에 출생. 현재는 가나에서 경제학을 전공하는 여자 대학생 : "이른바 제3세계라는 것에 대해 많은 이야기들을 한다. 하지만 정확하게 바라보라. 아시아와 라틴 아메리카에도 많은 문제들이 있지만 그래도 그곳의 몇몇 나라들은 경제적으로 주목할 만큼 발전하였다. 그에 반해 아프리카에서는 북부 아프리카에 있는 몇몇 나라들과 남아프리카만 빼고는 전반적으로 추락하고 있는 추세이다. 2000년에 아프리카 사람들의 연간 수입은 내가 태어난 1980년과 비교하여 10퍼센트가 줄었다. 예를 들어보자. 1957년에 가나가 독립했을 때 이곳의 생활 수준은 남한보다 높았다. 오늘날 남한은 가나보다 경제적으로 여섯 배나 강력하다. 많은 아프리카 국가와 아시아 국가들을 놓고 이런 비교를 해볼 수 있다. 그러면 언제나 아프리카에 불리한 결론이 나온다. 어째서 그런가? 아프리카에서는 발전에 관한 말은 많아도 일관성 있게 그것을 행하지 않기 때문이다. 나는 무엇을 꿈꾸나? 더 많은 여성들이 통치의 책임을 넘겨받고 아프리카 나라들이 정말로 협동하는 법을 배우는 것이다."

시포 N.(Sipho N.), 남아프리카
이스턴케이프 마을에서 1984년에 출생,
현재는 케이프타운에서 거리의 악사 : "나는 정치가들이 마침내 에이즈를 앓고 있는 사람들을 위해 뭔가를 해야 한다는 것을 깨닫기 바란다. 믿을 수 없는 이중 도덕이 판을 치고 있다. 모두들 윗도리에 빨간 리본을 달고 있다. 정치가들도 모두 리본을 달고 언제나 거듭 가난한 다른 사람들 이야기를 하지만 충분히 행동하지는 않는다. '다른 사람들'이란 없다. 그냥 '너와 나'만 있다. 하지만 어떤 여성이 텔레비전에서 우리 대통령에게 에이즈 검사를 하겠느냐고 물었을 때 그는 그냥 웃기만 했다. 웃었다! 하지만 그는 …… 이 남자는 아무것도, 정말로 아무것도 깨닫지 못했다."

릴라 A.(Leila A.), 1979년 말리에서 태어나
현재는 알제리에서 간호사로 일한다 : "개발 원조라는 생각 전체가 잘못된 것이다. 아프리카 국가들은 해마다 개발 원조로 받는 돈보

다 더 많은 돈을 서방에 빚으로 갚고 있다. 물론 여기서는 몇몇 진짜 이상주의자들도 활동하기는 하지만 이것은 절대로 남는 장사가 아니다. 빚은 해마다 늘어만 간다. 우리가 아무것도 팔 수 없거나 아니면 이문이 남는 팔 것을 생산할 수 없기 때문이다. 또 서방 국가에서 온 갖 하찮은 것에도 관세를 물리기 때문이다. 내가 어째서 이것을 아느냐? 의약품이 바로 그렇기 때문이다. 우리가 절실하게 필요로 하는 대부분의 의약품은 부유한 서방 국가들보다 이곳 가난한 아프리카에서 훨씬 비싸다. 그것을 알아듣겠는가? 그리고 개발 계획에서 가장 좋은 일자리는 다시 서방에서 온 사람들 차지다. 어쨌든 대부분의 지휘권을 가진 자리는 그렇다. 나는 최근에, 오늘날 아프리카에는 옛날 식민 시대에 유럽 출신의 관리보다 더 많은 서방의 개발 원조자들이 있다는 글을 읽었다. 그 글이 맞는지는 모르겠지만 그것은 정말로 이해가 잘되는 글이다."

그들의 말은 맞다. 젊은 아프리카 사람들의 말에 나타난 다른 대부분의 진술도 맞다. 유럽의 젊은이들과 비교하면 그들은 자신들의 미래의 생활 계획이나 직업상의 승진, 개인적인 경력에 대해 놀라울 정도로 거의 말하지 않는다. 설문조사를 해보면 극소수의 선별된 사람들만 '해외에서', 그러니까 유럽이나 미국이나 오스트레일리아로 교육을 받으러 가거나 공부를 하러 갈 수가 있다는 것이 드러난다. 아프리카의 대학에서 공부하는 것은? "진짜 국제적으로 인정을 받는 대학은 다섯 손가락 안에서 끝나고 만다……."라는 것이 대답이다.

1960년대에는 사정이 달랐다. 당시에 나이지리아의 이바단 대학교나 우간다의 마케레레 대학교는 젊은 아프리카 학문을 위한 새로운 희망이었다. 하지만 1970년대에는 벌써 이른바 '두뇌 유출'이 나타난다. 훌륭한 학자들이 아프리카 바깥의 나라들로 떠나간 것이다. 절약 조치로 인해 많은 학자들은 가족을 부양하려면 냉장고의 사용 설명서를 번역하는 등의 일을 해야만 했다. 뉴욕이나 브뤼셀에서 강연 한 번을 하면 고향에서 열두 달치 봉급을 합친 것보다 더 많은 돈을 받는다. 그것이 유혹이 아니고 무엇인가. 사하라 남쪽의 나라들 중 남아프리카만 옛날이나 지금이나 예외다. 흑백 분리 정책이 끝나기 이전에도 이미 그곳의 몇몇 대학들과, 다른 대학들에서도 적어도 몇몇 학부에서는 백인 아닌 학생들이 받아들여졌다. 이곳의 대학들이 10년도 더 전부터 배우기를 갈망하는 백인 아닌 젊은 남아프리카 사람들에게 꾸준히 문을 열어주었다는 것은 절대로 과소평가할 수 없는 중대한 희망의 불빛이다.

르완다 출신의 열여덟 살짜리 망명 신청자 시릴이 아프리카 안에서 외국인에 대한 적대감에 완전히 질렸다고 말한다면, 가나 출신의 스물세 살짜리 경제학도 메리가 아시아의 가난한 나라들에 비해 아프리카의 결산이 부정적이라고 말한다면, 남아프리카 출신의 열아홉 살짜리 거리의 악사 시포가 에이즈 환자들에 대한 구체적인 유대를 요구한다면 그리고 말리 출신의 스물네 살짜리 간호사 릴라가 개발 원조와 부채 사이의 연관성을 밝힌다면, 이들은 비판적이고 또 자기비판에 의한 새로운 말투를 드러내는 것이다. 국제적으로든 아프리카에서든 이런 말을 경청하는 사람이 별로 없다.

아직까지는 그렇다. 그러나 시간문제다. 그 이상은 아니다.

대화는 이미 시작되었다. 대화는 처음에는 보통 작은 무리로만 이루어진다. 하지만 목소리들이 있다. 이제 우리가 그 목소리들에 귀를 기울일 차례이다.

전망: 에이즈와 아프리카의 르네상스

　전문가들의 추정에 따르면 2001년 9월 11일 뉴욕 세계 무역 센터에 대한 공격으로 약 3,000명의 사람들이 목숨을 잃었다. 전 세계의 중요한 정치가들이, 9월 11일 이후로 인류의 현대사는 새로 씌어져야 하며 이제부터 국제 정치의 가장 중요한 과제는 전 세계에서 테러리즘에 맞서 싸우는 것이라고 말했다.
　같은 시기에 아프리카에서는 매일 6,000명 이상의 사람들이 에이즈로 죽는다. 대부분은 스무 살에서 서른다섯 살 사이의 젊은이와 어린이인데, 물론 이에 대해서는 국제 정치의 분노한 외침 같은 것은 없다. 1990년에서 2000년까지 10년 동안 남부 아프리카에서만—사하라 이남에 있는 모든 나라—1,200만 명이(그 중 약 300만이 어린이) 에이즈 바이러스(HIV)로 고통을 받고 있다. 남아프리카의 에이즈 환자 정치 조직체 '치료 활동 캠페인(TAC)'의 공동 설립자인 자키 아크마트(Zackie Achmat, 1962년~)는 2002년 바르셀로나에서 열린 세계 에이즈 총회에 보낸 메시지에서 이렇게 말했다. "우리가 가난하기 때문에, 우리가 검기 때문에, 우리가 여러분에게서 멀리 떨어진 지역에 살고 있기 때문에 우리 생명의 가치가 더 낮아지는 것은 아닙니다."

현재 약 130만 명의 어린이 에이즈 환자 중 100만 명이 아프리카에 살고 있다. 부모가 에이즈로 죽은 에이즈 고아 1,400만 명 중 95퍼센트가 역시 아프리카가 고향이다. 어른의 도움 없이, 심지어는 어린 동생들까지 돌보면서 그들이 대체 어떻게 성장하고 있는가? 그들이 좀 더 자라서 청소년 갱단을 조직하여 사람들을 기습해서 생존을 위해 꼭 필요한 것을 구할 날이 언제가 될까? 그들 중 얼마나 많은 사람들이 테러리즘의 이념을 받아들일까? 민주주의를 설교하는 대부분의 정치가들이 그들을 잊어버리고 있으니 말이다.

1990년에만 해도 아프리카 전체에서 에이즈를 일으키는 HI 바이러스에 감염된 사람은 주민의 1퍼센트 미만이었다. 이 질병은 1980년대 초에 서유럽과 북아메리카에서 처음으로 발견되었고, 특정한 소수 무리만 감염된다는 잘못된 정보가 알려졌다. 이것이 전형적인 '서양의 문명 질병'이라는 주장에 반대하는 경고의 목소리를 너무나 오랫동안 한쪽 귀로 흘려버렸다.

다음 10년 동안 수백만 명의 아프리카 사람들이 감염되었다. 감염되고 증세가 나타나기까지 보통 6년에서 8년 정도가 걸리고 그사이에는 아무런 증세도 나타나지 않기 때문에, 또 주로 성적인 접촉으로 전염되는 질병인 에이즈는 서유럽과 북아메리카와 아프리카에서도 수많은 금기들과 결합되어 있기 때문에 이 질병의 전체적인 규모가 밝혀지기까지는 너무 긴 시간이 걸린다. 오늘날 세계적으로 4,200만 명가량의 HI 바이러스 감염자가 있고, 그 중 대부분인 약 2,900만 명이 아프리카에 있다. 그러나 현재 가장 빠른 속도로 새로운 감염자가 늘어나는 곳은 동유럽 국가들과 인도와 중국이다.

경제적으로 강한 남아프리카는 국제적으로 슬픈 기록을 유지하고 있다. 이 나라에서만 현재 날마다 약 600명의 사람들이 죽는다. 이것은 마치 승객을 가득 태운 점보 제트기 한 대가 날마다 추락하는 것과 같다. 동시에 거의 2,000명의 사람들, 주로 젊은이들이 매일 새로 감염된다. 아프리카 국가들 중에서 세네갈과 우간다만 새로 감염되는 사람의 수에서 남아프리카를 능가한다. 너무 많은 사람들이 문제를 부인하고 간접 혹은 직접적으로 에이즈와 관련된 사람들을 분리시키는 일에 동참하였다. 마치 문제를 외면하면 언젠가 저절로 없어지기라도 할 것처럼 말이다(모든 자료는 2003년 말 기준).

2000년에 남아프리카의 더반(Durban)에서 열린 세계 에이즈 총회에서 남아프리카 대통령 타보 음베키는 약 1만 2,000명의 국제 전문가들이 모인 전체 회의에서 에이즈와 빈곤 사이의 관계는 상세히 설명하였지만, 의학적인 경로를 통한 HI 바이러스 감염에 대해서는 말하지 않았다. 그리고 현재로서는 콘돔 사용이 유일하게 효과가 있는 예방책이라고 권하는 수많은 보건 위생 종사자들의 작업을 의심스럽게 만들었기 때문에 야유의 외침과 휘파람 소리가 터져 나왔다. 그 밖에도 그는 국가가 약값을 지불해주기를 바라는 수백만의 가난한 남아프리카 에이즈 환자들을 실망시켰다. 이 약품은 에이즈를 치료해주지는 못하지만 목숨을 앗아가는 이 질병을 만성적인 질병으로 완화시켜 줄 수는 있다.

대통령의 뒤를 이어서 너무 큰 양복 차림에 부서질 듯이 보이는 작은 소년이 등장하여 연설을 하였는데, 청중은 갑자기 쥐죽은 듯 조용해졌다.

"우리를 받아주세요, 우리도 인간입니다!"
은코시 존슨은 2000년 7월에 남아프리카 더반에서 열린 세계 에이즈 총회의 참가자들 앞에서 연설하였다 : "내 이름은 은코시 존슨(Nkosi Johnson, 1989~2001년)입니다. 나는 열한 살이고 에이즈 환자예요. HI 바이러스를 갖고 태어났습니다.

나는 두 살 때 HI 양성인 사람들을 위한 센터에서 살게 되었어요. 엄마도 병에 걸려서 나를 데리고 있을 수가 없었으니까요. 그곳 공동체에서 우리 두 사람이 모두 감염된 것이 들통 나 쫓겨날까 봐 엄마는 두려워했어요.

나는 엄마가 나를 몹시 사랑한 것과 할 수만 있었다면 나를 찾아왔을 거라는 걸 알아요. 하지만 돈이 없어 센터 문을 닫아야 했어요. 그래서 양어머니 게일 존슨(Gail Johnson) 씨가 나를 받아들였어요. 센터의 소장이던 게일 엄마가 나를 집으로 데려갔습니다…….

나는 다른 사람들이 상처가 있고 이 상처에 내 피가 닿을 때에만 내 피가 위험하다는 것을 압니다. 그럴 때는 나를 건드리지 않도록 조심해야지요…….

1997년 내가 학교에 들어가기 전에 엄마 다프네(Daphne)가 죽었어요. 양어머니 게일이 내게 말해주었습니다. 나는 많이 울었어요. 게일 엄마가 나를 데리고 장례식에 갔습니다……. 그 뒤로 나는 엄마가 정말로 보고 싶어요. 엄마가 나와 함께 있었으면 좋겠어요. 하지만 엄마는 하늘나라에 있다는 것을 압니다. 내 어깨를 내려다보고 내 마음을 들여다보고 있지요.

나는 에이즈 환자인 게 싫어요. 자꾸만 몹시 아프니까요. 에이즈 병을 가진 다른 아기들이나 어린이들을 생각하면 마음이 정말로 슬퍼요.

나는 정부가 의약품 AZT를 임신한 엄마들에게 나누어주기를 바랍니다. 그러면 바이러스가 엄마에게서 아기에게로 넘어가지 못하게 도와줍니다.

아기들은 아주 빨리 죽을지도 몰라요. 나는 병에 걸려서 우리에게로 왔던 아기를 알아요. 미키라는 애였는데, 그애는 숨을 쉬지 못했어요. 먹지도 못하고 너무 아팠어요. 게일 엄마가 보건소에 전화를 했고 그들이 와서 아기를 병원으로 데려갔지만 아기는 거기서 죽었어요. 하지만 그애는 정말로 예쁜 아기였어요. 그래서 나는 정부가 행동해야 한다고 생각해요. 아기들이 죽는 걸 바라지 않으니까요…….

내가 어른이 되면 많은 사람들에게 에이즈에 대해 설명해주고 싶어요. 게일 엄마가 허락해주면 세계 모든 곳에서 말이에요. 나는 사람들이 에이즈가 무슨 뜻인지 알았으면 좋겠습니다. 그리고 보살펴주고 존중해주면 좋겠어요. 누군가가 병을 가지고 있어도, 그 사람을 건드리고 끌어안고 키스하고 손을 붙잡아주어도 에이즈가 옮지는 않아요.

우리를 보살펴주고 받아들여주세요. 우리는 모두 인간입니다.

우리는 아주 정상이에요. 우리는 두 손이 다 있고 두 발도 다 있습니다.

우리는 걷고 말도 할 수 있고 다른 사람과 똑같은 소망을 가지고 있어요. 우리를 두려워하지 말아요. 우리도 똑같아요!"

처음 읽는 아프리카의 역사

남아프리카에서 열린 세계 에이즈 총회에서 열한 살짜리 은코시 존슨이
1만 2,000명의 회의 참가자 앞에서 감동적인 연설을 하고 있다.

소년은 이 연설을 마친 다음 오랫동안 박수갈채를 받았다. 국제 언론을 통하여 세계에 알려진 더반 연설을 하고 몇 달이 지난 다음 은코시는 심하게 앓다가 2001년 6월 1일에 죽었다. 만 열두 살이었다. 그의 양어머니는 에이즈에 걸린 어머니와 어린이들을 위한 활동을 계속하고 있다. 그의 이름을 따서 붙여진 요하네스버그의 은코시 요양소에는 오늘날 어머니 17명과 아이들 44명이 살고 있다(웹사이트: www.nkosi.iafrica.com).

은코시 존슨의 활동과 또 많은 국제적·국내적·지역적인 보건 조직 및 환자 조직들의 활동이 완전히 성과가 없는 것은 아닌 것 같다. 2004년 초에 남아프리카 정부는 그때까지의 정책을 바꾸어 아프리카에서 처음으로 HI 바이러스의 활동을 억제하는 약품(ART)을 돈을 지불할 수 없는 모든 환자에게도 공짜로 나누어주겠다고 발표하였다. 이것은 아프리카의 다른 나라들에서도 수백만 명의 사람들에게 작은 희망이다.

아프리카는 앞으로 어떻게 될까? 아직은 알 수가 없다. 모든 것이 가능해 보인다. 한편에서는 아프리카와 그곳의 주민을 지속적인 희생자로 바라보는, 또는 그보다 더 나쁘거나 그와 비슷한 비관적인 시나리오들이 있다. 에이즈 재앙과 언뜻 보기에 전혀 어찌 할 바를 모르는 정부의 반응과 폭도의 싸움이나 내란을 피해 도망친 수백만 난민들이 바로 그 상징이다.

그에 반해 아프리카 사람들이 아무도 부인할 수 없는 이런 문제를 해결하기 위한 독자적인 방법을 찾아낼 것이라고 보는 관점도 있다. 노예 제도와 식민 지배라는 경제적·심리적으로 심각한 결과에 수십 년 동안이나 흔들리고 난 다음, 이제 아프리카 르네상스의 시간이 왔다는 것이다. 아프리카와 그곳 사람들의 자의식에 넘친 가치 의식이 돌아왔다는 것이다. 어느 쪽 말을 믿어야 옳을까?

다행스럽게도 이것은 신념의 문제가 아니라 오로지 아프리카와 나머지 세계가 동반자 관계를 이루고 구체적으로 어떤 행동을 하느냐에 달려 있는 문제이다. 아프리카는 아직도 가난하고 배척을 당하고 있지만, 최근까지 똑같이 가난하고 배척을 당하던 동유럽과 아시아의 많은 나라들이 겨우 몇 년 만에 자기들에게 맞는 해결책으로 가장 고약한 비참함에서 해방되어 진지한 파트너로 받아들여졌다. 그들은 최소한의 이데올로기 변화만을 겪었다. 일본과 미국은 문화적인 전통이 아주 다른데도 오늘날 세계 최강의 산업 국가들의 모임인 G8의 틀 안에서 아무런 문제 없이 전자나 자동차 제조를 논의하고 있다.

아프리카는 가난하지 않다. 이 대륙은 보크사이트, 크롬 철광, 코발트, 다이아몬드, 금, 백금, 티타늄 등의 철광 원료 분야에서 세계 생산량의 약 89퍼센트까지 갖고 있다. 아프리카의 전체 경제력이(국민총생산 기준으로) 세계 시장에서 1.3퍼센트 이하라는 것은 수치스런 일이다. 이것은 아프리카 전체가 하나의 기업체 '제너럴 일렉트릭'이나 작은 나라 벨기에가 벌어들이는 만큼을 벌어들인다는 뜻이다. 아프리카의 수많은 원료들은 뉴욕과 브뤼셀과 도쿄에서 정해지는 가격으로 수출된다. 그를 통해 세계 무역에서 아프리카가 차지하는 공식적인 비율은 겨우 2퍼센트 정도이다. 이 얼마 안 되는 수입 중 약 40퍼센트가 곧바로 부채 상환과 이자 명목으로 도로 빠져나간다.

아프리카 안에서는 너무나 오랫동안 나라마다 개별적인 수출 생산

품에 주력하면서 그를 통해 세계 시장에 치명적으로 종속되었다. 커피나 설탕의 국제 가격이 떨어지면 아프리카에서 국민 경제가 붕괴한다. 그러므로 아프리카에서 지속적으로 원료를 가공하는 것이 중요하다. 이것은 절박한 일자리와 생산과 수송을 위한 인프라를 만들어낼 뿐만 아니라, 가공품은 훨씬 더 비싼 가격에 팔 수 있기 때문이다. 지금까지 경제적인 강대국들은 가난한 나라에서 만들어진 생산품에 엄청나게 높은 관세를 매겨 이런 노력을 방해하였다. 그러니까 가난한 친척에게는 시장에 진입하는 데 더 비싼 입장료를 요구해서 그것을 거부한 것이다.

몇몇 아프리카 정부들도 그사이에 대단히 치명적인 역할을 하였다. 예를 들면 나이지리아의 독재자 사니 아바차(Sani Abacha, 1943~1998년) 같은 사람이 그렇다. 그는 석유 기업 셸과 더불어 개인 사업을 벌였을 뿐만 아니라 특별히 석유 약탈을 당하는 오고니(Ogoni) 민족과 그 지도자들을 폭력으로 억압하였다. 1995년에는 오고니 인권론자들의 국제적인 항의에도 불구하고, 유명한 작가 켄 사로-위와(Ken Saro-Wiwa, 1941~1995년)와, 나이지리아의 또 다른 반정부 운동가 여덟 명이 저항했다는 이유로 처형을 당하였다. 민주적으로 선출된 현재의 나이지리아 대통령 올루세군 오바산조(Olusegun Obasanjo, 1937년~)도 1995년부터 독재자 아바차 치하에서 옥살이를 했다.

원료 수출의 더욱 공정한 규칙을 마련하기 위한 노력은, 아프리카에서 가장 현대적인 무기로 무장하고 국제적 공조 체제를 이룬 갱단들에 의해서도 위협을 받고 있다. 그들은 특히 광물을 불법적으로 수출하여 각국의 국민 경제를 거듭 고갈시키고 있다. 이들 '장군들

(Warlords)'이 이끄는 개인 군대는 각국의 민간인을 전혀 배려하지 않고 정치적 저항 무리인 것처럼 보이기를 좋아하지만, 실제로는 개인의 이익에만 관심이 있다.

시에라리온이나 라이베리아 그리고 최근에 기니와 상아해안 등 서부 아프리카에 있는 몇몇 정부들은 자국의 군대를 믿지 못하고 개인 군대와 협정을 맺기 시작하였다. 이런 '람보 군대'들은 현대적인 무장을 갖추고 아주 잘 훈련된 개인 전사(戰士)들로 구성되어 있다. 그들은 봉사의 대가로 다이아몬드나 다른 '자연 생산품'을 받는데, 이제는 서방의 비밀경찰과도 협조를 하고 있다. 무엇보다도 1993년 소말리아에서 불행한 종말을 맛본 다음 자신들의 군대를 아프리카로 파견하는 것을 꺼리는 미국과 협조한다.

이런 일을 끝내기 위해서 아프리카 르네상스를 이끄는 선각자의 한 사람인 남아프리카 대통령 타보 음베키가 주도하여 네파드(NEPAD, New Partnership for Africa's Development, 아프리카 발전을 위한 새로운 동반자 관계)라는 이름의 기구를 만들었다. 넬슨 만델라의 뒤를 이어 대통령이 된 이 사람은 오랫동안 에이즈 재앙에 대해 불확실하고 무지한 반응을 보였지만, 그래도 아프리카 국가들 사이의 경제 협력을 위한 새로운 구조를 만드는 데서는 상당한 능력을 보였다. 이것은 아프리카를 하나로 합치고 그를 통해서 더 커진 힘으로 국제 사회에 등장하는 것뿐만이 아니라, 아직도 독재 체제와 개인적인 이익에만 관심을 쏟는 아프리카 지도자들에게 제재를 가하고, 한편으로는 민주적인 방법으로 국민의 안녕을 위해 일하는 지도자들을 격려하려는 시도이기도 하다.

1963년에 결성된 '아프리카 통합 기구(OAU)'가 2002년 7월에 해체되고, 유럽 연합의 모범을 따라 모든 아프리카 국가가 참가하는 '아프리카 연합(AU)'이 남아프리카의 더반에서 결성되었다. 네파드에서 영향을 받은 아프리카 연합이 통합 기구와 크게 다른 점은 예전에는 '개입하지 않음'을 최고의 계율로 여기고 아프리카에서 각각의 크고 작은 독재자가 하고 싶은 대로 하도록 내버려두었던 데 반해, 이제는 아프리카 대륙 전체에서 인권과 민주적 정부를 보호하는 구조를 발전시키려고 한다는 것이다.

유럽 통합의 힘든 역사를 아는 사람은 누구나 미래의 통합을 위해 참석시키기는 했지만 여전히 개인적이거나 자국 이익만을 챙기는 정치 지도자들이 통합에 가장 큰 방해가 된다는 사실을 잘 알고 있다. 이곳 아프리카에서는 리비아의 지도자 무아마르 알 가다피가 특히 문제가 많다.

그는 스물일곱 살 젊은 장교이던 1969년에 무혈 쿠데타를 통해 권력을 잡았다. 처음에는 당시 많은 젊은 아랍인들이 그랬던 것처럼 이집트 대통령 가말 압델 나세르(Gamal Abdel Nasser, 1918~1970년)의 노선을 지향하였다. 나세르는 1952년에 부패한 왕가를 쫓아내고 아랍 민족들의 통합을 위해 노력했던 사람이다. 가다피는 상당히 많은 리비아의 석유 생산을 이용하여 맨 먼저 개인의 부를 늘리지 않고 자기 나라의 대부분을 이루고 있는 가난한 주민들에게 상대적으로 높은 생활 수준을 만들어주었다. 석유를 판 돈으로 여섯 살에서 열다섯 살까지 국민의 기본 교육을 국가에서 지원하고, 그 밖에도 여성에 대한 특별한 지원과 의약품의 무료 공급, 모두를 위한 인간적인 품위가 있는 주택 등을 공급하였다. 그와 동시에 가다피는 PLO의 야세르 아라파트에서부터 ANC의 넬슨 만델라에 이르기까지 아프리카와 아랍의 거의 모든 해방 운동을 지원하였다.

이렇게 희망이 넘쳐 시작했던 일은 시간이 흐르면서 '이슬람 사회주의 인민 공화국'이 되었고, 여기서 '혁명 지도자'이며 '모든 전투력을 지휘하는 종신 사령관'인 가다피 대령은 멋대로의 독재자가 되고 말았다. 1980년대에 그는 자주 테러 무리를 후원해주었고, 그것은 그와 리비아를 점점 더 국제적으로 고립시켰다. 미국 대통령인 로널드 레이건은 이런 이유에서 1986년에 국제법을 위반하면서까지 미 공군에게 트리폴리를 공격하라고 명령하였다. 이 공습으로 수많은 시민들과 가다피의 수양딸이 죽고 두 아들이 부상을 입었다. 1998년에 테러리스트들이 승객이 가득 찬 미국 여객기를 폭파하여 스코틀랜드 로커비에 추락시켰을 때 가다피는 범인들을 리비아에 숨겨주었다. 이어서 유엔은 광범위한 제재 조치를 내렸다. 여러 해가 지나는 동안 그는 로커비의 범인 두 사람을 국제 사법 재판소에 내주고 희생자 가족에게는 보상금을 지불하였다. 그렇게 해서 국제적인 고립이 완화되기는 했지만 그는 여전히 많은 점에서 '특이하다'. 2003년 말 그는 아랍 세계의 통일이라는 자신의 이상이 실패했다고 선언하였다. 그는 대부분의 다른 아랍 지도자들에게 매우 실망하였고, 그들이 이기주의자이거나 미국의 꼭두각시라고 보았다.

비극적인 일이지만 이제 그는 자신의 모든 희망을 '아프리카 전체'에 두고 있다. 그는 무엇보다도 자신이 새로운 '아프리카 연합'의 중요한 창설자의 한 사람이라고 여긴다. 아프리카 연합을 향한 그의 제안은, 최초의 아프리카 의회를 리비아의 수도 트리폴리에 두고 리비아가 모든 비용을 대겠다는 것이다. 그런데 리비아 자체가 지금까지 민주적인 의회를 둔 적이 없다. 그는 지금까지 아프리카 연합의 모든 만남을 개인적인 쇼의 장소로 만들었다. 더반에는 60대의 리무진과 함께 도착하였다. 그 중 일부는 리비아에서 남아프리카까지 비행기로 운반되었다. 자동차 행렬을 이루고 도시를 달리겠다는 그의 계획은 마지막 순간에 남아프리카 안전부 관리들에 의해 제지되었다.

얼마 뒤에 그는 아프리카 연합을 위해 모두 합쳐 11개 나라 치 회비를 내겠다고 떠맡고 나섰다. 그런 혜택을 입은 나라의 하나인 잠비아 대통령은 아프리카 의회가 장차 트리폴리에 자리 잡는 것에 전폭적인 지지를 선언하였다. 2003년 모잠비크에서 아프리카 연합이 모였을 때 가다피는 에이즈가 아프리카에 진짜 위험이 아니라고 말해서 많은 참석자들을 놀라게 했다. 그는 에이즈가 '동성애자의 질병'이고 '규칙을 지키는 사람은 두려워할 게 아무것도 없다'고 하였다.

지금까지 '아프리카 연합'은 — 유감스럽게도 유럽 연합도 비슷하지만 — 압도적으로 남성의 모임이다. 아프리카에서 딱지가 앉은 지배 구조를 극복하는 일이 힘들고도 불충분하다는 것에 대해 여성 경제학자인 악셀 카보(Axelle Kabou)는 벌써 10년도 더 전에 논쟁 문서 〈가난하지도 무력하지도 않다 — 흑인 엘리트와 백인 원조자들에 반대함〉에서 다음과 같이 설명하였다.

**1955년에 카메룬 두알라에서 태어난 악셀 카보는
오늘날 아비장(Abidjan, 상아해안)에서 유엔을 위해 일하고 있다:**

"공식적으로는 아프리카 주민의 생활 조건을 개선시키는 것이 중요한 문제로 되어 있다. 하지만 이 생활 조건이 계속해서 나빠진다는 것은, 우리가 어쩌면 모든 차원에서 기만과 관계하고 있다는 표시가 아닐까……

첫째로 아프리카의 정치 계층은, 처음부터 아프리카 사람들의 관심을 항구적인 국제 음모로 돌려놓음으로써 자기들이 무능력하다는 의심에서 벗어났다. 이런 것이 오래 지속될수록 정치 계층이 권력에 앉아 있을 이유가 더욱 많아진다. 둘째로 아프리카 사람들은 이미 목적이 실종되어버린 단일 정당으로 만족해야 한다고 한다. 셋째로 상당수의 전문가들은 절대로 끝나지 않는 출장 여행과 탐구 과제를 부여받는다. 저개발 상황이 더욱 나빠진다는 점에 비추어 이런 연구가 목적이 없다는 사실에 대해 아직 한 번도 조사된 적이 없다…….

독립한 이후로 아프리카의 전체적인 문화 정책은 전통 가치를 강조한다. 우두머리에 대한 존경심, 노인에 대한 경외심, 상류층과 초자연적인 힘에 대한 두려움, 돈의 경배, 식민지 이전 과거를 우상 숭배하듯이 높임."

개인적인 또는 민족적인 이기심에서 자유롭고, 온갖 종류의 '영향'에 언제나 그리고 완전히 수동적으로 노출된 수백만 명의 사람들에 대한 현장의 존경심을 잃지 않는, 합리적이고 철저한 분석은 아직도 너무나 드물다. 그들의 동경과 꿈을 출발점으로 삼고, 그러면서도 무비판적으로 되지 않고, 책임을 떠맡고, 또한 새로운 '개발 지원금'을 위해 활동하는 것이 그 기금만큼이나 중요한―그보다 더 중요하다고는 하지 않더라도— 부분이라고 인정해주는 것이 진짜 대화를 위한 전제 조건이다.

'개발' 국가와 '미개발' 국가라는 이데올로기는 그 어떤 방향도 제시하지 않는다. 물질적으로 더 많은 것을 가진 나라에게 더 높은 가치가 있다는 추가적인 감정을 퍼뜨리는 것(그렇다고 이들이 더 행복하게 되는 것도 아닌데) 말고는 이것은 아무런 기능도 하지 않는다. 그런 이데올로기에 따라 '아직 개발되지 않은' 나라들은 불안하고 고약해지거나 궁극적으로 말썽꾸러기가 될 뿐이다. 왜냐하면 누가 수십 년 이상이나 그런 이름으로 불리고 싶겠는가? 이렇게 열등한 상표를 붙여야 일정한 '원조' 기금을 얻을 수 있다는 점만 빼고는 말이다.

이 비용은 다른 점에서도 비싸고 원칙적으로 파괴적이다. '개발 지원금'으로 들어오는 것보다 '부채 상환금'으로 나가는 돈이 더 많은 한에는(1/3 : 2/3) 이것은 가난한 사람의 생활 조건을 진짜로 개선하기보다는 부자의 양심을 달래주는 것에 지나지 않는다.

20세기의 해방 운동은 용기와 끈기와 지혜로움으로 많은 아프리카 국가들에서 유럽의 착취의 사슬을 끊었다. 21세기에는 젊은 아프리카 사람들이, 어린이나 청소년으로서, 여성으로서, 다양한 종족과 소수 무리의 대표자로서 서로 민주적인 대화를 통해 자신들의 개인적인 자기 결정권을 실현하고, 그로써 빈곤과 질병과 전쟁에 맞선 싸움에서 개인적으로도 책임을 떠맡는 것이 중요하다.

젊은 유럽 사람들은 자기들 나라에서 아프리카에 대한 선입견으로 이국적인 원시림과 비참함만을 생각하는 일을 넘어서야 한다. 자기 자신과 다른 사람들이 완전히 '다른 꿈을 바라볼' 자유를 허용해야 할 시간인 것이다…….

셜리 매들링고지(Shirley Madlingozi). **남아프리카 포트엘리자베스에서 1968년에 출생. 딸 넷을 혼자 기르는 어머니이며, 케이프타운 근처 마을에서 에이즈로 고통받는 어린이를 위한 집의 교사로 일한다. 2003년에 그녀는 이렇게 말한다 :** "내 남편 마코시가 1999년에 죽었을 때 그는 벌써 5년 동안이나 일을 하지 못하고 있었다. …… 정말로 끔찍했다. 나는 그의 장례식을 치를 돈도 충분하지 않았다. 그 돈을 꾸었다가 오래전에 벌써 갚았다. 하지만 나는 네 딸이 있다. 모두가 정말 예쁜 애들이다. 놈타, 라졸라, 하니, 스위티, 아빠가 죽었을 때 막내는 겨우 5개월 됐었다.

나는 다른 아무런 방도가 없어서 같은 해에 딸들을 모두 데리고 케이프타운 근처 마시푸멜렐레 군으로 이사하였다. 그곳에는 언니 그레타가 초등학교에서 사무원으로 일하고 있었다. 그레타는 우리를 정말로 많이 도와주었다. 나는 스스로 애들을 보살피기 위해 할 수 있는 일은 무엇이든 다 하였다. 하지만 이곳에서는 실업이 아주 심각했고 오랫동안 나는 무엇을 해도 뜻을 이루지 못했다.

나는 돈이 없는데도 포기하지 않으려고 언제나 무엇인가를 했다. 우리 마을은 정말로 문제가 아주 많았기 때문에, 나는 우리 자신도 무엇인가를 해야지 정부나 다른 누군가가 우리를 위해 모든 것을 해결해줄 때까지 그냥 기다리고만 있을 수는 없다고 여겼다. 제일 먼저 눈에 띈 것은 어린이에게도 성적인 학대가 아주 많다는 점이었다. 그리

셜리 매들링고지. 네 딸의 어머니이며, 케이프타운 근처 마을에서 에이즈로 고통받는 어린이를 위한 집의 교사로 일하는 그녀는 '모든 사람이 행복한 삶을 위한 권리'를 갖는다고 믿는다.

고 대부분의 사람들이 인정하고 싶어하는 것보다 훨씬 더 많은 사람들이 에이즈에 걸렸다는 사실이었다. 우리 군에는 약 3만 명의 사람이 살고 있는데, 이 중에서 25~30퍼센트 정도가 HI 바이러스에 감염되어 있다. 이동 병원에서 임신한 여자들을 검사한 결과 우리는 많은 사람들이 아직은 이 병의 1단계나 2단계 상태에 있지만, 대부분의 사람들은 기적이 일어나지 않는다면 2년이나 4년 이내에 정말로 심각하게 병을 앓게 될 거라는 사실을 알았다. 생각해보라. 인구 3만 명의 군에서 약 8,000명의 환자들이 있다는 것을! 그렇게 되면 대체 누가 누구를 돌본단 말인가? 그리고 부모 없는 애들…….

그래서 나는 맨 먼저 '응급조처 과정' 무료 강습을 들었다. 그러자 이웃 사람들이 내게 도움을 청했다. 나는 할 수 있는 한 그들의 말을 듣고 그들을 도와주려고 하였다. 많은 경우에 말을 들어주는 것만으로도 벌써 도움이 되었다. 대부분의 사람들, 특히 여성들은 무엇이 자기들에게 좋은지 알면서도 그것을 실천하려고 하지 않기 때문이다. 한동안 그 일을 하고 있을 때 나는 에이즈 상담 교육을 받을 수 있는 장학금을 얻었다. 교육 과정을 위한 등록금이 마련된 셈이지만, 그곳으로 갈 차비는 스스로 마련해야만 했다. 이 과정이 시작되기 몇 주 전에 어머니가 그리고 얼마 뒤에 아버지가 돌아가셨다. 정말로 힘든 시기였다. 하지만 나는 포기하지 않았다. 마지막에 이 과정에 합격하고 증명서를 얻었을 때 무척 자랑스러웠다.

그 과정에서 백인들도 나를 도와주었는데, 나는 그 일을 절대로 잊지 않을 것이다. 나는 다리에 아주 오래전에 얻은 상처를 갖고 있다. 내가 젊은 소녀일 적에 정치 시위를 했다고 백인 경찰관이 때려서 생긴 상처이다. 어디나 좋은 사람과 덜 좋은 사람이 있는 법이다. 그것은 피부색과는 별 관계가 없다.

몇 달 뒤에 나는 에이즈로 타격을 입고 보살펴줄 사람이 없는 어린이를 위한 집을 마시푸멜렐레에 지을 예정이라는 말을 들었다. 이런 일을 하고 있던 주민들이 수요일마다 이동 병원에 모여서 호키사라 불리는 단체의 대표들과 만나 에이즈로 고통을 받는 어린이들을 위해 일을 했다. 8개월 뒤에는 이 집이 어떤 모양이 되어야 하고 누가 어디에 그것을 지어야 할지 상의하였다. 나는 당시 아직 이 모임에 속하지 않았는데, 그 말을 듣고는 그곳으로 찾아가서 정확하게 사정이 이떤지 물어보았다. 그리고 나중에 어린이들을 보살피고 많은 가족들에게 충고를 해줄 교사 자리에 지원할 수 있다는 말을 들었다.

얼마 안 되는 자리를 놓고 아주 많은 사람들이 지원하였다. 내가 일자리를 얻을 거라고는 거의 믿을 수가 없었다. 하지만 나는 그 일을 원했고 매일 그것을 위해 기도를 드렸다.

민주적으로 선출된 위원회가 모든 지원자와의 면접을 거쳐서 내가 정말로 이 자리를 얻었을 때 언니 그레타와 딸들과 나는 말도 못하게 기뻤다. 그 이후로 나는 이곳 호키사 홈에서 다른 여섯 명과 한 팀을 이루어 일을 한다. 우리는 모두 전에는 일자리를 갖지 못했던 이곳 주민들이다. 우리는 지금 이곳에 살고 있는 6개월에서 일곱 살까지의 어린이 여덟 명을 보살핀다. 낮 시간에 놀이터에는 약 40명에서 50명의 어린이들이 있다. 그 밖에도 우리는 가족들, 특히 젊은 엄마들에게 충고를 해준다. 이곳은 지금까지 이 마을에서 에이즈에 대해 터놓고 이야기할 수 있는 유일한 곳이다.

머지않아 우리는 컴퓨터 과정을 열게 된다. 그러면 남아프리카와 국제 사회에서 우리 일을 위해 필요한 돈을 모금할 수 있을 것이다. 지금은 주로 호키사 본부에서 지원금이 나오고 있지만, 언젠가 우리 스스로 어린이집을 운영하는 것이 목적이다. 그리고 앞으로 언젠가는 다른 마을에도 우리의 경험을 토대로 또 다른 집들을 만들고, 비슷한 방법으로 독립을 시킬 것이다.

미래에 대한 나의 꿈은 딸들에게 좋은 모범이 되는 것이다. 그들이 내일의 강한 여성이 되도록……. 그리고 HI 바이러스를 가진 사람과 에이즈를 앓고 있는 사람들에게 이 병이 사형 선고가 아니며, 모든 인간이 행복한 삶을 위한 권리를 가진다는 것을 보여주는 일이다."

오늘날 아프리카의 국가들.

에필로그 아프리카에서 바라보다

"다른 꿈을 바라볼 자유…" — 벤 오크리

다른 꿈을 바라볼 자유를
고마워하라.
전에 네가 함께함에서
힘을 얻은 그만큼 지금 너의 고독을 찬양하라.
네가 지금 체험하는 모든 것이
미래의 즐거움의 원천이 될 것이니
그러므로 모든 것을 찬양하라.
너 자신의 길을 다른 어떤 길보다
못하다고 여기지 말라.
판단하려 하지 말고
깨어서 열린 눈으로 모든 것을 바라보라.
비난하지 말고
할 수만 있다면 찬양하라.

벤 오크리.

그럴 수 없으면 침묵하라.

지금 이 시간은 네게 주어진 선물
자유의 선물
점점 더 혼란스러워지는 과거를
생각하고 추억하고 이해하고
시간을 변화시키기 위해
너 자신을 새로 만들 자유.

네가 살아 있는 한 살아라.
고요함과 지혜의 길을 배워라.
행동하는 법을 배우고 새로운 언어를 배우고
네 정신의 왕국에서 너 자신이 되는 법을 배워라.
너를 찢어놓은 모든 것에서
너 자신을 해방시키는 법을 배워라.
그리고 발견되지 않은 너의 비밀의 길을 경계 짓는 법을.

네게 일어난 모든 일이
네 삶을 변화시킬 수 있는, 앞으로도
언제나 변화시킬 생각을 만들어낼
무한히 풍요롭고 무한히 말랑말랑한
원료라는 점을 생각하라……

언제나 제때에 우리 영혼에서 가장 나쁜 것과
가장 비천한 것을 극복하기 위하여
사랑은 우리에게 최선의 것을 요구한다.
지혜로움으로 세계를 사랑하라.
사랑만이 가장 위대한 무기이고
가장 깊고도 단단한 비밀이다.
그러니 두려워하지 말라, 내 친구야
어둠은 네가 생각하는 것보다 부드럽다.
창조의 다양한 꿈들과
이름 없는 사람들의 수많은 길들을
고마워하라.

네가 살고 있는 그 삶을 고마워하라.
기적의 빛이, 열려 있는 길로
언제나 너를 이끌어가기를.

-〈아프리카에 있는 영국인 여자 친구에게〉라는 시에서.

작가 벤 오크리(Ben Okri)는 1959년에 나이지리아 북부에서 태어났다. 어린 시절을 런던에서 보내고, 1968년에 가족과 함께 나이지리아로 돌아왔다. 그는 학생 시절에 이미 글쓰기에 열광하였는데, 열여덟 살 때 첫 소설 《꽃과 그림자》를 완성하였다. 현재는 영국에서 살고 있다. 작품 《굶주림의 거리》(1991년)가 지금까지 가장 큰 성공을 거두었다.

"증조할머니의 소금" — 암마다르코

"우린 그냥 증조할머니로만 알았다. 정말로는 이모할머니였고, 한 번도 자기 자식을 둔 적이 없는 분이었다. 하지만 할머니는 한 번도 그런 구분을 하지 않았다.

형제 중 맏이로, 그것도 맏딸로 태어난 할머니가 어린 동생들을 키우는 것을 돕는 것은 물어볼 필요도 없는 일이었다. 어쨌든 자신을 빼고도 11명이나 되는 동생들을 보살폈다. 나중에는 모든 사람이 그분을 어머니로, 나중에는 할머니로, 나중에는 증조할머니로 여겼다. 내게는 증조할머니였다. 아무도 할머니의 정확한 나이를 알지 못했지만 분명 여든 살이 넘었다. 상당히 만족스럽게 늙은 분이었다. 형제자매의 자녀들이 그사이 어른이 되어서 애정을 가지고 할머니를 보살폈다.

언젠가 할머니가 갑자기 몹시 편찮으셨다. 그래서 가장 좋은 병원으로 모셨다. 진단을 내리고 가장 중요한 약을 준 다음 의사는 할머니에게 강철 같은 규칙을 알려주었다. 소금은 단 한 톨도 안 됩니다! 할머니는 이런 규칙을 전혀 마음에 두지 않았다. 80년이 넘는 세월 동안 소금 간을 맞춘 음식을 좋아했다. 그런데 이제 이 긴 삶을 몇 달 더 아니면 몇 년 더 늘리기 위해 그런 걸 받아들여야 한단 말인가?

나는 병원으로 할머니를 찾아갔다. 나는 할머니와 함께 있는 것을 좋아하는 수많은 손자 손녀들 중 하나였다. 할머니는 언제나 이야기를 해주셨다. 어느 때는 이야기가 도중에 엉키기도 했지만, 그래도 오랜 삶에서 얻은 멋진 이야기였다. 할머니는 보통은 이가 없는 입으로 아주 따뜻한 미소를 지으며 나를 맞이하곤 했다. 하지만 그날은 전혀 미소가 없었다. 나는 할머니의 병 때문이려니 하고 생각했다.

할머니는 말을 빙 돌려서 알려주셨다. '암마야, 맛없는 음식하고 약이 효과가 있었다면 나는 재미가 없어서 아마 오래전에 죽었을 게다!' 나는 할머니의 주름진 손을 붙잡았다. 할머니는 말을 계속했다. '나는 다시 기쁘게 밥을 먹고 싶다. 다시 웃고 싶어……'

다음 날 나는 할머니를 찾아가기 전에 몰래 종이에 소금을 쌌다. 그것을 드리자 정말로 할머니의 미소가 돌아왔다. 우리의 비밀스런 행동 덕분이었는지, 아니면 그런 행동에도 불구하고 그랬는지 얼마 뒤에 할머니는 정말로 회복되어 퇴원할 수가 있었다. 어쨌든 할머니는 비밀을 지켰다.

루츠 판 다이크(이 책의 저자)의 아프리카 이야기를 처음 읽었을 때 나는 할머니가 생각났다. 이 책에서는 온갖 다양한 모습의 아프리카 사람들의 일상생활이 인정되고, 그러다 보니 우리 할머니 같은 여성에 대한 인정도 나타난다. 나는 우리와는 완전히 다른 민족들의 이야기를 다룬 장에서도 첫눈에 그들의 두려움과 희망을 알아볼 수 있었다. 콩고에 사는 '피그미' 부분도 그렇다. 삶의 단순한 가치, 소박한 기대를 볼 수 있었다. 바로 할머니 같다.

내가 학생 시절에 검은 피부의 사람들이 라이베리아에서 가나로 왔다. 나는 당시 왜 그런지는 전혀 몰랐다. 우리는 그들을 '크루'라고 부르면서 얕잡아보았다. 나는 그 말이 우리 가나 사람들이 만들어낸 이름인 줄로만 알았다. 하지만 라이베리아 역사에 대한 장(章)에서 오늘날까지 자기 나라에서 약탈을 당하는 민족의 이름이라는 것을 알게 되었다. 우리 아프리카 사람들 대다수가 아메리카의 발견이나 나폴레옹의 정복에 대한 이야기를 우리와 우리 역사에 대한 것보다 더 잘 안다.

지난 500년 동안 아프리카 민족들은 인류 역사에서 유일하다고 할 만한 여러 가지 굴욕을 겪었다. 노예 제도와 식민 지배는 파괴적인 흔적을 남겼다. 신(新)식민주의는 아직도 가장 고약한 황폐화를 만들어내고 있다. 우리 중 많은 사람들은 증조할머니처럼 느낀다. 대개는 우리가 정말로 무엇을 원하는지 들어보려 하지 않는 것이다. 처음에는 힘들지도 모르지만 어쨌든 대화를 시작하는 대신, 우리에게는 중요한 가치를 함부로 옆으로 밀쳐낸다. 그래서 마치 할머니처럼 이따금 우리 입술에서 미소가 얼어붙는다. 하지만 그것은 동경에 가득 차서 우리 가슴속에 계속 살아남아 있다.

루츠 판 다이크와 나는 같은 세대에 속한다. 우리는 서로 다른 대륙에서 태어났다. 아주 뒷날 우리는 여행을 하고 두 세계를 체험할 특권을 가졌다. 하지만 그것만으로 그가 우리 대륙의 역사를 쓸 권리를 가진단 말인가? 그의 책을 오래 읽으면 읽을수록 나는 점점 더 확신하게 된다. 루츠 판 다이크는 아프리카의 다양한 목소리들을 아주 조심스럽게 경청하기 때문에 그 권리를 스스로 얻었다고. 그는 이런 일을 정열적으로 행하여 독자들에게 아프리카나 유럽, 혹은 세계 어느 곳에 있든지 상관없이 똑같은 것을 한번 시도해보라고 격려해준다. 처음에 가장 낯설게 들리는 목소리라도 조심스럽게 귀 기울여 들으려는 노력을 더 해보라고 말이다.

내 소원은 아프리카의 역사가 이 책에 쓰여진 것처럼 쓰여지는 것이다. 우리의 어려움과 기대가 현실적으로 서술되고 또한 우리의 강점도 강조하는 것이다. 하지만 아프리카에 관한 많은 책들이 이렇게

암마 다르코.

하지 않는다. 아프리카의 삶을 어떤 식으로도 낭만적인 것으로 만들지 않고, 또한 아프리카의 정부들을 비판 없이는 서술하지 않는 것도 필요하다. 이런 점에서 보면 루츠 판 다이크가 아프리카 사람이 아니라는 것이 오히려 유리하다. 아무도 그의 책이 아프리카의 부족함을 사과하려 하는 아프리카 사람의 시도가 아니라는 것 때문에 그를 비난할 수는 없다.

우리의 역사는 많은 고통과 슬픔을 지녔다. 그런데도 우리가 언제나 미소를 지을 수 있다는 것, 삶의 기쁨으로 가득 넘쳐서 서로 웃을 수 있다는 것은 지금까지 내가 다른 어떤 역사책에서도 찾아내지 못한, 어떤 내적인 강인함을 말해주는 것인지도 모른다. 그러면서도 그것이 아프리카 사람이 아닌 사람들에게 어딘지 이해할 수 없는, 아프리카 사람들의 진기한 특성으로 서술되지 않고 아주 깊이 인간적인 어떤 것, 우리가 이 지구상에 있는 모든 사람과 함께 나눌 수 있는 어떤 것으로 서술되어 있다. 내가 다른 사람 몰래 증조할머니에게로 가져갔던 한 줌의 소금처럼 말이다."

암마 다르코는 1956년에 중앙 가나의 판티(Fanti)족에서 일곱 아이 중 다섯째로 태어났다. 그녀의 아버지는 우체국에서 일했고, 어머니는 상인이었다. 그녀는 쿠마시에 있는 콰메 은크루마 대학교에서 예술을 전공하였다. 현재 암마 다르코는 청소년과 성인용 작품을 쓰는 작가로 국제적인 인정을 받고 있다. 독일에서는 지금까지 그녀의 책이 다섯 권 출간되었다. 가장 최근의 책인 《얼굴 없는 사람들》(2003년)은 거리에서 어렵게 살아가는 열네 살짜리 소녀의 이야기를 들려준다. 암마 다르코는 가나의 수도 아크라에 살면서 아프리카와 유럽으로 독자를 만나기 위한 여행을 한다.

감사의 인사

이 책은 이전의 나의 다른 어떤 책과도 다른 조건 아래서 생겨났다. 이것은 HI 바이러스와 에이즈로 고통을 받는 어린이들을 위한 우리 호키사 프로젝트에서 일하는 아프리카 사람들과의 긴밀한 협동 작업으로 씌어졌다. 이 책이 도내체 끝날 수 있을지 의심이 드는 순간이 여러 번 있었지만, 오늘날 돌이켜보면 오로지 이런 일상을 통해서만 이 책이 만들어질 수 있었다고 생각한다. 나는 케이프타운 근처 마시푸멜렐레의 호키사 홈에서 일하는 모든 직원과 그곳의 모든 어린이에게서 많은 도움을 받았다.

그 여러 해 동안 처음 구상에서부터 마지막 완성에 이르기까지 친구이자 파트너인 페리 창에게서 무한한 자극과 지원을 받았다. 내 친구이자 동료이고 호키사의 공동 설립자이자 이스턴케이프 대학교의 강사인 카린 추브는 여러 가지 반대하는 조건 속에서도 전에 한 번도 들어준 적이 없는 부분까지 들어주면서 글쓰기의 가치를 믿어주고 전문적인 조언을 해주었다.

원고를 비판적으로 읽고 그에 따른 여러 노고를 떠맡아준 것에 대해서 특별히 프란츠 안슈프렝거 교수, 암마 다르코, 도로 이메, 게라르트 코세, 아냐 푀니케 박사, 자코브-엠마누엘 마베 박사 그리고 하이드룬 판 디크-보리에스 등의 여러분께 특별한 감사를 드린다. 여기 들어 있을지도 모르는 온갖 오류와 실수는 물론 전적으로 내 책임이다.

그 밖에 여러 가지 지원과 내용적인 노력은 다음 분들의 덕을 입었다. 아마 아타 아이두 교수, 시부시소 벵구 교수, 베를린 주재 남아프리카 전대사, 페터 추브, 카를하인츠 교수와 미카 에버스, 글렌 호크스 박사, 크리스토프 하이제 박사, 슈테판 휘스겐과 주앙 마테우스 엘스, 치나 케이텟시, 페니 클란, 장-클로드 쿠바, 리하르트 리페르트, 셜리 매들링고지와 전체 호키사 팀, 아크라의 괴테 인스티투트 소장 페트라 레이먼드 박사, 니콜라스 페르군스트, 이치코-남아프리카 국립미술관.

캄푸스 출판사에 대해서는 위르겐 노이바우어 박사에게 감사드린다. 국제적인 출판사들과의 협의에 관해서는 프란치스카 슈타들러에게, 번역의 재정적 지원에 대해서는 독일의 교육과 학문 노조(GEW)의 에바-마리아 슈탕게 박사와 크리스토프 하이제 박사에게 감사드린다. 에필로그에 대해서는 암마 다르코에 감사드리며 벤 오크리가 시(詩)의 게재를 허락해준 것을 감사드린다. 가나에서 태어나 지금은 베를린에 살고 있는 화가 데니스 도에 타마클로에 님에게는 그림들로 책에 독특한 색채를 부여해준 것을 감사드린다.

출전과 문헌

　내게 가장 중요한 출전은 물론 아프리카 대륙에 살고 있는 다양한 연령의 사람들과의 대화였다. 1997년부터 나는 직업상의 이유에서 남아프리카를 정기적으로 방문하였고, 2001년부터는 주로 그곳에서 살고 있는데 그러면서 만날 수 있었던 사람들이다. 본인들이 원할 경우 성을 약자로 표시하였다. 역사적인 사실은 각 분야 전문 서적과 아직 출판되지 않은 기록에서 얻었거나, 아니면 독자적인 탐색을 통해 재구성한 것이다.

　아프리카의 역사를 다루고 있는 문헌들은 한편으로는 거의 개관이 어려울 정도로 많은 내용을 담고 있다. 하지만 유감스럽게도 옛날처럼 지금도 식민지의 '모험 정신'을 부추기거나 오늘날의 아프리카를 오로지 재앙으로만 서술하는 책들이 가장 잘 팔리는 책들에 속한다. 독일에서는 노련한 언론인 페터 숄-라투어(최근에 나온 그의 책《아프리카의 죽음의 탄식》,《검은 대륙의 염가 대매출》, 뮌헨, 2001년) 등이 여기 속한다. 젊은 세대에서는 몇 가지 중요한 변화에도 불구하고, 〈차이트〉지의 기자인 바르톨로메우스 그릴이 '우리에게 원칙적으로 낯선 아프리카 사람들'에 대한 탄식을 이어가고 있다. 그의 책 《아, 아프리카 — 대륙 내부의 보고》(베를린, 2003년)에서도 그렇다.

그러면서도 다른 한편으로는 아프리카에 대해 정말로 새로운 시각을 보여주고, 아프리카의 진짜 목소리가 울려 나오게 하며, 유럽의 식민 지배 이전의 아프리카 목소리까지 찾아내 출판하려는 책들은 지금까지 극히 드물다. 내가 부분적으로 인용하기도 한 가장 중요한 출전들을 저자 이름에 따라 알파벳순으로 여기 밝힌다(치누아 아체베, 암마 다르코, 치나 케이텟시의 텍스트 등 영어에서 독어로 번역한 것은 따로 이름을 밝히지 않았을 경우 필자의 번역이다).

Achebe, Chinua: *Things Fall Apart*, London 1958.

Alagiah, George: *A Passage to Africa*, London 2001.

Ansprenger, Franz: *Politische Geschichte Afrikas im 20. Jahrhundert*, München 1999.

Ansprenger, Franz: *Geschichte Afrikas*, München 2002.

Chubb, Karin/van Dijk, Lutz: *Between Anger and Hope. South Africa's Youth and the TRC*, Johannesburg 2001(deutsch: *Der Traum vom Regenbogen. Nach der Apartheid: Südafrikas Jugend zwischen Wut und Hoffnung*, Reinbek bei Hamburg 1999).

Darko, Amma: *Die Gesichtslosen*, Stuttgart 2003.

Davidson, Basil: Africa in History, Suffolk 1974.

El-Tayeb, Fatima: *Schwarze Deutsche. Der Diskurs um »Rasse« und nationale Identität 1890-1933*, Frankfurt a. M. 2001.

Enwezor, Okwui (Hg.): *The Short Century. Independence and Liberation in Africa 1945-1994*, München/London/New York 2001.

Fage, John D./Oliver, Roland: *Kurze Geschichte Afrikas*, Wuppertal 2002.

Harding, Leonard: *Geschichte Afrikas im 19. und 20. Jahrhundert*, München 1999.

Guest, Emma: *Children of AIDS-Africa's Orphan Crisis*, London/Pietermaritzburg

1999.

Hauck, Gerhard: *Gesellschaft und Staat in Afrika,* Frankfurt a. M. 2000.

Hochschild, Adam: *Schatten über dem Kongo. Die Geschichte eines fast vergessenen Menschheitsverbrechens,* Stuttgart 2000.

Ilife, John: *Geschichte Afrikas,* München 1997.

Jacobson. Lana: »Champion of the Children–Interview with Graça Machel«, in: *Cape Argus* vom 5.10.2002, Cape Town.

Kabou, Axelle: *Weder arm noch ohnmäzchtig. Eine Streitschrift gegen schwarze Eliten und weiße Helfer,* Basel 2001.

Kapuściński, Ryszard: *Der Fußallkrig. Berichte aus der Dritten Welt.* Frankfurt a. M. 1992.

Kapuscinski, Ryszard: *Afrikanisches Fieber. Erfahrungen aus vierzig Jahren,* München 2001.

Kasule, Samuel: *The History Atlas of Africa,* New York 1998.

Keitetsi, China: *Sie nahmen mir die Mutter und gaben mir ein Gewehr. Mein Leben als Kindersoldatin,* München 2002 (englisch: *Child Soldier. Fighting for my Life,* Cape Town 2002).

Kumpfmüller, Karl A. (Hg.): *Europas langer Schatten–Afrikanische Identitäten zwischen Selbst - und Fremdbestimmung,* Frankfurt a. M. 2000.

Lewis-Williams, David: *Stories That Float From Afar. Ancestral Folkore of the San of Southern Africa,* Cape Town 2000.

Lightfoot-Klein, H.: *Das grausame Ritual. Sexuelle Verstümmelungen afrikanischer Frauen,* Frankfurt a. M. 1992.

Mabe, Jacob E. (Hg.): *Das Afrika-Lexikon. Ein Kontinent in tausend Stichwörtern,* Stuttgart/Wuppertal 2002.

Maltzan, Carlotta von (Hg.): *Africa and Europe: En/Countering Myths,* Frankfurt a. M. 2003.

Mandela, Nelson: *Long Walk to Freedom,* Boston/New York 1994(deutsch: *Der Lange Weg zur Freiheit, Frankfurt a. M. 1994).*

Mda, Zakes: »Fumbling for the Meaning of African Identity«, in: *Cape Times* vom 6.2.2002, Cape Town.

Mutwa, Credo: *Indaba, My Children,* Edinburgh 1964 (1998).

Okri, Ben: *A Way of Being Free,* London 1997.

Patemann, Helgard: *Lernbuch Namibia,* Wuppertal 1984.

Plate, Christoph/Sommer, Theo (Hg.): *Der bunte Kontinent. Ein neuer Blick auf Afrika,* Stuttgart/München 2001.

Poenicke, Anke: *Afrika in deutschen Medien und Schulbüchern,* Berlin/Sankt Augustin 2001.

Poenicke, Anke: *Afrika-realistisch darstellen: Diskussionen und Alternativen zur gängigen Praxis-Schwerpunkt Schulbücher,* Berlin/Sankt Augustin 2003.

Reader, John: *Africa. A Biography of a Continent,* London 1998.

Sandmeyer, Peter/Ziegler, Matthias: *Abenteuer Menschheit* (STERN-Buch), Hamburg 2002, hier nach: Vorabdruck im *STERN* 46/2002, 76-96.

Schicho, Walter (Hg.): *Handbuch Afrika* (in 3 Bänden), Frankfurt a. M. 2002

Somé, Sobonfu: *Die Gabe des Glücks-Westafrikanische Rituale für ein anderes Miteinander,* Berlin 1999.

Sparks, Allister: *Tomorrow Is Another Country. The Inside Story of South Africa's Negotiated Revolution,* London 1997.

Sparks, Allister: *Beyond the Miracle. Inside the New South Afica,* Johannesburg/Cape Town 2003.

Sykes, Brian: *The Seven Daughters of Eve,* London 2001.

Thorpe, S.A.: *African Traditional Religions,* Pretoria 1991.

Villiers, Marq de/Hirtle, Sheila: *Into Africa. A Journey through the Ancient Empires,* London/Jeppestrum 1997.

Whiteside, Allan/Sunter, Clem: *AIDS-The Challenge for South Africa,* Cape Town 2000.

Wiwa, Ken: *In the Shadow of a Saint,* Ottawa 2000.

연표

선사 시대의 아프리카 (기원전 5억 5000만 ~ 기원전 약 5000년)

약 50억 년 전 : 태양 주변을 도는 세 번째 행성인 지구가 생겨나다. 생명체는 전혀 없이 타오르는 공이었다.

약 36억 년 전 : 오늘날 아프리카 남부에서 처음으로 단단한 땅 덩어리가 만들어지다. 지질학적으로 아프리카가 오래되었다는 것이 오늘날 풍부한 지하자원이 있는 이유이기도 하다.

약 5억 5000만 년 전 : 아프리카 대륙이 오늘날의 90퍼센트 이상까지 견고한 땅으로 만들어져 모든 대륙 중에서 첫째로 태어났다.

약 2억 년 전 : 아프리카에서 공룡이 약 1억 4000만 년 동안 살게 된다. 그런 다음 멸종. 그보다 적응력이 뛰어난 포유류는 계속해서 발전하다.

약 1억 년 전 : 다른 대륙들도 단단하게 만들어졌다. 그들이 처음에 서로 얼마나 떨어져 있었느냐, 오늘날까지도 움직이고 있느냐는 아직 논란거리다('판게아 이론').

약 300만~500만 년 전 : 동아프리카의 초원에서 최초의 원시인이 몸을 일으켜 두 발로 걷기 시작하다. 유인원이 원시 인류로 진화를 시작하다.

약 20만 년 전 : 다양한 원시 인류, 호모 하빌리스(도구를 쓰는 인간)와 호모 에렉투스(반듯하게 걷는 인간)가 진화의 다음 단계를 올라가다. 현생 인류인 호모 사피엔스(이성이 있는 인간)가 생겨나다.

약 10만 년 전 : 작은 호모 사피엔스 그룹이 아프리카 대륙을 떠나 아시아 방향으로 향하다.

약 4만 년 전 : 최초의 현생 인류가 유럽에 살다. 그곳에는 약 12만 년 전부터 네안데르탈인이 살고 있었다. 하지만 이들은 아프리카에서 들어온 사람들과 섞이지 않은 채 원시 인류에서 현생 인류로 진행하는 독자적인 발전 단계를 거치다가 약 3만 년 전에 멸종하였다.

약 1만 5000년 전 : 당시 아직 육로로 연결되어 있던 베링 통로를 통해 인류가 북아메리카와 남아메리카에 도착하다.

약 1만 년 전 : 지구상의 다양한 부분에서 인류는 사냥꾼과 채집꾼으로서의 삶을 그만두고 농사짓고 가축을 키우는 시도를 한다. 이것이 특별히 유리한 아프리카 지역에서도 마찬가지였다(예를 들면 북아프리카에서 나일 강의 가장 비옥한 연안 지역).

고대에서 중세까지의 아프리카 (기원전 약 5000년~서기 약 1500년)

기원전 약 3000년부터 : 메네스 왕이 그때까지 나일 강변에 있던 북왕국과 남왕국을 통합하여 이집트 파라오 제국을 만들다. 이집트 사람들은 상형문자 체계를 발전시키고 피라미드를 세웠다. 그들의 문화적인 업적은 강제 노동에 근거한 것이었다. 이 지역 대부분의 농부들을 굴복시키고 이웃 지역에 사는 사람들을 붙잡거나 노예로 사들였다.

기원전 약 2400년부터 : 예전에 초원이던 사하라가 메마르면서 사막이 되다. 더 많은 사람들이 나일 강 유역으로 오다.

기원전 약 1000년부터 : 이집트 남부에 거주하는 누비아 사람들이 자신들의 왕국 쿠시를 건설하다.

기원전 약 800~500년 : 중앙 아프리카의 반투 민족들이 동쪽과 서쪽 그리고 남쪽으로 퍼져 나가다. 그들의 공통점은 무엇보다도 언어이다. 그들은 한 번도 하나의 제국이나 중앙 국가를 이룬 적이 없다. 남쪽에서 코이산(코이코이와 산) 민족들과 만나다. 주로 콩고 분지에 살던 '피그미' 들이 원시

307

림 속으로 더욱 깊이 들어가서 싸움 없이 자신들의 문화를 보존하다.

기원전 730~663년 : 쿠시 왕국의 누비아 사람들이 이집트를 정복하고 파라오가 되어 60년 동안 지배하다.

기원전 663~332년 : 북동쪽에서 온 아시리아 사람들이 누비아 사람들을 이집트에서 쫓아내다. 아시리아 사람들은 다시 페르시아 사람들에 의해 무너지다. 332년부터 알렉산드로스 대왕(기원전 356~323년)이 이끄는 그리스 사람들이 이집트를 지배하다.

기원전 146년 : 로마 사람들이 항구 도시 카르타고를 점령한 다음 북부 아프리카의 넓은 지역을 지배하고 이 지역을 '아프리카 프로콘술라리스(총독 통치 지역 아프리카)'라고 부르다.

기원전 30년부터 : 이집트의 마지막 여왕 클레오파트라(기원전 69~30년)의 자살 후 이집트는 로마 제국의 일부가 되다.

기원전 약 8~4년 : 유대 사람 요슈아가 팔레스티나의 베들레헴에서 태어났다. 젊은 시절에 그는 유대 전통사회에 반항하고 예수 그리스도라는 이름으로 기독교(그리스도교)의 창시자가 되었다(서기 33년에 로마 사람들에 의해 처형되다). 기독교도들은 로마 사람들의 박해를 받다.

서기 0 : 나중에 기독교 달력에서 예수 그리스도가 탄생한 해라고 멋대로 정해진 달력의 기점.

약 50~약 800년 : 남부 아라비아에서 오늘날의 에티오피아(북아프리카) 지역으로 들어온 사람들이 군사 국가 악숨을 건설하다. 350년에 악숨 사람들은 고전 누비아의 마지막 수도 메로에를 파괴하다.

70년 : 로마 사람들이 예루살렘에 있는 유대 사람들의 신전을 파괴하다. 1948년까지 유대 국가는 존재하지 않는다. 유대 사람들은 로마 제국 전체로, 북아프리카까지도 퍼져 나갔다.

313년부터 : 로마의 콘스탄티누스 황제가 기독교를 국교로 인정하다. 이제부터 북부 아프리카에 기독교도가 점점 늘어난다. 악숨의 에자나 왕은 350년에 세례를 받는다. 아프리카의 다른 지역에서는 주로 전통적인 아프리카 종교들이 그대로 남았다.

622~800년 : 이슬람교의 창시자인 아랍의 예언자 마호메트와 그의 추종

자들이 북부와 북동부 아프리카의 광대한 지역을 점령하다. 오늘날까지도 남아 있는 아프리카의 구분, 곧 이슬람과 아랍 색채를 지닌 북부 아프리카와, 기독교와 아프리카 전통 종교가 뒤섞인 채 '검은 아프리카'라고 불리는 사하라 남쪽 지역의 구분이 여기서 생겨났다.

약 600~약 1500년 : 서쪽에서 전통 아프리카 종교를 믿는 가나(약 600~1235년), 이슬람교의 말리(약 1200~1464년), 이슬람교의 송가이(1464~약 1590년) 등 아프리카 왕국들이 생겨나고, 동쪽에서도(스와힐리 도시인 킬와와 몸바사), 아프리카 남쪽에서도(아프리카 전통 종교를 지닌 짐바브웨, 1100~1480년) 생겨났다. 이들의 부유함은 무역과 무역로의 통제에서 얻은 것이고, 나중에는 문화와 학문의 전성기도 나타난다(말리의 팀북투에 아프리카 최초의 대학이 설립되었다).

1415~1417년 : 최초의 유럽 사람들보다 앞서 중국 상선이 동아프리카 해안에 도착하다. 평화로운 방식으로 물물 교환을 하고 중국 함대는 다시 고향으로 돌아갔다.

아프리카가 유럽 사람들의 식민지가 되다 (약 1500~1945년)

1444~1445년 : '뱃사람' 하인리히 왕자(1394~1460년)가 이끄는 포르투갈 사람들이 처음으로 아프리카 서해안에 도착하여 많은 약탈품, 특히 금과 처음으로 사로잡은 기니의 아프리카 사람들을 끌고 리스본으로 돌아갔다. 그들은 서아프리카의 '황금해안', 오늘날의 가나에 요새를 짓기 시작하다.

1483년 : 프랑스 사람들이 세네갈의 고원에 도착하고, 곧이어 영국, 독일, 네덜란드 사람들이 뒤쫓아오다. 스페인 사람들이 북아프리카를 통제하다.

1492년 : 먼 바다로 나갈 수 있는 배들이 세계의 바다를 탐색하는 것을 가능하게 해주다. 이탈리아 사람 크리스토퍼 콜럼버스(1451~1506년)가 스페인의 이사벨 여왕의 위임을 받고 인도를 찾아 항해하던 중에 우연히 '새로운 대륙' 아메리카를 발견하다.

1497년 : 포르투갈 사람 바스코 다 가마(1469~1524년)가 아프리카 남단을 돌아 동아프리카와 인도로 가는 뱃길을 발견하다.

1500년 무렵 : 동아프리카 해안에 있는 스와힐리 추장들이 굴복하려고 하지 않자 킬와 같은 대도시들이 약탈당하고 몸바사는 불에 타서 주저앉았다.

1510년 : 서아프리카에서 살던 사람들이 최초의 노예로 아메리카에 도착하다. 북부와 남부 아메리카는 노동력이 절박하게 필요하였다. 유럽 사람들은 아랍과 아프리카의 중개인들에게서 이들을 사들이기만 할 뿐 처음에는 직접 대륙 내부로 들어가려 하지 않았다. 이어지는 몇백 년 동안 아프리카의 남자와 여자 그리고 어린이 약 2,000만 명(실은 5,000만 명이 더 그럴싸하다)이 붙잡혀서 노예가 되어 아프리카 밖으로 끌려갔다. 노예 매매에는 포르투갈 사람 말고도 프랑스, 영국, 독일, 네덜란드 사람들이 뛰어들었다.

1526년 : 바콩고 왕 은징가 음벰바는 1491년에 세례를 받고서 알폰소 1세로 이름을 바꾸고, 처음에는 노예 무역에 동참하였다. 그러다가 포르투갈의 '형제 왕'에게 자신의 콩고 왕국에서 '인구가 없어짐'을 중단시켜 달라고 도움을 호소했지만 아무 소용도 없었다.

1652년 : 네덜란드 사람들이 케이프타운에 무역 초소를 세웠다.

1700년 : 가나에서 아샨티 왕국이 성립하다. 1874년 영국 사람들이 파괴할 때까지 지속되었다. 아샨티 왕들은 오늘날에도 현대의 가나에 많은 영향을 미치고 있다.

1795~1803년 : 영국이 네덜란드 사람들의 케이프 식민지를 정복하다. 네덜란드 사람들은 대륙 내부로 도망쳐서 점점 모국으로부터 분리된 국민을 이루고 자신들을 '아프리카 사람'이라고 부르게 되었다.

1818년 : 샤카(1787~1828년)가 남부 아프리카 줄루족의 지도자가 되었다. 새로운 군사적 전략을 이용해 다양한 반투 민족들을 통합하여 강력한 줄루 왕국을 만들다. 자기에게 방해가 되는 다른 민족들, 즉 소토족이나 은데벨레족을 쫓아냈다.

1850년부터 : 독일 사람 하인리히 바르트(1821~1865년), 스코틀랜드 사람 데이비드 리빙스턴(1813~1873년), 영국 사람 헨리 모턴 스탠리(1841~1904년) 등 유럽의 '탐험 여행가들'이 아프리카 대륙의 내부를 탐색하였다. 이들에

이어서 '이교도의 영혼'을 구원하기 위하여, 필요할 경우에는 그들의 의지에 맞서서라도 그들을 구하려고 기독교 선교사가 들어왔다.

1863년 : 미국에서 공식적으로 노예 제도가 사라지다. 영국에서는 이미 1833년에 폐지되었다. 하지만 실제로는 오랫동안 그대로 남아 있었다. 오늘날에도 세계의 여러 나라에 불법적인 노예 제도가 존재하고 있다.

1879년 : 줄루족이 영국 사람들에게 아프리카에서 가장 큰 패배를 안겨 준 다음, 영국 사람들은 같은 해에 새로운 무기인 기관총으로 이들을 파괴하다시피 쳐부수었다.

1884~1885년 : 독일 재상 오토 폰 비스마르크(1815~1898년)의 주도 아래 모인 베를린 콩고 회의에서 유럽 열강의 대표들은 오늘날까지도 남아 있는 식민지 국경선을 긋고 아프리카 대륙을 자기들끼리 나누어 가졌다. 아프리카 민족들의 말은 들어보지도 않았다. 어떤 유럽 국가든 원하는 지역에 대한 '통제력'을 입증할 경우에만 그것을 요구할 수 있다는 것이 조건이었다. 이어서 아프리카 통치자들과 이른바 '보호 조약'을 먼저 맺기 위해, 아니면 협상으로 얻을 수 없는 것을 폭력으로 얻기 위해 유럽 국가들끼리 경쟁이 벌어졌다. 독일은 '독일령 동아프리카'(오늘날의 탄자니아와 르완다, 부룬디), 서아프리카에 있는 카메룬과 토고, '독일령 남서 아프리카'(오늘날의 나미비아)를 차지하였다.

1881~1885년 : 벨기에 왕 레오폴 2세(1835~1909년)가 헨리 모턴 스탠리의 도움으로 콩고를 자신의 사유 재산으로 만들었다. 1908년부터 이 식민지는 공식적으로 '벨기에령 콩고'라 불리고, 그곳의 주민들은 가장 잔혹한 폭력으로 약탈을 당하였다.

1891~1898년 : 탕가니카에서 헤헤족의 추장 음콰마는 독일 정부 대표인 카를 페터스에게 평화를 제안하였다. 하지만 페터스는 평화가 아니라 땅을 원했다. 그래서 헤헤족은 무장하고 저항을 시작하였다. 7년 뒤에야 저항이 끝났다. 음콰마 추장은 처형되고 그의 잘린 목은 승리의 상징으로 베를린으로 보내졌다.

1889~1898년 : 영국 출신 남아프리카 정치가 세실 로데스(1853~1902년)는 땅을 사들이거나 불법적으로 차지하는 방법을 통해 오늘날 짐바브웨의 대

부분을 '남로디지아'라는 이름의 식민지로 만들었다. 1891년에 전체 지역은 '영국 총독' 관할 지역이 되었다가 나중에 '직할 식민지'가 되었다.

1896년 : 에티오피아의 황제 메넬리크 2세(1844~1913년)는 아프리카에서 식민지 세력을 넓히려던 이탈리아 사람들에게 승리를 거두었다. 이탈리아 사람들은 변두리 지역인 에리트레아와 소말리아 일부에만 머물렀다.

1899~1902년 : 남아프리카에서 네덜란드 출신의 백인 '아프리카 사람들'이 남아프리카의 지배권을 놓고 영국 사람들과 전투를 벌였다. 전쟁은 네덜란드계 백인들의 패배로 끝났다.

1904~1905년 : 독일 황제의 명을 받아 '독일령 남서 아프리카'(오늘날의 나미비아)에서 헤레로와 나마족의 봉기가 유혈 진압되었다. 로타르 폰 트로타 장군이 '말살 명령'을 내림으로써 민족 살해(헤레로와 나마 사람 7만 5,000명 이상이 죽었다)가 이루어졌다.

1912년 : 아프리카 국민회의(ANC)가 남아프리카에서 결성되다. 흑인의 평등한 권리를 위한 최초의 기구였다.

1914~1918년 : 제1차 세계 대전에서 영국과 독일은 식민지에서도 탕가니카와 케냐의 경계선을 따라 전투를 벌였다. 여기서는 양측에 고용된 아프리카 사람들도 싸웠는데, 독일 편에만 약 1만 3,000명이 있었다.

1919년 : 독일 황제는 전쟁에 패하자 아프리카의 모든 식민지를 내놓아야 했다. 국제 연맹(유엔의 전신)이 형식적으로 독일 식민지의 행정을 떠맡았지만, 식민지의 상황은 거의 변하지 않았다. '독일령 남서 아프리카'(오늘날의 나미비아)에서 인종주의를 선택한 남아프리카가 이 지역의 통치를 떠맡았고, 그곳에서 독일 사람까지 합쳐 백인의 권리를 수호하였다.

1919년 : 같은 해에 최초의 '범아프리카 회의'가 파리에서 열렸다. 여기서 처음으로 식민 세력이 없는 아프리카의 미래를 상의하기 위해 젊은 아프리카 사람들이 서로 만나는데, 그들 중 많은 사람들이 장차 정치가로 유명해진다.

1929년부터 : 세계 경제 공황으로 인해 유럽 제국주의 국가들은 식민지를 더욱 심하게 약탈하였다. 농촌 지역에서 수백만 명의 사람들이 비참한 상황과 극단적인 빈곤에 빠져 폭발적으로 증가하는 대도시로 살길을 찾아나섰다. 처음으로 빈민 지구가 생겨났다.

1936~1942년 : 이탈리아 독재자 베니토 무솔리니(1883~1945년)가 에티오피아를 점령하려는 새로운 시도를 하였다. 그래서 정확하게 8년 동안 점령하였다. 제2차 세계 대전 동안에 영국은 이탈리아를 몰아내고 하일레 셀라시에 2세(1892~1975년)에게 권력을 돌려주었다.

1939~1945년 : 아돌프 히틀러(1889~1945년) 치하의 독일 나치 정권이 시작한 제2차 세계 대전에서 옛날 독일 식민지를 '되찾을' 희망도 선전에 포함되었다. 그러나 이런 희망은 무너졌다. 하지만 옛날 '독일령 남서 아프리카'는 1945년 이후 적지 않은 옛날 나치들에게 안전한 피난처가 되어주었다.

제2차 세계 대전의 일부는 영국·프랑스·미국이 힘을 합쳐 독일과 이탈리아에 맞서는 형태로 북부 이탈리아에서도 진행되었다.

1945년 : 맨체스터에서 열린 제5차 범아프리카 회의에 참석한 대표들은 —그들 중에는 머지않아 등장하는 새로운 아프리카 국가들의 원수가 상당수 있었다—식민지의 해방을 호소하는 결의문을 채택하였다.

자유를 향한 아프리카의 길 (1946년부터 지금까지)

1946~1956년 : 북부 아프리카에서 먼저 식민지 경영 국가로부터의 해방이 시작되었다. 1946년에 이집트에서 영국이 최종적으로 떠났고, 1943년에 이미 이탈리아가 리비아에서 쫓겨났다. 1956년에는 모로코가 프랑스와 스페인에서, 튀니지는 프랑스에서, 수단은 영국에서 독립을 얻었다.

1954~1962년 : 프랑스는 알제리에서 100만 명 이상의 알제리 사람들의 목숨을 앗아간 전쟁을 치르고 난 다음에야 이 나라의 독립을 받아들였다.

1947~1954년 : 식민 지배 시대가 끝났다. 아프리카 바깥에서도 가장 큰 식민지 경영 국가 둘이 그들의 가장 중요한 식민지를 포기하였다. 1947년에 인도가 영국에서 독립하고, 1954년에 프랑스는 인도차이나를 떠났다.

1952~1956년 : 케냐에서 키쿠유족은 영국 식민 세력에 맞서 '마우마우'

봉기를 하였다. 그러나 여기서 잔인한 행동은 영국 사람들과 협조한 키쿠유 사람들을 향했다. 특정한 테러 행동에 대해 비판하는 발언을 했을 뿐인데도 조모 케냐타(약 1894~1978년)는 1953년에 추장의 한 사람으로 7년 감금형을 선고받았다. 석방된 지 2년 만인 1963년에 그는 독립 케냐의 초대 대통령이 되었다.

1957년 : 영국이 지배하던 황금해안을 시작으로 '검은 아프리카'에 독립의 신호탄이 올라갔다. 콰메 은크루마(1909~1972년)는 새로 창설된 나라인 가나의 초대 대통령이 되어서 자의식에 가득 찬 '아프리카 민족주의' 운동의 엔진을 가동하였다.

1960년 : 최종적인 출발—이 한 해 동안에만 사하라 남쪽에서 17개 나라가 독립하였다.

1961년 : 1960년에 새로운 콩고 민주 공화국에서 민주적으로 선출된 초대 총리 파트리스 루뭄바(1925~1961년)가 벨기에 장교들이 있는 자리에서 정치적 적들에 의해 고문을 받고 죽었다.

1961~1963년 : 동아프리카에서도 독립이 이루어지다. 1961년에는 탕가니카가, 1962년에는 우간다가, 1963년에는 케냐와 잔지바르가 독립하였다. 탕가니카와 잔지바르는 1964년에 줄리어스 니에레레(1922~1999년) 대통령 아래 합쳐져 새로운 탄자니아 공화국이 되었다.

1963년 : 아프리카의 모든 독립 국가가 참가하는 아프리카 통합 기구(OAU)가 아디스아바바에서 창설되다. 현재의 식민지 국경선은 인정하되, 콰메 은크루마의 '아프리카 합중국' 건설은 거부되었다.

1965년 : 아프리카 통합 기구는 아홉 개 나라들로 구성된 해방 위원회를 다르에스살람(탄자니아)에 두기로 하였다. 그 위원회의 과제는 아프리카의 마지막 식민지에서 군사적 저항을 조직하는 일이었다.

1961~1975년 : 앙골라, 기니, 모잠비크 등 포르투갈 식민지들이 해방 전쟁을 일으키다.

1975년 : 모잠비크에서 그라사 마셀이 최초의 여성 장관으로 교육부 장관직을 맡았다. 내전이 진행되고 있는데도 겨우 10년 만에 초등학교와 중등학교를 다니는 어린이의 숫자를 두 배로 늘려 80퍼센트로 끌어올렸다.

1980년 : 로디지아에서 이언 스미스가 이끄는 소수 백인 정부가 물러나고 선거를 허용하여 자누당이 압승을 거두었다. 당수인 로버트 무가베(1924년~)는 새로운 짐바브웨의 대통령이 되었다. 백인과의 화해에 성공하여 나라의 경제적 안정을 성취하였다.

1983~1987년 : 서부 아프리카 오버볼타에서 토마 상카라(1949~1987년)가 그때까지 전례가 없을 정도로 여성과 청소년과 가난한 주민의 권리를 강화시키는 혁명을 이루었다. 1984년에 그는 나라 이름을 '부르키나파소', 즉 '정직한 사람들의 나라'로 고쳤다. 1987년에 그는 옛 친구 블레즈 콩파오레(1951년~)에 의해 살해되었고, 콩파오레가 그때부터 지금까지 권력을 잡고 있다.

1990년 : 남아프리카에서 흑백 분리 정책이 종결되다. 프레데릭 빌렘 데 클레르크(1936년~)가 이끄는 소수 백인 정부는 2월에 27년 동안이나 감옥에 갇혀 있던 넬슨 만델라(1918년~)를 풀어주고 미래의 민주주의 남아프리카에 대하여 협상을 시작하였다.

1992~1996년 : 이집트 출신의 부트로스 부트로스-갈리(1922~)가 유엔 총재가 되다.

1992~1993년 : 소말리아에서 내전이 일어나 끔찍한 굶주림 상태를 만들어내다. 유엔의 후원을 받은 미국의 군사 작전이 실패하다.

1994년 : 4월에 남아프리카에서 최초의 자유 선거가 실시되다. 넬슨 만델라는 이 선거에서 승리하여 5월에 민주적으로 초대 대통령에 취임하다.

1994년 : 르완다에서 3개월 동안에 80만 명이—대부분 툿시족이 그때까지 억압을 받았다고 느끼는 후투족에 의해—야만적으로 살해되었다.

1996년 : '부채의 덫'(이미 오래전부터 존재하던 것)이 구체적인 숫자로 입증된다. 아프리카에서 부채 상환으로 나가는 돈이(미국 달러로 약 300억 달러) '개발 지원금'으로(약 200억 달러) 들어오는 돈보다 더 많다.

1997~2006년 : 가나 출신의 코피 아난(1938년~)이 유엔 총재가 되고 2001년에 노벨 평화상을 받다.

1998년 : 콩고에서 10월부터 아프리카 국가들이 처음으로 전쟁에서 대립하였다. 짐바브웨, 앙골라, 나미비아 등은 1997년에 권좌에 오른 로랑

카빌라(1941~2001년) 대통령을 지지하고, 우간다와 르완다는 반도(叛徒)들을 지지하였다.

1990~2000년 : 이 기간의 마지막에 남부 아프리카에서 약 1,200만 명이 에이즈로 사망하였다. 그 중 300만 명이 어린이였다. 남아프리카는 주민의 25퍼센트가 감염되어 세계 최고에 이른다.

2002년 : 아프리카 통합 기구(OAU)의 뒤를 이어 당시 50개가 넘는 아프리카 국가들이 참석한 '아프리카 연합(AU)'이 남아프리카 더반에서 창설되다(모로코만 빠짐). 처음으로 인권과 민주주의를 결의하고, 그것을 지키지 않을 경우 간섭할 권한도 결의하였다.

2004년 : 여러 해 동안이나 국제적·국가적·지역적 보건 기구와 시민 단체의 노력 끝에 남아프리카의 에이즈 정책에 큰 변화가 나타났다. 처음으로 에이즈를 지연시키는 의약품(ART)을 모든 환자에게 공짜로 나누어주는 전국적인 프로그램이 시작되었다. 이것은 생명을 구하는 데 꼭 필요한 약품이다.

옮긴이의 글

 우리에게 '아프리카'란 어떤 모습일까? '동물의 왕국'에 자주 등장한다는 것, 굶주림에 지쳐 눈이 커져버린 아이들의 모습, 유엔과 국제단체를 통해 구호 활동을 벌이는 사람들, 그리고 이따금씩 전해지는 에이즈 관련 소식. 그 밖에 어떤 모습이 더 남을까? 지금은 조금씩 녹아내리고 있어서 머지않아 없어질 거라는 '킬리만자로의 눈'인가? 우리는 아프리카에 대해 정말로 무엇을 알고 있나? 너무 멀어서 우리의 삶과는 아무 상관도 없는, 그래서 그냥 잊어버려도 되는 먼 대륙일 뿐인가?
 이런 물음조차도 끝까지 진지하게 묻지 않는, 그냥 아무 생각도 떠오르지 않는 것이 '아프리카'라는 말이 아닐까? 출판사에서 책을 받아들기 전까지 어쨌든 나 자신의 상태가 아마 그랬던 것 같다. 글쎄, 간혹 외국의 시사 잡지에 나온 사건들의 줄기를 진지하게 읽어본 적은 있지만, 그래도 이 대륙의 특별한 역사라는 전체 맥락에서는 그 어떤 이해의 가능성도 없어 보였다. 도대체 어디서부터 이해를 해야 할지 머릿속이 하얀 느낌. 정보가 전혀 없으니 어떤 물음도 떠오르지 않는 게 당연한 일이다. 무엇이든 묻기 위해서도 우리는 우선 무엇인가를 알아야 하니까 말이다.

그렇게 아무런 정보도 없이 하얗게 빈 상태로 책을 읽기 시작했다. 그리고 몇 가지 깊은 충격을 받았다. 우리가 대체 얼마나 모르고 있는가 하는 것이 맨 먼저 받은 충격이었다. 현재의 인류가 아프리카에서 발전하여 전 세계로 퍼져나갔다는 말은 어디선가 읽은 적이 있는 것 같다. 그렇지만 아프리카 대륙의 역사의 일부로 저장되지 않은 이 정보는 대륙의 역사라는 맥락에서는 완전히 새로운 것으로 다가왔다.

이 책은 나처럼 무지한 사람이 접근하기에 좋게 만들어졌다. 사진 대신 아프리카 출신 화가의 독특한 손길로 처리한 따스한 삽화들이 우리에게 친근하게 다가온다. 그와 함께 아프리카 대륙의 역사와, 그곳 사람들의 삶의 이야기와, 그들이 겪어야만 했던 특별히 고통스런 역사의 긴 줄기가 아주 이해하기 쉽게 펼쳐진다. 독일에서는 청소년을 위한 책으로 씌어졌다지만 이 주제에 대해서는 우리 모두 너무 몰라서 어른, 아이가 따로 없을 것 같다. 역사의 흐름을 큼직하게 나누어 전체를 개관하기가 아주 편하다.

그러면서도 약 500년 전부터 시작된 유럽 국가들의 아프리카 약탈과, 제2차 세계 대전이 끝나면서 이루어지는 아프리카 국가들의 독립과, 그 이후 현재까지 이 나라들이 제각기 겪은 독특한 역사가 책의 핵심 부분을 이룬다. 그리고 여기서 유럽 출신 저자가 보여주는 균형 잡힌 공평한 관점은 이 책의 가장 놀라운 미덕이다. 이런 주제에 대해 공평한 관점이란 말하기는 쉬워도 실제로 행하기는 거의 불가능에 가깝기 때문이다.

유럽 국가들은 오랫동안 아프리카 사람들을 잡아다가 노예로 팔고, 나중에는 대륙 전체를 자기들 멋대로 나누어 식민지로 삼았다. 오늘날 유럽과 미국 사람들이 아프리카에서 구호 활동을 펼치는 경우라도 옛날 주인이 아직도 미개하게 보이는 옛날 노예를 대하는 관점이 아주 없어지기란 좀처럼 어려운 일이다. 이 책의 저자는 이런 근원적인 관점의 한계를 뛰어넘고 있다. 아프리카에 대한 자신의 설명을 가능하면 절제하고, 고통 받은 아프리카 사람들이 삶에 대해 느끼는 감정과 관점을 그들 자신이 말하게 하고 있다. 그것이 아주 소박하게 들릴지라도 말이다. 그럼으로써 전혀 다른 아프리카 방식의 생활 감정에 대해 유럽식 선입견에 따른 판단을 내리지 않고, 아프리카의 생활 감정을 하나의 다른 관점으로, '다른 꿈'으로 대등하게 대하고 있다.

그렇게 해서 우리는 아주 오랫동안 특별히 고통받은 대륙의 역사에 대한 전체적인 조망을 얻는다. 그곳에 우리와 똑같은 사람들이 살고 있음을 생생하게 느끼게 된다. 그리고 온갖 아픔과 절망 속에서도 그들이 다시 일어서려고 정말로 노력하고 있다는 것도 알게 된다.

그러면서 우리도 겪어본 적이 있는 아픔을 그곳에서도 발견하게 된다. 그렇다, 그리 오래된 것만도 아니다. 우리도 그런 아픔과 지독한 슬픔을 겪어보았다. 짧지 않은 혹독했던 식민지의 고통. 해방 뒤에 나타난, 아직까지 우리의 일상에도 여전히 그림자를 드리우고 있는 다양한 부패의 행태와 불공평. 지도자들의 잘못된 행동은 상대적으로 쉽게 폭로할 수 있지만, 천천히 바른 길을 찾아가려는 사람들에 대해서는 그것을 알아보고 제대로 격려해주기 어렵다는 사실. 그러면서 우리도 계속 노력해왔던 것……

특별히 어려운 상황에서 특별히 뛰어난 지혜가 나온다는, 진부하면서도 정말 드문 현실도 여기서 다시 확인할 수 있다. 아프리카의 몇몇 지도자들에 대해서는 존경심을 품지 않을 수가 없다. 그들이 힘들여 이룩한 성과에 대해서도.

그리고 마지막으로, 어려운 사람을 돕는 구호에 참가할 때 가져야 할 겸손한 마음가짐에 대해서도 몇 가지 중요한 것을 배울 수 있다. "내가 너보다 더 배웠고, 너보다 더 부자이니 기꺼이 너를 돕는다. 그러니 너는 당연히 나를 너보다 훌륭한 사람으로 대해야 옳다."는 보이지 않는 자만심을 경계해야 할 이유를 여기서 읽을 수 있다. 그것은 가난한 사람이 일어서도록 돕는 일이기보다는 부자가 자기 양심을 달래는 태도라는 것을 말이다.

이 책을 읽으면서 나는 많은 것들을 다시 생각해볼 기회를 얻었다. 특히 지나치게 유럽에 치우친 관점에 대해 경계심을 품게 되었다. 유럽의 역사만으로는 절대로 알기 어려운 유럽 역사의 일부를 아프리카 역사를 통해서 알게 되었다. 유럽 사람들이 자기들의 역사책에서 꿀꺽 삼키고 침묵으로 뛰어넘고 있는 부분의 의미를 이해하게 된 것이다. 그와 동시에 우리와 무관한 다른 사람의 눈에 우리가 어떻게 보일지에 대해서도 거듭 생각할 기회였다. 우리도 이른바 '유색 인종'이면서 백인을 특별대우하고 다른 '유색 인종'을 유독 차별하는, 일상화된 우리의 버릇에 대해서 말이다. 아시아 사람들이 인종 차별이 가장 심하다는 평판에 대해 우리는 얼마나 자신 있게 반박할 수 있는가?

우리 자신을 더 잘 알기 위해 다른 사람을 제대로 이해해야 한다고 저자는 말한다. 우리의 일상생활에서 멀리 떨어진 아프리카에 대해서도 기본적인 이해를 하고, 또 필요한 기본 자료를 가져야 우리도 국제사회에서 제대로 된 행동을 할 수 있을 것이다.

아프리카의 이야기도 인류의 이야기이고, 따라서 우리 자신의 이야기이기도 하다. 사실은 아주 오래전에 우리 조상은 그곳에서 출발하였다. 얼마나 신기한가. 일상의 작은 디테일과 내 주변의 사람과 일에 지나치게 붙잡혀 있는 우리의 삶에 이것은 조금 다른 시간과 공간의 전망을 보여준다. 나를 넘어 내 가족을 넘어 우리 마을을 넘어 우리나라를 넘어 아시아라는 한계를 넘어 지구촌을 말할 때면 당연히 아프리카는 주요한 구성 요소의 하나이다. 결국은 나 자신도 거기 포함되는 지구촌 인류의 중요한 부분인 것이다. 우리 모두의 운명은 일상에서는 잘 보이지 않는 끈으로 하나로 묶여 있다.

앞으로 가까운 장래에 유럽만이 아니라 아프리카로도 여행을 떠나야 할 것 같다.

2005년 9월
안인희

색인

AZT 273

가나 57, 94~99, 190, 264
가다피 203
가말 압델 나세르 279
가봉 68, 155
간다 민족 201
검둥이 114, 117, 118, 145, 155, 156
고래해안 142
과메 은크루마 193
국제연맹 163
그라사 마셸 225
기니 163
기독교 57, 72, 83~86, 91, 109, 151~159

나마족 141, 142, 143, 148, 156
나미비아 50, 82, 141, 148, 149, 233, 240, 241
나일 강 54, 59, 62
남로디지아 233
남북전쟁 121
남아프리카 14, 29, 77, 78, 82, 99, 108, 124, 129, 134, 158, 167, 171~177, 202, 221, 230~238, 241~250, 271
남아프리카 연합 236
너새니얼 아이삭스 126, 127
네덜란드계 백인 124, 129, 134, 172, 237
네안데르탈인(호모 네안데르탈렌시스) 46, 47
네파드(NEPAD) 278
넬슨 만델라 78, 167, 172, 224, 231, 246~248, 280
노예 60, 104, 111~118
노예 제도 102, 120~123
노예 폐지론자 120, 123
노하 40~41
누비아 56, 59, 61~64, 79, 218
니나반후마 224
다가라 법칙 76
다니엘 카리코 142
다마라족 141
대륙 이동설 31
데스먼드 모리스 37
데스먼드 음필로 투투 14, 158, 242, 249, 250
데이비드 리빙스턴 133
독일령 동아프리카 134, 161
독일령 서아프리카 134, 141, 233
듈라어 214
《떠도는 대륙들》 31

라몬 페레르 119
라스타파리교 90
라이베리아 136, 177, 178, 260
람보-키즈 260
랑고 민족 201
레게 90
레니 리펜슈탈 65
레오폴 2세 83, 135, 184
레오폴드 세다르 셍고르 4, 159, 196, 204, 206~208
로디지아 99, 171, 172, 234, 241
로마 85, 86
로만 헤르초크 148
로버트 무가베 172, 234
로볼라 219
로타르 폰 트로타 146
르완다 253, 255~257
리비아 92, 179

마시푸멜렐레 5, 284, 287
마우마우 170
마하트마 간디 177
마호메트 91
만사 무사 96, 97
말리 57, 94, 96~99, 206
말링케족 96
메가조스트로돈 38
메네스 60
메넬리크 1세 88
메넬리크 2세 136
멘데족 119
모간 츠방기라이 236
모로코 107, 189
모리타니 94
모부투 187, 189
모시 140, 214
모이스 촘베 183, 187
모잠비크 국민 저항 228
모잠비크 자유전선(FRELIMO) 227
몬고수투 부텔레지 241, 246
무가베 235
무세베니 정부 204
무아마르 알 가다피 198
무테사 201
므와미 254
미국 165, 167, 189, 240
미리암 마케바 222
미테랑 252, 256
미하일 고르바초프 240
민주 세네갈 블록당 206
민주화 운동(MDC) 236
밀턴 오보테 201, 202

바루에족 139
바르톨로메오 디아즈 108
바스코 다 가마 108
바카족 70
바콩고 민족 109, 112, 183
반투 민족 57, 79~82, 97, 99, 102, 108
반투어 82, 83, 141

밥 말리 90, 91
범아프리카 회의 167
범아프리카주의 167
베니토 무솔리니 164
베를린 협약 문서 135
베링 통로 25, 45, 47
벨기에 83, 108, 135, 165, 286, 253
벨기에령 콩고 135, 165, 184
보두앵 184
보카사 1세 197
보카사 황제 196
부르키나파소 75, 140, 212~215
부텔레지 종족 125
불라와요 126
브라이언 사이키스 43
브라키오사우르스 37
블라디미르 일리치 레닌 161
블레즈 콩파오레 213, 215, 217
빈트회크 141, 143
빌헬름 2세 156

사니 아바차 277
사라 바트만 220
사모라 마셸 227, 228, 230
사하라 17, 82, 92 ,94
산업 혁명 123
산족 67, 80, 99, 221
삼 누조마 149
상아해안 108
샤를 드골 163, 167
샤를 라비주리 153
샤카 줄루 125~132
《성서》 39, 73, 87, 88, 150, 210
세네갈 4, 94, 99, 134, 159, 205~208, 271
세네갈 국민 연합 206
세바 여왕 87
세실 로데스 99, 171, 233
생베 피 119~121
소련 165, 172, 240
소토족 126
솔로몬 왕 87, 88

송가이 97
쇼나어 82
쇼나족 97, 99, 234
수단 64, 65
술탄 마켐바 139
스와힐리어 82, 134, 210
스티브 비코 242
스티븐 스필버그 118
스페인 117, 119
시나이 반도 46
시에라리온 119, 121, 178, 260

아담 42
아돌프 뤼데리츠 141
아돌프 히틀러 164
아마 아타 아이두 156~158
아미스타드 호 119, 120
아반투 17
아브두 디우프 159
아산테외 218
아샨티 139, 218
아세가이 125
아시엔토 117
아이언 스미스 233, 235
아칸 95
아프리카 국민회의(ANC) 236
아프리카 내부 위원회 219
아프리카 대륙의 분할 105
아프리카 민족회의 167
아프리카 연합(AU) 279
아프리카 통합 기구(OAU) 192, 219, 279
아프리카 합중국 170, 191
아프리카아메리카 사람 15
아프리칸스어 232, 237
아프리쿼아 17
악숨 87, 88
안토니우스 85
알드레 콜링바 200
알렉산드로스 64, 85
알렉스 뒤 투아 31
알베르트 슈바이처 155

알제리 170, 179, 180~182
알폰소 1세 110~112
알프레트 베게너 31
야오족 139
어미말 52, 134, 237
에이즈 269~275
에자나 왕 87
에티오피아 87~90, 136, 164, 192
에파 36
예수 86
오고니 민족 277
오밤보족 141
오버볼타 75, 212, 213
오보테 202, 204
오콘쿼 153
오토 폰 비스마르크 105, 135
올루세군 오바산조 277
요웨리 무세베니 113, 203, 204, 256, 260, 263
우간다 196, 200, 202, 203, 271
우분투 74
우야마 210
울왈루코 77
워터버그 147, 148
윈스턴 처칠 165
유대교 91
유대인 86
유엔 179, 187
은구니 53
은데벨레족 33, 126, 234
은징가 음뎀바 109, 218
은코시 존슨 272, 275
음부야지 128
음판데 128
이디 아민 196, 200, 201, 204, 212
이보족 151
이브 42, 43
이스라엘 202
이슬람 57, 65, 72, 82, 85, 91~97, 102, 134, 159, 176, 202, 203, 219
이집트 56~62, 85, 92
인카타당 241, 246

자나키 209
자메이카 88, 90, 91
자이르 189, 258
잠비아 233
장 베델 보카사 196~198, 200, 204
제1차 세계 대전 161
제2차 세계 대전 164, 166, 179, 198, 233
제리 존 롤링스 192, 194
조르주 퐁피두 205
조모 케냐타 168, 182
조슈아 은코모 234
조제프 모부투 186, 189
조제프 카사부부 183, 186, 189
존 아제쿰 쿠퍼 194
존 퀸시 애덤스 120
주베날 하비야리마나 255~257
줄루어 82
줄루족 26, 28, 33, 123~134, 246
줄리어스 니에레레 168, 196, 204, 209, 210, 212
중앙 아프리카 공화국 68, 196~198
지브롤터 106
지하드 95
직립원인 43
짐바브웨 57, 82, 97, 99, 126, 172, 235

촘베 189
총독 통치 지역 아프리카(아프리카 프로콘술라리스) 16, 86
치누아 아체베 151 152

카메룬 68
카이사르 85
카콰족 201
카탕가 171, 189
케냐 99, 170,182
케이프타운 124, 127, 131, 220
케츠와요 127~132

《코란》 73, 91
코사족 78, 82, 124, 126
코이코이족 17, 67, 80, 141, 220, 221
코피 아난 194, 252
콩고 68, 83, 110~114, 135, 171, 183, 187, 201, 260
콩고 회의 133, 135, 141, 153
콰메 은크루마 168, 170, 190~192
쿠바 81, 83, 84, 119
쿠시 62~65
쿰비 살레 94
크레도 무트와 33
크루 민족 178
크리스마스 전쟁 215
크리스토퍼 콜럼버스 107
클레오파트라 85, 218
키니네 137
키쿠유족 170, 182
키쿠유어 82

타누당(탕가니카 아프리카 국민 연합) 209
타보 음베키 242, 250, 271, 278
타하르카 62 63
탄자니아 82, 99, 209
탕가니카 209
《털없는 원숭이》 37
테오도르 폰 로이트바인 143, 145
테오필러스 솁스턴 128
토마 상카라 196, 205, 212~217
톨레랑스 95, 159, 206
툿시족 252~256
트란스발 128, 129
트와 253
팀북투 96
파라오 56, 59, 60, 62, 85
파이잘 203
파트리스 루뭄바 171, 183, 185~189, 201
판게아 31
페드로 몬테스 119
페르난도 데 멜로 111
페울 종족 205

포르투갈 102, 106~109, 111~115, 171
폭풍우 곶 108
폴 카가메 258
프란츠 파농 179 180 181
프랜시스 페어웰 126
프랭클린 루스벨트 165
프레데릭 빌렘 데 클레르크 245, 246
프렐리모 227
피그마이오스 68
피그미 57, 61, 67~69, 253, 295
피터 빌렘 보타 245

하마카리 147
하산 음위니 212
하일레 셀라시에 1세 87~90
핫자족 47, 67
해럴드 헤스 31
헤레로어 82
헤레로족 141~147, 149, 156
헤로도토스 59
헥터 졸릴 피터슨 237, 238
헨드릭 위트부이 148
헨리 모턴 스탠리 133, 135
헨리 핀치 126
헬렌 수즈먼 244
호메로스 68
호모 사피엔스 24, 25, 43, 46, 47, 51
호모 에렉투스 43
호모 하빌리스 40
호세 루이즈 119
호키사 홈 287
호텐토토 142, 220
황금해안 99, 108, 189~191
후투족 253, 255
흑백 분리 정책(아파르트헤이트) 222, 232, 233, 242, 244
희망곶 108

처음 읽는 아프리카의 역사

초판 1쇄 발행 2005년 9월 30일
초판 47쇄 발행 2023년 12월 4일

지은이 루츠 판 다이크 **옮긴이** 안인희
발행인 이재진 **단행본사업본부장** 신동해 **편집장** 김경림
마케팅 최혜진 이은미 **홍보** 반여진 허지호 정지연 송임선
국제업무 김은정 김지민 **제작** 정석훈

브랜드 웅진지식하우스
주소 경기도 파주시 회동길 20
문의전화 031-956-7366(편집) 02-3670-1123(마케팅)
홈페이지 www.wjbooks.co.kr
인스타그램 www.instagram.com/woongjin_readers
페이스북 https://www.facebook.com/woongjinreaders
블로그 blog.naver.com/wj_booking

발행처 ㈜웅진씽크빅
출판신고 1980년 3월 29일 제406-2007-000046호

한국어판 출판권 ⓒ 웅진씽크빅, 2005
ISBN 978-89-01-05180-2

웅진지식하우스는 ㈜웅진씽크빅 단행본사업본부의 브랜드입니다.
이 책의 한국어판 출판권은 모모 에이전시를 통해 Campus Verlag GmbH 사와 맺은 독점계약으로
㈜웅진씽크빅에 있습니다. 저작권법에 따라 국내에서 보호받는 저작물이므로 무단전재와 복제를 금지하며,
이 책 내용의 전부 또는 일부를 이용하려면 반드시 저작권자와 ㈜웅진씽크빅의 서면 동의를 받아야 합니다.

※ 책값은 뒤표지에 있습니다.
※ 잘못된 책은 구입하신 곳에서 바꾸어드립니다.